Das Handelsregister und seine Rechtsverhältnisse

in kurzgefaßter Darstellung
für Juristen und Kaufleute

von

M. K. Samter

Amtsgerichtsrat am Amtsgericht Berlin-Mitte

Springer-Verlag Berlin Heidelberg GmbH
1913

ISBN 978-3-662-38872-3 ISBN 978-3-662-39798-5 (eBook)
DOI 10.1007/978-3-662-39798-5

Softcover reprint of the hardcover 1st edition 1913

Vorwort.

Das vorliegende kleine Buch soll nur ein Wegweiser sein, der die Beziehungen des Firmen- und Gesellschaftsrechts zum Handelsregister aufzeigt.

Die Streitfragen jener schwierigen Rechtsmaterien sind daher regelmäßig nur kurz erwähnt, selten nur, mit knapp gefaßter Begründung, entschieden.

Der erste Buchteil erörtert die Rechtsverhältnisse der Firma des Einzelkaufmanns, der offenen Handelsgesellschaft und der Kommanditgesellschaft unter Einflechtung zahlreicher Beispiele.

Diese sollen den Beteiligten ermöglichen, einfache Anmeldungen zum Handelsregister bis zur Unterschriftsbeglaubigung selbst vorzunehmen, oder wenigstens ohne zeitraubende Weiterungen vorzubereiten.

Der zweite Buchteil behandelt außer der Prokura, die Aktiengesellschaften, die Kommanditgesellschaften auf Aktien, die Gesellschaften mit beschränkter Haftung, die Versicherungsvereine auf Gegenseitigkeit.

Vielleicht erleichtert der knappe, übersichtliche Aufbau des Werdeganges und der Einzelvoraussetzungen jener Rechtsgebilde vor allem den Beteiligten die Gründung, den Juristen im registerrechtlichen Dezernat die Nachprüfung, im prozeßrechtlichen Dezernat die Entscheidungen firmen- und gesellschaftsrechtlichen Inhalts.

Berlin-Charlottenburg, den 9. Februar 1913.

Samter.

Inhaltsverzeichnis.

Abkürzungen.

AusfGes. = Ausführungsgesetz.
BGB. = Bürgerliches Gesetzbuch für das Deutsche Reich.
Bl. f. Rechtspfl. = Blätter für Rechtspflege im Bezirk des Kammergerichts.
Brand = Die Registersachen in der gerichtlichen Praxis.
Cohn = Das Handels- und Genossenschafts-Register.
DJZ. = Deutsche Juristenzeitung.
EinfGes. = Einführungsgesetz.
FreiwGerGes. = Reichsgesetz über die Angelegenheiten der freiwilligen Gerichtsbarkeit vom $\frac{17.}{20.}$ Mai 1898.
GewOrd. = Gewerbeordnung.
HGB. = Handelsgesetzbuch.
JMBl. = Justizministerialblatt.
Johow = Jahrbuch für Entscheidungen des Kammergerichts.
JurWoch. = Juristische Wochenschrift.
KonkOrd. = Reichskonkursordnung.
KonsGG. = Gesetz über die Konsulargerichtsbarkeit vom 7. 4. 1900.
Liebmann = Kommentar zum Gesetz betreffend die Gesellschaften mit beschränkter Haftung.
LobeZ. = Zentralblatt für freiwillige Gerichtsbarkeit und Notariat.
Recht = Das Recht, Rundschau für den deutschen Juristenstand.
RGE. = Entscheidungen des Reichsgerichts in Zivilsachen.
Rechtsp d.OG. = Die Rechtsprechung der Oberlandesgerichte.
Staub { = Kommentar zum Handelsgesetzbuch.
{ = Gesetz betreffend Gesellschaften mit beschränkter Haftung.

Paragraph 1.

Allgemeine Grundsätze.

1. Das Wesen des Handelsregistergerichts und des Handelsregisters im allgemeinen.

a) **Das Handelsregistergericht** (S. 10) ist nicht eine Aufsichtsbehörde; seine amtliche Tätigkeit vielmehr eine dreifach geartete:

α) **einmal** hat es Rechtsakte **nur zu beurkunden,** ohne daß ihm durch das Gesetz die Befugnis oder Verpflichtung übertragen ist, die Beteiligten zu veranlassen, die Beurkundung des einzelnen Rechtsaktes zu beantragen.

In diesen Fällen verschafft freilich erst eine Beurkundung im Handelsregister eine bestimmte Rechtswirksamkeit dem einzelnen Akte. Haben z. B. fünf Gründer durch Abschluß eines Gesellschaftsvertrages die Errichtung einer Aktiengesellschaft beschlossen, so ist das Handelsgericht nicht berechtigt, die Gründer anzuhalten, die handelsregisterliche Eintragung der Aktiengesellschaft zu beantragen. Diese entsteht aber dafür auch als Aktiengesellschaft nur erst durch die Eintragung.

β) **ferner** sind **nicht beurkundende Akte** der freiwilligen Gerichtsbarkeit dem Handelsregistergericht in den §§ 145, 148 des FreiwGerGes. übertragen.

Solche im Verkehr besonders häufigen Akte sind die Anordnungen über die Verwahrung der Bücher und Papiere einer aufgelösten offenen Handelsgesellschaft (falls sich die früheren Gesellschafter darüber nicht einigen § 157 Abs. 2 HGB.), einer Aktiengesellschaft und Aktienkommanditgesellschaft nach beendeter Liquidation (§ 302 Abs. 2, § 320 Abs. 3 HGB.).

γ) **endlich** freilich sind auch **Aufsichtsakte** (S. 10) dem Handelsregistergerichte übertragen, die, im öffentlichen Interesse gelegenen, **Eintragungen** oder **Löschungen** gesetzwidrig noch bestehender Eintragungen zu veranlassen und durch das Einspruchsverfahren der §§ 132—139 Freiw-GerGes. zu erzwingen haben.

Auch in Löschungen von **Amts wegen** bestehen jene Aufsichtsakte, die § 142 FreiwGerGes. regelt; und schließlich ist das **Einschreiten** gegen diejenigen, die ihnen nicht zustehende Firmen gebrauchen, ein unmittelbar von Amts wegen vorzunehmender Aufsichtsakt, der durch § 37 Abs. 1 HGB.; § 140 FreiwGerGes. dem Handelsregistergericht übertragen ist.

Um diesen Aufsichtsakt rechtzeitig und erfolgreich zu gestalten, ist durch § 126 FreiwGerGes.; Art. 3 Ausf.Ges. z. HGB. den Organen des Handelsstandes, also insbesondere den Handelskammern, den Gerichten, den Beamten der Staatsanwaltschaft, den Polizei- und Gemeindebehörden die Verpflichtung auferlegt, Fälle unrichtiger unvollständiger und unterlassener Anmeldung zum Handelsregister dem Registergericht mitzuteilen.

Auch Privatpersonen können solche Anzeigen erstatten.

Ein Antragsrecht, und gegenüber den Anordnungen des Handelsregistergerichts ein Beschwerderecht haben aber nur die Organe des Handelsstandes § 126 a. a. O.

b) **Das Handelsregister,** dessen Einsicht jedem freisteht und von dessen Eintragungen jeder Abschriften erfordern kann, ist ein Register, in welchem die dem Handelsregistergerichte obliegenden beurkundenden Rechtsakte, die soeben unter a α γ erwähnt sind, und zwar nur diese, zur Eintragung und sodann auch zur öffentlichen Blätterbekanntgabe (folgende Seiten **16, 17**) gelangen.

c) **Die Rechtswirkungen der Handelsregistereintragungen** dem Publikum gegenüber, die im gewerblichen Verkehr vielfach noch unbekannt und nicht selten unerwartete und deshalb nicht vermiedene Schäden bringen, werden bestimmt:

zunächst: durch die **Rechtsnatur** des einzelnen zu beurkundenden Rechtsakts.

Dieser gelangt durch die Eintragung erst als solcher rechtsgültig zur Entstehung in allen Fällen, in denen das Gesetz dies bestimmt, wie der bereits vorstehend unter a α erwähnte Fall der Errichtung einer Aktiengesellschaft zeigt.

Andererseits hat die Eintragung nur die Wirkung der Beurkundung eines bereits vor dieser rechtsgültig entstandenen Rechtsakts. Das Hauptbeispiel bietet hier die offene Handelsgesellschaft, die zwar gemäß § 106 HGB. zum Handelsregister angemeldet werden muß, vor dieser aber als solche bereits entstanden ist und besteht.

sodann: kommt hier die Vorschrift des § 15 HGB. in Betracht:

Diese Vorschrift **gilt:**

für alle Rechtsakte, sie mögen durch die Handelsregistereintragung nur beurkundet oder erst erzeugt werden.

für die Eintragung wie für die Nichteintragung eines Rechtsakts, wenn im letzten Falle die Eintragung gesetzwidrig unterblieben ist.

Die Vorschrift **lautet:**

Absatz 1: „Solange eine in das Handelsregister einzutragende Tatsache nicht eingetragen und bekannt gemacht ist, kann sie von demjenigen, in dessen Angelegenheiten sie einzutragen war, einem Dritten nicht entgegengestellt werden, es sei denn, daß sie diesem bekannt war.

Absatz 2: Ist die Tatsache eingetragen und bekannt gemacht worden, so muß ein Dritter sie gegen sich gelten lassen, es sei denn, daß er sie weder kannte noch kennen mußte.

Absatz 3: Für den Geschäftsverkehr mit einer in das Handelsregister eingetragenen Zweigniederlassung ist im Sinne dieser Vorschriften die Eintragung und Bekanntmachung durch das Gericht der Zweigniederlassung entscheidend."

Beispiele des alltäglichen Geschäftsverkehrs werden die zu scharf getroffenen Vorschriften der 3 Absätze am leichtesten erklären und zugleich dartun, daß im Verkehr mit dem Handelsregister die größte Schnelligkeit geboten:

Zu Absatz 1: A ist Inhaber einer eingetragenen Firma B als Prokurist der Firma eingetragen. A kündigt am 1. XII. 1912 vormittags die Prokura dem B. Das Prokuraverhältnis ist berechtigt sofort gelöst; am Nachmittag des 1. XII. 1912 läßt B sich von D für die Firma eine Wechselsumme von 10000 Mark auszahlen. Am 2. XII. 1912 erst ist Anmeldung und Eintragung des Erlöschens der Firma erfolgt, am 5. XII. 1912 erst ist die Eintragung bekannt gemacht.

Der Prokurist flüchtet mit den 10000 Mark. D ist der Firma A gegenüber von der Wechselschuld frei, er wußte nicht, daß die Prokura am 1. XII 1912 gekündigt. Die Kündigung und das Erlöschen der Prokura war am 1. XII. 1912 noch nicht eingetragen und daher noch nicht bekannt gemacht.

Ferneres Beispiel: A ist Vollkaufmann, hat seine Firma aber gesetzwidrig nicht eintragen lassen. A verkauft Geschäft und Firma an B. Da C mit A, der Firma des A, in Geschäftsverbindung stand, liefert er nach dem Verkauf der Firma weiter, ohne von dem Verkauf Kenntnis zu erhalten.

Der B zahlt nicht, der C klagt gegen den A, dieser muß zahlen; denn: die Tatsache, daß A als Vollkaufmann ein Geschäft unter seiner Firma betrieb, war durch Eintragung dieser Firma einzutragen und bekannt zu machen. Und die Tatsache, daß diese Firma an B übergegangen, war gleichfalls einzutragen und bekannt zu machen. Beide Tatsachen waren aber eben nicht eingetragen und bekannt gemacht.

Zu Absatz 2: A ist Inhaber einer eingetragenen Firma, B war eingetragener Prokurist der Firma; die **Prokura** ist im Handelsregister gelöscht, und dies am 7. XII. 1912 bekannt gemacht. Ein Kaufmann C in Dortmund zahlt am 13. XII. 1912 an B, von dem er wußte, daß er bisher als Prokurist eingetragen war, 10000 Mark. B wird mit der Summe flüchtig; der C muß die 10000 Mark nochmals an A zahlen, denn die Löschung der Prokura war eingetragen und bekannt gemacht; freilich kannte C diese Tatsache in Dortmund nicht, aber er hätte sie „kennen müssen"; er konnte am 13. XII. 1912 schon den Reichsanzeiger, in dem alle Handelsregisterbekanntmachungen nach § 10 HGB. stehen müssen, gelesen haben. Dies wäre aber z. B. dann nicht der Fall gewesen, wenn B schon am 8. XII. 1912 die 10000 Mark von C in Dortmund sich hätte geben lassen. In diesem Falle hätte C die Tatsache der Eintragung und Bekanntmachung vom 7. XII. 1912 über das Erlöschen der Firma in Dortmund weder „gekannt noch kennen müssen".

Zu Absatz 3: Eine Zweigniederlassung erhält — wie schon hier kurz erwähnt und Seite 39 eingehend dargestellt ist — ein anderes Registerblatt als ihre Hauptniederlassung nur dann, wenn beide Niederlassungen zu verschiedenen Handelsregister-Gerichtsbezirken gehören.

Wer mit einer solchen Zweigniederlassung sich in geschäftlichen Verkehr einläßt, braucht sich nur darum zu kümmern, was auf dem Registerblatt der Zweigniederlassung eingetragen ist. Denn dieses Registerblatt enthält ja auch die oder den Inhaber der Hauptniederlassung, die persönlich haftenden Gesellschafter, die Vorstandsmitglieder, oder die Geschäftsführer der Hauptniederlassung, wenn diese eine offene Handelsgesellschaft, oder Kommanditgesellschaft, oder Aktiengesellschaft, oder Aktienkommanditgesellschaft, oder Gesellschaft mit beschränkter Haftung ist; ebenso die Prokuristen derselben. Und in dem Ausnahmefalle (s. schon hier Seite 154), wo ein Prokurist nur für eine Zweigniederlassung bestellt ist, muß ja eine Eintragung oder Löschung eines solchen immer zunächst im Registerblatt der Zweigniederlassung erfolgen.

2. Die in Betracht kommenden Vorschriften.

Die für die **Handelsregisterführung** maßgebenden

Gesetzlichen Vorschriften enthält:

Das Reichshandelsgesetzbuch:

im Buch I: Abschnitt 1 (Kaufleute), Abschnitt 2 (Handelsregister), Abschnitt 3 (Handelsfirma), Abschnitt 5 (Prokura), Abschnitt 7 (Handlungsagenten), Abschnitt 8 (Handelsmäkler).

im Buch II: Abschnitt 1 (offene Handelsgesellschaft), Abschnitt 2 (Kommanditgesellschaft), Abschnitt 3 (Aktiengesellschaft), Abschnitt 4 (Kommanditgesellschaft auf Aktien).

Das Reichsgesetz betreffend die Gesellschaften mit beschränkter Haftung vom 20. IV. 1892 in der durch Art. 11 des EinfGes. z. HGB. vom 10. V. 1897 geänderten Fassung vom 20. V. 1898.

Das Reichsgesetz über die privaten Versicherungsunternehmungen vom 12. V. 1901.

Das Reichsgesetz über die Angelegenheiten der freiwilligen Gerichtsbarkeit vom 17. V. 189 : Abschnitt 1 (Allgemeine Vorschriften), Abschnitt 7 (Handelssachen), Abschnitt 10 (Gerichtliche und notarielle Urkunden).

Das preußische Gesetz über die freiwillige Gerichtsbarkeit vom 21. IX. 1899: Abschnitt 1 (Allgemeine Vorschriften), Abschnitt 3 (Handelssachen), Abschnitt 4 (Gerichtliche und notarielle Urkunden).

Verwaltungsvorschriften enthalten die JMVerf. vom 7. XI. 1899 (JMBl. 313) und vom 20. VI. 1902 (JMBl. 133), welche die Art der Einrichtung des Handelsregisters und die Eintragungen in dasselbe festsetzen.

3. Die Einrichtung des Handelsregisters.

I. **Das Handelsregister zerfällt** in:

Abteilung A: In diese gelangen die Firmen der Einzelkaufleute, die offenen Handelsgesellschaften und die Kommanditgesellschaften zur Eintragung § 16 JMVerf. vom 7. XI. 1899.

Abteilung B: In diese werden die Aktiengesellschaften, die Kommanditgesellschaften auf Aktien, die Gesellschaften mit beschränkter Haftung, die in den §§ 33, 36 HGB. bezeichneten juristischen Personen (§ 16 a. a. O.) und die Versicherungsvereine auf Gegenseitigkeit (Nr. I AllgVerf. vom 20. VI. 1902) eingetragen.

II. **Die Gestalt und die Eintragungen der beiden Abteilungen A und B** des Handelsregisters werden durch die Anlagen der Verf. vom 7. XI. 1899 wie folgt bestimmt:

Handels-
des Königlichen Amts-
Abteilung
Band

1.	2.	3.	4.	5.
Nummer der Eintragung	Firma; Ort der Niederlassung; Sitz der Gesellschaft	Bezeichnung des Einzelkaufmanns oder der persönlich haftenden Gesellschafter	Prokura	Rechtsverhältnisse bei Einzelkaufleuten
1	Johann Müller, Stettin	Joh. Christian Müller, Kaufmann, Stettin		
2	Inheringsdorf ist eine Zweigniederlassung errichtet.			
3	Die Firma ist in: Johann Christian Müller geändert.			
4		Anton Bolte, Kaufmann, Stettin		Der Übergang der in dem Betriebe des Geschäfts begründeten Forderungen ist bei dem Erwerbe des Geschäfts durch Anton Bolte ausgeschlossen.
5		Georg Danz, Kaufmann, Stettin		
6		Hermann Franke, Kaufmann, Stettin.	Dem Engelbert Kleine und dem Ferdinand Lampe, beiden in Stettin, ist Gesamtprokura erteilt. Ein jeder von ihnen ist auch in Gemeinschaft mit einem der Gesellschafter Danz und Franke zur Vertretung der Gesellschaft ermächtigt.	
7			Die Prokura des Engelbert Kleine und des Ferdinand Lampe ist erloschen.	

6.	7.	8.
Rechtsverhältnisse bei Handelsgesellschaften	Geschäftsnummer; Tag der Eintragung; Unterschrift	Bemerkungen
	2 H R A 1. 1. 2. Januar 1900 N. N.	
	2 H R A 1. 3. 3. April 1900 N. N.	
	2 H R A 1. 6. 10. Juli 1900 N. N.	
	2 H R A 1. 10. 31. Januar 1901 N. N.	
Offene Handelsgesellschaft. Georg Danz ist in das Geschäft als persönlich haftender Gesellschafter eingetreten. Die Gesellschaft hat am 6. März 1901 begonnen.	2 H R A 1. 11. 7. März 1901 N. N.	
Hermann Franke ist in die Gesellschaft als persönlich haftender Gesellschafter eingetreten. Er und der Gesellschafter Georg Danz sind nur in Gemeinschaft oder in Gemeinschaft mit einem Prokuristen zur Vertretung der Gesellschaft ermächtigt.	2 H R A 1. 15. 2. April 1902 N. N.	
Kommanditgesellschaft. Die Kaufleute Anton Gabriel in Berlin und Adolf Otto in Stettin sind in die Gesellschaft als Kommanditisten mit einer Einlage von je 60000 Mark eingetreten. Georg Danz und Hermann Franke sind unbeschränkt zur Vertretung der Gesellschaft ermächtigt.	2 H R A 1. 20. 3. Juli 1904 N. N.	

Handels-
des Königlichen Amts-
Abteilung
Band

1.	2.	3.	4.	5.	6.
Nummer der Eintragung	Firma und Sitz	Gegenstand des Unternehmens	Grund- oder Stammkapital	Vorstand; persönliche haftende Gesellschafter; Geschäftsführer; Liquidatoren	Prokura
1	Gas- und Elektrizitätswerke, Hannover, Aktiengesellschaft Hannover	Die Erbauung, der Betrieb von Gas- und Elektrizitätsanstalten innerhalb des Deutschen Reiches.	1000000 Mk.	Albert Merten, Kommerzienrat, Hannover. Ernst Kluge, Fabrikant, Linden. Johannes Wilke, Techniker, Hannover.	
2					Dem Herm. Werner in Hann. i. Prokura erteilt.
3		Nach dem Beschlusse der Generalversammlung vom 28. Mai 1905 ist auch die Erbauung und der Betrieb von Gas- und Elektrizitätsanstalten außerhalb des Deutschen Reichs Gegenstand des Unternehmens.			
4			Nach Beschluß der Generalversammlung vom 3. Mai 1906 soll das Grundkapital um 300000 Mk. erhöht werden.		
5			Das Grundkapital ist um 300000 Mk erhöht und beträgt jetzt 1600000 Mk.	Wilhelm Krüger, Fabrikant, Hannover	
6				Die bisherigen Vorstandsmitglieder sind Liquidatoren	Die Prokura des Herm. Werner ist erloschen.

gerichts in Stettin

B

I

7.	8.	9.	10.
Gesellschaftsvertrag oder Satzung; Vertretungsbefugnis	Auflösung; Konkurs; Fortsetzung; Nichtigkeit; Erlöschen der Firma	Geschäftsnummer; Tag der Eintragung; Unterschrift	Bemerkungen
Aktiengesellschaft Der Gesellschaftsvertrag ist am 5. Januar 1900 festgestellt. Jedem Mitgliede der Gesellschaft steht nach dem Gesellschaftsvertrage die selbständige Vertretung der Gesellschaft zu.		2 H R B 6. / 1. 1. März 1900 N. N.	
		2 H R B 6. / 4. 4. April 1902 N. N.	
Durch den Beschluß der Generalversammlung vom 28. Mai 1905 ist die Form, in der die von der Gesellschaft ausgehenden Bekanntmachungen erfolgen, geändert.		2 H R B 6. / 10. 26. Juni 1905 N. N.	
		2 H R B 6. / 15. 20. Mai 1906 N. N.	
Ernst Kluge ist aus dem Vorstande ausgeschieden und an seine Stelle Wilhelm Krüger zum Vorstandsmitglied bestellt.		2 H R B 6. / 16. 6. Oktober 1906 N. N.	
Die Gesellschaft wird durch je 2 Liquidatoren vertreten.	Durch den Beschluß der Generalversammlung vom 12. Mai 1910 ist die Gesellschaft aufgelöst.	2 H R B 6. / 26. 10. August 1910 N. N.	

4. Das Tätigwerden des Handelsregistergerichts.

Handelsregistergerichte sind:

a) die Amtsgerichte § 125 Abs. 1 FreiwGerGes.
b) die Konsuln für die Konsulargerichtsbezirke § 7 KonsGG. vom 7. IV. 1900.
c) die vom Reichskanzler zur Ausübung der Gerichtsbarkeit ermächtigten Beamten in den Schutzgebieten § 2 Ges. vom 25. VII. 1900.

Die örtliche Zuständigkeit des Handelsregistergerichts ist gegeben: für alle seinem Bezirke angehörigen Handelsniederlassungen (§ 13 HGB.), für alle offenen Handelsgesellschaften, Kommanditgesellschaften, Aktiengesellschaften, Kommanditgesellschaften auf Aktien, Gesellschaften mit beschränkter Haftpflicht, Versicherungsvereine auf Gegenseitigkeit, sofern der Sitz der Genannten im Handelsregister-Gerichtsbezirke liegt §§ 13, 106, 161, 195, 320 HGB. § 7 Ges. vom $\frac{20.\ \text{IV}.\ 1892}{17.\ \text{V}.\ 1898}$. § 30 Ges. vom 12. V. 1901.

Für Zweigniederlassungen der aufgezählten Handelsbetriebe begründet die Zugehörigkeit der Niederlassung zu dem Gerichtsbezirke des einzelnen Handelsregistergerichts dessen Zuständigkeit auch dann, wenn die Hauptniederlassung im Auslande sich befindet (s. aber Seite 109).

Anträge und Anmeldungen sind regelmäßig die Voraussetzung für die Anordnungen des Registerrichters.

Von Amts wegen hat das Registergericht nur ausnahmsweise in folgenden Fällen tätig zu werden:

a) Schreibfehler und ähnliche offenbare Unrichtigkeiten können Berichtigungsverfügungen von Amts wegen veranlassen § 14 der Verf. vom 7. XI. 1899.
b) Mangels wesentlicher Voraussetzungen unzulässige Eintragungen in das Handelsregister können vom Registergericht von Amts wegen gelöscht werden § 142 FreiwGerGes.

   Als Sonderfall einer solchen Löschung hebt § 144 a. a. O. die Löschung einer Aktiengesellschaft, einer Kommanditgesellschaft auf Aktien, einer Gesellschaft mit beschränkter Haftung unter den Voraussetzungen der §§ 309, 310 HGB.; §§ 75, 76 d. RGes. vom 20. V. 1898 hervor.

   Dieses Löschungsverfahren vollzieht sich durch Benachrichtigung der Beteiligten von der beabsichtigten Löschung unter Setzung einer Frist zur Geltendmachung eines Widerspruchs; Entscheidung auf den Widerspruch; Löschung „von Amts wegen" (§ 26 d. Verf. vom 7. XI. 1899) nach Rechtskraft der Entscheidung über den Widerspruch.

Diesem Verfahren kann aber — und das empfiehlt sich — oft auch eine Anordnung aus § 127 FreiwGerGes. vorausgehen.

c) Endlich ist das Einspruchsverfahren, das zur Ausführung der Vorschriften der §§ **37**, 319, 325⁹ HGB. die §§ 132—141 FreiwGerGes. vorsehen, ein, bereits Seite 1; unter γ erwähntes, Verfahren von Amts wegen.

5. Die Anmeldungen zum Handelsregister und die Zeichnungen.

I. **Das Handelsgesetzbuch bestimmt** im § 12:

„Die Anmeldungen zur Eintragung in das Handelsregister sowie die zur Aufbewahrung bei dem Gerichte bestimmten Zeichnungen von Unterschriften sind persönlich bei dem Gerichte zu bewirken oder in öffentlich beglaubigter Form einzureichen.

Die gleiche Form ist für eine Vollmacht zur Anmeldung erforderlich. Rechtsnachfolger eines Beteiligten haben die Rechtsnachfolge, soweit tunlich, durch öffentliche Urkunden nachzuweisen."

Hieraus ergibt sich:

II. a) **Die Anmeldungen zum Handelsregister** müssen entweder von einem Amtsrichter oder Notar beurkundet, oder wenigstens unterschriftlich von einem Amtsrichter oder Notar beglaubigt sein.

Außer den Amtsrichtern und Notaren sind aber auch die Konsuln zu Unterschriftsbeglaubigungen zuständig.

Haben ausländische öffentliche Behörden oder ausländische Personen öffentlichen Glaubens die Unterschriften der Anmeldungen beglaubigt, so bedürfen die Unterzeichnungen zuvor der Legalisation durch einen Konsul §§ 16, 17 Ges. vom 8. XI. 1867.

Anmeldungen öffentlich beglaubigter Form sind aber auch die Anmeldungen zu Protokoll des **Gerichtsschreibers des Registergerichts,** aber nur dieses Gerichtsschreibers, nicht auch die Anmeldungen zu Protokoll des Gerichtsschreibers eines anderen Gerichts.

Eine Ausnahme machen die Anmeldungen, die von **öffentlichen Behörden** ausgehen: diese bedürfen nicht unterschriftlicher Beglaubigung, sondern erfordern nur vorschriftsmäßige Unterschrift und Untersiegelung; s. aber Lobe Z. XII. 58.

b) Die Anmeldung durch **Bevollmächtigte** ist zulässig, der Vollmachtsnachweis aber auch durch gerichtlich oder notariell beurkundete oder unterschriftlich öffentlich beglaubigte Vollmachtsurkunde zu führen; s. auch S. 90 u. 135.

c) Die Anmeldung kann auch durch **gesetzliche Vertreter** erfolgen. Der Nachweis gesetzlicher Vertretungsmacht des Vaters (§ 1627 § 1630 BGB.), der Mutter (§ 1685 BGB.) ist einer besonderen Form nicht bedürftig (Rechtsspr. d. O. G. 3. 260, 1).

d) Die **Vertretungsmacht des Vormundes und des Pflegers** (§ 1909—§ 1914 BGB.) ist aber durch Vorlegung der Bestallung zu führen.

Zu c d: Den Anmeldungen aller gesetzlicher Vertreter ist der Nachweis vormundschaftsrichterlicher Genehmigung beizufügen, wo eine solche — nicht nur als Ordnungsvorschrift wie im Falle des § 1645 BGB. — **erforderlich** ist. Gl. A. Brand S. 18. A. M. DJZ. 1901, 185.

e) Die **Rechtsnachfolger** eines Beteiligten haben gemäß § 12 Abs. 2 HGB. „soweit tunlich" durch öffentliche Urkunden ihre Rechtsnachfolge nachzuweisen. Demnach sind vorzulegen:

Erbscheine mit Rücksicht auf § 2361 BGB. in Ausfertigung, vgl. Rechtsspr. d. OG. VI 479.

Letztwillige Verfügung mit dem Protokoll über ihre Eröffnung regelmäßig in Ausfertigung oder beglaubigter Abschrift; nur ganz ausnahmsweise, weil „nicht tunlich", kann das privatschriftliche Testament des § 2231 Nr. 2 BGB. hier genügen.

Die Rechtsnachfolger, die **Vorerben** sind § 2160, auch die befreiten Vorerben (§ 2137 Abs. 1 BGB.) haben sich als Vorerben gemäß § 12 Abs. 2 HGB., also tunlichst durch öffentliche Urkunden zu legitimieren; das Nichtvorhandensein der Voraussetzungen des § 2113 Abs. 2 BGB. ist durch Offenlegung des dem handelsregisterlichen Akt zugrunde liegenden Rechtsgeschäftes, jedoch mittels jedes Nachweises, darzutun.

Vermächtnisnehmer sind nicht Rechtsnachfolger, sondern Forderungsberechtigte gegenüber den Erben (§ 2174 BGB.). Diese haben mit dem Vermächtnisnehmer die auf dem Vermächtnis beruhenden Registerakte zu tätigen.

f) Die an Stelle der Rechtsnachfolger tretenden (§ 2211 BGB.) **Testamentsvollstrecker** haben sich als solche durch den Erbschein in Ausfertigung (§ 2364 BGB.), oder durch das Testament nebst Eröffnungsprotokoll nebst der Erklärung aus § 2202 Abs. 2 BGB. in Ausfertigung oder beglaubigter Abschrift, oder durch das Zeugnis aus § 2368 BGB. in Ausfertigung oder beglaubigter Abschrift zu legitimieren.

g) **Notare,** die für Beteiligte Anmeldungen vornehmen, sind Bevollmächtigte der letzteren. Ihre Anmeldungen bedürfen nur in dem Falle nicht des öffentlich beglaubigten Vollmachtsnachweises, wenn die eine registerliche Eintragung bezweckenden Erklärungen von ihnen beurkundet oder beglaubigt sind §§ 129, 147 Abs. 1, 159, 161 FreiwGerGes.

III. **Die Zeichnungen** der Firma (vgl. S. 26) oder auch nur der Unterschrift (vgl. S. 91, 95, 136), die mit einer Anmeldung zu verbinden und vom Registergericht aufzubewahren sind, sollen der Feststellung der Echtheit der Unterschriften dienen.

Die Zeichnungen sind daher, wie die Anmeldungen, in unterschriftlich öffentlich beglaubigter Form vorzunehmen und dem gedachten Zwecke gemäß stets persönlich von den einzelnen Beteiligten auszuführen, eine Vertretung mithin unzulässig.

Nur die gesetzlichen Vertreter Geschäftsunfähiger oder in der Geschäftsfähigkeit Beschränkter haben für diese Zeichnungen auszuführen.

Nach Erlangung seiner vollen Geschäftsfähigkeit hat ein Beteiligter eine Zeichnung persönlich nachzuholen; das folgt aus den legislatorischen Zwecken der letzteren (streitig).

Schreibensunfähige (aus physischem oder intellektuellem Grunde) können eine Zeichnung nicht vornehmen, diese entfällt in jenen Fällen somit als wesentliche Voraussetzung der Eintragung; mit nachträglicher Erlangung der Schriftfähigkeit ist aber die Zeichnung nachzuholen (streitig).

Der Zweck der Zeichnung der Firma ist die Feststellung der Identität einer Firma-Zeichnung, als der eines kaufmännischen Namens im Handelsverkehr, für diesen festzustellen. Dieser Zweck erfordert bei Einreichung der Zeichnung durch unterschriftlich beglaubigte Anmeldung auch die öffentliche Beglaubigung der Zeichnung der Firma. — So auch das Reichsgericht E. 54, S. 168. Cohn S. 123. A. M., jenem legislatorischen Zwecke widersprechend, das Kammergericht in den Entscheidung. in Angel. d. fr. Gerichtsbarkeit und des Grundbuchrechts zusammengestellt im Reichsjustizamt S. 192.

Die öffentliche Beglaubigung der „Zeichnung" der Firma ist nur dahin möglich: daß der Zeichnende die Zeichnung vor der öffentlichen Urkundsperson vollzogen hat.

Der Begriff der „Zeichnung" schließt hier somit die zweite Form der Unterschriftsbeglaubigung im § 183 Abs. 2 FreiwGerGes.:

> „Die Beglaubigung geschieht durch einen unter die Unterschrift zu setzenden Vermerk. Der Vermerk muß die Bezeichnung desjenigen, welcher die Unterschrift vollzogen oder anerkannt hat, enthalten und den Ort und den Tag der Ausstellung angeben, sowie mit Unterschrift und Siegel oder Stempel versehen sein"

aus.

Die Zeichnung der Firma ist gemäß § 29 HGB. bei dem Gerichte aufzubewahren.

IV. **Ein Ersatz der Anmeldung** eines Beteiligten, mit der Wirkung, daß ohne seine Mitwirkung die anderen Beteiligten zu einer Anmeldung berechtigt werden, ist durch § 16 RHGB. geschaffen.

Rechtskräftige oder auch nur vollstreckbare Entscheidung — daher auch Arrest- und einstweilige Verfügung, nicht aber Urkunden des § 794 ZPO. — schaffen jenen Ersatz:

einmal: wenn sie eine **Verpflichtung zur Mitwirkung bei einer Anmeldung** festsetzen. Registerrichterlicher freier Entscheidung bleibt aber trotzdem überlassen, ob die durch jene Entscheidung fiktiv gegebene Anmeldung eine Eintragung rechtfertige.

ferner: wenn sie **ein Rechtsverhältnis festsetzen,** bezüglich dessen eine Eintragung zu erfolgen hat. Der Bestand des in ihr festgestellten Rechtsverhältnisses wird bindend durch jene Entscheidung für den Registerrichter festgesetzt. Die Frage, ob die Feststellung des Rechtsverhältnisses eine Eintragung nach sich ziehen muß, untersteht aber registerrichterlicher Entscheidung.

Ist mit einer Anmeldung noch eine Zeichnung der Unterschrift oder Firma zu verbinden, so wird auch diese Zeichnung durch jene Entscheidung ersetzt; dafür spricht der Wortlaut des § 16 und die Literatur scheint es einstimmig anzunehmen.

V. Die registergerichtliche Tätigkeit einer Anmeldung und Zeichnung gegenüber

gliedert sich in Feststellungen, Verfügungen und Bekanntmachungen:

1. Feststellungen.

a) Die **Feststellung, ob die Identität** der Anmeldenden oder Antragsteller gesetzmäßig, dem § 176 FreiwGerGes. entsprechend dargetan.

Diese richterliche Feststellungspflicht besteht für Anmeldungen in eingereichten öffentlich beurkundeten oder beglaubigten Erklärungen wie für die bei dem Registergericht zu Protokoll des Gerichtsschreibers angebrachten Erklärungen.

Der registerlichen Nachprüfung unterliegt daher, ob die Identitätsfeststellung jener Urkundspersonen dem § 176 cit. entspricht.

Die Vorstellung eines Beteiligten durch einen anderen Beteiligten ist nicht ausreichend, zureichend ist vielmehr nur die Vorstellung durch eine der Urkundsperson bekannte unbeteiligte Person (so auch die Verfügung des Amtsgerichtspräsidents des Amtsgerichts Berlin Mitte).

Die Unterfertigung des Identitäts-Feststellungsvermerks durch die vorstellende Persönlichkeit ist nicht erforderlich. Rechtspr. d. O. G. II 335.

b) **Die Feststellung der Legitimation** zum Antrag, also der Vollmacht (vorstehend II b), der gesetzlichen Vertretungsmacht (II c), der gesetzlichen Vertretungsberechtigung (II d), der Rechtsnachfolge (II e), der Notariats-Legitimation (II g).

c) **Die Feststellung** der Eintragungsfähigkeit der beantragten Anmeldung überhaupt und, falls dies zutrifft, der Erfüllung der einzelnen Voraussetzungen.

2. **Die Verfügungen** sind:

a) **Eintragungsverfügungen** auf die Anträge, nachdem die Feststellungen zu **1** getroffen, liegt dem Richter ob, § 2 AllgVerf. vom 7. XI. 1899. Durch die Verfügung ist der Wortlaut der Eintragung in das Handelsregister und ihre Bekanntmachung anzuordnen und sofern ihr Inhalt von der Eintragung abweicht, auch der Inhalt der Bekanntmachung anzugeben § 5 AllgVerf. vom 7. XI. 1899.

Eine Eintragung ist ferner zu verfügen, wenn eine solche durch Beschluß des Beschwerdegerichts angeordnet ist § 143 FreiwGerGes. § 2 Abs. 2 AllgVerf. vom 7. XI. 1899.

Mit der Verfügung und den eingereichten Schriftstücken, welche eine Firma betreffen, sind Akten anzulegen, zu denen fernere Verfügungen und eingereichte Urkunden rücksichtlich der einzelnen Firma, § 9 a. a. O., insofern jene Urkunden zurückgegeben werden, beglaubigte Abschriften zu nehmen sind.

Die Eintragung, die deutlich, ohne Abkürzung und ohne Rasur auszuführen ist, §19 a. a. O., in dem Register vorzunehmen, sowie die Herbeiführung ihrer Bekanntmachung liegt dem Gerichtsschreiber ob § 6 AllgVerf. vom 7. XI. 1899.

Die einzelnen Firmen sind unter je einer fortlaufenden Nummer einzutragen, unter der wieder unter fortlaufenden Nummern die einzelnen eine Firma betreffenden Eintragungen erfolgen § 20 a. a. O., jedoch sind gleichzeitig erfolgende mehrere Eintragungen nur unter der einen laufenden Nummer einzutragen § 21 a. a. O.

Der Inhalt der Eintragung setzt sich zusammen aus der Wiedergabe der Verfügung des Richters, der Angabe des Eintragungstages, der Verweisung auf die Stelle der Registerakten, wo die zugrunde liegende Verfügung sich befindet, der Unterschrift des Gerichtsschreibers § 130 FreiwGerGes. § 22 Abs. 1 a. a. O. Ein Aktenvermerk über die Eintragung unter Bezeichnung ihres Tages ist bei der gerichtlichen Verfügung vorzunehmen.

b) **Verfügungen: die eine Änderung oder Löschung bestehender Eintragungen** enthalten, sowie ihre Eintragungen sind in gleicher Weise wie zu 2a unter einer neuen laufenden Nummer auszuführen.

Hierzu kommt jedoch, daß die **Rötung** bestehender Eintragungen insoweit vom Richter anzuordnen, vom Gerichtsschreiber auszuführen ist, als jene durch die einzelne spätere Eintragung ihre Bedeutung verloren haben § 23 Abs. 2 a. a. O.

c) **Löschungsverfügungen: welche die ganze Firmaeintragung betreffen;** sie bestehen in:

α) Entfernung einer Firma aus ihrer bisherigen Nummer-Eintragung unter Übertragung an eine neue Nummerstelle. Diese erfolgt:

bei Änderung der Firma und wesentlicher Änderung der übrigen Eintragungen § 20 Abs. 3 AllgVerf. vom 7. XI. 1899.

Ohne diese Voraussetzung, wenn zahlreich eingetretene Änderungen im Interesse der Übersichtlichkeit des Registers die Übertragung der noch gültigen Eintragungen unter neuer Nummer an anderer Stelle des Registers angezeigt machen § 28 a. a. O.

β) Entfernung einer Firma endgültig aus dem Register mittels Löschung einer Firma infolge ihres Erlöschens.

d) **Eine Eintragung ablehnende Verfügungen:** sie haben die Gründe der Ablehnung mitzuteilen § 4 AVerf. vom 7. XI. 1899.

3. **Die Bekanntmachungen** von registerlichen Eintragungen sind

a) öffentliche,

b) nicht öffentliche besondere.

Zu a: Die **öffentliche,** regelmäßig den Inhalt der Eintragung vollständig (§ 10 RHGB.) wiedergebende Bekanntmachung, die der Richter anzuordnen (vorstehend V 2 b), der Gerichtsschreiber auszuführen hat, muß im deutschen Reichsanzeiger und noch mindestens in einem anderen Blatt erfolgen. § 10.

Dieses Blatt hat das Registergericht in jedem Jahre bis zum 6. Dezember zu bestimmen, der Gerichtsschreiber durch Mitteilung an die Gerichtsschreiberei des Oberlandesgerichts dem Reichsjustizamt zu bezeichnen. Dieses gibt die von den sämtlichen Registergerichten für öffentliche Bekanntmachungen gewählten Blätter (neben dem Reichsanzeiger) öffentlich bekannt. § 10 d. AllgVerf. vom 7. XI. 1899 AllgVerf. vom 4. XII. 1900.

Zu b: Eine nicht öffentliche **besondere** Bekanntgabe einer Eintragung hat zu erfolgen an:

Jeden, der eine Eintragung beantragt hat, § 130 Abs. 2 FreiwGerGes. § 13 AllgVerf. vom 7. XI. 1899, doch kann die Bekanntgabe auch zu Protokoll geschehen, auch kann auf sie verzichtet werden § 16 FreiwGerGes.

Die **Handelskammer,** zu deren Bezirk das Registergericht gehört, jedoch nur rücksichtlich der im § 14 d. AllgVerf. vom 7. XI. 1899 aufgezählten Eintragungen.

Das **Registergericht der Hauptniederlassung,** bei Eintragungen einer Zweigniederlassung der Hauptniederlassung im Bezirke eines anderen Registergerichts.

Dem **anderen Registergericht,** wenn eine eingetragene Firma in einem Orte oder einer Gemeinde vorhanden, die zu verschiedenen Registergerichtsbezirken gehören § 15 Allg. Verf. vom 7. XI. 1899.

Paragraph 2.

Die Firma des Einzelkaufmanns.

A. Die materiellrechtlichen Grundsätze im allgemeinen.

Die **Eintragungs-Fähigkeit und Verpflichtung**

einer Person rücksichtlich ihrer Firma besteht für jeden, der ein Handelsgewerbe betreibt.

Ein Handelsgewerbe ist gegeben:

wenn die Geschäfte des § 1 Abs. 2 HGB. gewerbsmäßig betrieben werden;

wenn andere Geschäfte als die des § 1 Abs. 2 gewerbsmäßig betrieben werden, sofern diese nach Art und Umfang einen in kaufmännischer Weise eingerichteten Geschäftsbetrieb erfordern § 2 a. a. O.

Die Feststellung dieses Erfordernisses ist aus dem Umfange des Betriebskapitals, der Zahl und Arbeitsteilung der Hilfskräfte, der Einrichtungen, des Umsatzes zu entnehmen. Die Höhe des Reingewinns kann entscheidend sein, anderseits schließt selbst eine Unterbilanz jene Feststellung nicht aus.

1. **Die Eintragungs-Fähigkeit, nicht aber Verpflichtung,** rücksichtlich ihrer Firma haben die Land- und Forstwirtschaft Betreibenden, für ein mit jener Wirtschaft verbundenes Nebengewerbe.

Das Nebengewerbe muß nach Art oder Umfang der kaufmännischen Einrichtung bedürftig sein und in dem land- und forstwirtschaftlichen Betrieb seine Grundlage finden, somit die Erzeugnisse des letzteren zum Gegenstand haben. Die Gemeinschaftlichkeit der Betriebs- oder Kapitals-Anlage und Arbeitskräfte der Land- und Forstwirtschaft und des Nebengewerbes schließt das Vorhandensein des letzteren als solchen noch nicht aus JGew. 27, 206. Die **Löschung** des einmal eingetragenen Nebengewerbes untersteht nicht dem Belieben des nur zur Eintragung Berechtigten, sondern den Voraussetzungen des § 3 Abs. 2 HGB.

2. Die Eintragungsfähigkeit eines Firmeninhabers **liegt nicht vor,** wenn dieser ein Minderkaufmann ist, also:

entweder **ein Handwerker** ist: ein solcher ist der mit Be- oder Verarbeitung befaßter Gewerbtreibender, dessen Betrieb nach Art **und** Umfang einer kaufmännischen Geschäftsbetriebs-Einrichtung nicht bedürftig ist § 2 § 4 HGB.

Die Feststellung, ob jemand Handwerker oder Kaufmann z. B. nach § 1 Ziff. 2 HGB., kann zweifelhaft sein und ist konkret nach Art und Umfang des Betriebs, also nach beiden Voraussetzungen zu bestimmen.

Zu beachten ist, daß auch der sog. Großhandwerker niemals, auch nicht gemäß § 2 HGB. eintragungspflichtig sein kann; vgl. Johow 35 A, 142.

oder **ein Minderkaufmann** ist: ein solcher ist jeder Gewerbtreibende, der nicht Handwerker, anderseits aber auch nicht Kaufmann ist, weil der Betrieb von Geschäften des § 1 HGB. nach Umfang ein kleingewerblicher ist § 4 HGB.

Die Feststellung, wer Voll- oder Minder-Kaufmann, ist gleichfalls zweifelhaft, bezügliche Abgrenzungsbestimmungen der Landesregierungen, zu denen letztere der § 4 Abs. 3 HGB. ermächtigt, sind nicht ergangen. Bis zum Erlaß solcher Bestimmungen muß die staatliche Klassifizierung der Gewerbtreibenden in den einzelnen Gewerbesteuergesetzen entscheidend sein. Gl. A. Brand § 41. A. M. Staub in d. DJZ. 1898 S. 421. Nach dem preußischen Gewerbesteuergesetz sind daher Minderkaufleute alle Gewerbtreibende mit einem Betriebskapital von 3000—30000 Mark, einem Jahresgeschäftsgewinn von 1500—4000 Mark.

3. Das Betreiben eines Handels**gewerbes erfordert** die Absicht auf Vornahme einer ungeschlossenen Kette von Geschäften, um aus diesen fortgesetzt Gewinn zu erzielen RGE. 38, 20.

Ein Gewinnerstreben ist dort ausgeschlossen, wo nur die Deckung der Selbstkosten aus dem Geschäftsbetrieb von vornherein beabsichtigt ist.

Anderseits bewirkt auch eine in zweiter Linie beabsichtigte Überschußeinnahme über die Selbstkosten einen Handelsgewerbebetrieb.

4. **Die Eintragung der neu begründeten sog. ursprünglichen Firma** des Einzelkaufmanns muß den Voraussetzungen entsprechen, die in den §§ 17—18, 19—23, 30 des HGB. festgestellt sind, und den Grundsatz der Firmenwahrheit verwirklichen.

Die Vorschriften dieser §§ 17—18, 19—23 sind aber nur für die Firmen anwendbar, die nach dem Inkrafttreten des HGB., somit nach dem 1. I. 1900, zur Eintragung gelangen.

Die vor dem 1. I. 1900 bereits eingetragenen Firmen können weitergeführt werden Art. 22 EG. z. HGB.

Die Firma, wie diese der § 17 HGB. definiert, „der Name eines Kaufmanns", unter dem er im Handel seine Geschäfte betreibt und die Unterschrift abgibt,

a) **muß sich zusammensetzen** aus dem:

α) **Familiennamen:** dieser ist der Name, rücksichtlich dessen im Sinne des § 12 BGB. „ein Recht zum Gebrauch" besteht.

Das Familien-Namens-Gebrauchsrecht wird für Inländer erworben durch eheliche Abstammung (§ 1616 BGB.), Annahme an Kindesstatt (§ 1758 BGB.), uneheliche Abstammung (§ 1706 BGB.), Eheabschluß für eine Frau (§ 1355 BGB.), an Stelle des erworbenen Familiennamens des Ehemannes kann aber gemäß § 1577 Abs. 2 a. a. O. wieder der Mädchenname treten.

Das Namens-Gebrauchsrecht für Ausländer wird durch die bezüglichen Vorschriften ihres Heimatsrechtes bestimmt.

Das Recht auf Gebrauch eines Doppelnamens kann wie das Gebrauchs-Recht auf einen einfachen Familiennamen bestehen; ebenso auf einen Doppelnamen, wie Schmidt genannt Wolf.

Das Gebrauchsrecht solcher Doppelnamen bedarf aber des Beweises seiner Begründheit, falls diese zweifelhaft.

β) **Ein Vorname** zusammen mit dem Familiennamen bildet die Firma erst.

Der „eine" Vorname braucht bei mehreren nicht der Rufname zu sein, muß aber ausgeschrieben sein, kann dann aber neben einem zweiten auch nicht ausgeschriebenen Vornamen (Chr. Friedrich Iven) stehen (s. auch Lobe, Z. XI. 110).

Ein „Recht zum Gebrauch" auf den Vornamen muß — wie rücksichtlich des Familiennamens — vorliegen und im Zweifelfalle durch standesamtliches Zeugnis erwiesen werden.

Die adjektivische Zusammenstellung des Vornamens und Familiennamens zwecks Bildung der Firma, also Gottlieb Krügersches Federgeschäft, wird nach § 17 mit Recht für zulässig erachtet. Brand § 43, Cohn S. 66.

b) **Es können Zusätze** aber, außer Vor- und Zunamen, in einer Firma enthalten sein, sofern und soweit sie „unter Wahrung des Prinzips der Firmenwahrheit zur Unterscheidung der Person oder des Geschäfts dienen" § 18 HGB.

α) **Zulässig** sind Zusätze daher nur, sofern und soweit sie Art oder Umfang des Geschäfts oder Verhältnisse des Geschäftsinhabers wahrheitsgemäß charakterisieren.

β) **Unzulässig** sind Zusätze, soweit ihr Inhalt über die zu α gedachten Umstände eine Täuschung erzeugen können.

Als Hauptbeispiel nennt § 18 cit. den ein — nicht bestehendes — Gesellschaftsverhältnis andeutenden Firmenzusatz.

Eine Ausnahme gerade von diesem Hauptfall eines unzulässigen Firmenzusatzes enthält aber die Vorschrift des § 24:

Die Grenzlinie zwischen Zulässigkeit und Unzulässigkeit der Firmenzusätze ist absolut und zweifelfrei nicht feststellbar, sie kann lokal eine verschiedene sein.

Zur Unterscheidung der **Person** zulässig sind Zusätze wie „Vater", „Sohn", „sen.", „jun.", „Witwe". Die Verbindung des Familiennamens mit dem der Ehefrau ist mit dem Prinzip der Firmenwahrheit unvereinbar, trotzdem in der Rechtsprechung RG. E. 16. 60 gestattet.

Zur Unterscheidung des **Geschäfts** zulässig sind die zur Bezeichnung einer Branche wahrheitsgemäß gewählten Zusätze, z. B. Kaffeebrennerei, es entsteht dann eine sog. gemischte Firma.

Zur **lokalen Charakterisierung** des Geschäfts dienende Zusätze können nach den konkreten Verhältnissen zulässig oder unzulässig sein: z. B. der Zusatz: Erstes und Alleiniges Losgeschäft kann zulässig sein, wenn an dem Orte nur ein Losgeschäft besteht.

Unzulässig, da dem Branchenumfang firmenwahrheitswidrig nicht entsprechend, ist für ein einfaches Bankgeschäft der Zusatz Bank. Ein Zusatz „Bank" hat zur Voraussetzung: ein mit großen Kapitalswerten in bedeutendem Umfang betriebenes Bankgewerbe.

Der Zusatz „Fabrik" erfordert das Vorhandensein einer großen der Warenfabrikation dienenden industriellen Anlage mit entsprechenden maschinellen oder handwerksmäßigen und kaufmännischen Einrichtungen.

Unzulässig, da eben der Geschäfts-Unterscheidung nicht dienend, sind willkürlich gewählte Zusätze, insbesondere Phantasie-Zusätze (Gl. A. Johow 10. 14. A. M. Staub 128. Rechtsprech. OL. 6. 342); z. B. goldene 110, aber auch „Kleiderparadies" (was Cohn S. 68 für zulässig erachtet).

5. **Die Eintragung der abgeleiteten Firma:**

a) Als **Ausnahme** von dem Grundsatz der Firmenwahrheit ist durch § 22 HGB. die Fortführung einer bisherigen Firma — als sog. abgeleitete Firma — dem Erwerber der letzteren gestattet.

Die **einzelnen Voraussetzungen** sind:

Ein **bestehendes Handelsgeschäft** muß erworben sein. Dies hat zur Voraussetzung:

a) **Der Erwerb** eines bereits **betriebenen** Handelsgewerbes eines Vollkaufmanns (s. S. 18 u. Lobe Z. XII. 61). Das Eingetragensein jenes Handelsgewerbes ist nicht erforderlich, begriffsnotwendig nur dann notwendig, wenn Handelsgewerbe der im § 2, § 3 HGB. gedachten Inhaber veräußert sind, die ja erst durch die Eintragung ihrer Firma zu Vollkaufleuten werden.

Ein Handelsgeschäft ist im Sinne des § 22 cit. „betrieben", auch wenn sein Betrieb zeitweilig vor der Veräußerung, z. B. infolge Liquidation oder Konkurses, ausgesetzt gewesen ist (s. auch Lobe Z. XI. 93).

b) Mit dem Erwerb des Handelsgeschäfts muß die ausdrückliche **Zustimmung** des bisherigen Geschäftsinhabers oder dessen Erben zur Fortführung der bisherigen Firma verknüpft sein.

Zu a): Die **Art** des Erwerbes kann der unter Lebenden, wie von Todes wegen, in beiden Fällen ein entgeltlicher, wie ein unentgeltlicher sein.

Der Erwerb von Todeswegen insbesondere kann auf Testament und Erbvertrag oder auch nur auf Vermächtnis beruhen; im ersteren Falle liegt ein eigentümlicher Erwerb und zugleich die Zustimmung zur Firmafortführung „des bisherigen Geschäftsinhabers" vor; im Vermächtnisfalle ist nur ein obligatorischer Anspruch auf den Geschäftserwerb und die Firma-Fortführung gegen die Erben entstanden; die letzteren haben daher das Geschäft erst zu übertragen, die Zustimmung zur Fortführung der Firma zu erteilen.

Der **Umfang** des Erwerbes des Handelsgeschäfts muß derartig sein, daß die Möglichkeit der Fortführung des Handelsbetriebes gegeben ist. Dies ist auch dann vorliegend, wenn der Übergang der Aktiva und Passiva ausgeschlossen, einzelne Warenbestände nicht mit veräußert werden. Ein Herauslösen einzelner Geschäftszweige, so daß das bisherige Handelsgeschäft quantitativ oder qualitativ geändert wird, ist unzulässig.

Zu b: Das **Wesen** der Zustimmung zur Fortführung ist die Bewilligung zur Fortführung des bisherigen kaufmännischen Namens, also eines jus personale. Das zu einer Konkursmasse gehörige Handelsgeschäft kann daher der Konkursverwalter zwar veräußern, zur Fortführung der bisherigen Firma ist aber die Zustimmung des Gemeinschuldners erforderlich RGE. 9. 106.

Die **Erklärung** jener Zustimmung muß ausdrücklich abgegeben sein; sie kann die Verpflichtung des Erwerbers feststellen, einen das Nachfolgerverhältnis andeutenden Zusatz zu führen oder nicht zu führen.

c) Die **Zusätze** zu der bisherigen Firma dürfen nur in der Andeutung des Nachfolgeverhältnisses bestehen; sie müssen unterbleiben, wenn jene Andeutung vom Firmenveräußerer bei der Veräußerung untersagt, und müssen geschehen, wenn sie bei jener Veräußerung festgesetzt sind.

d) Eine **nachträgliche Änderung** der abgeleiteten Firma ist nicht willkürlich, sondern nur wenn die Änderung der ursprünglichen Firma zulässig, gestattet (S. 32); der Erwerber der abgeleiteten Firma ist daher nicht berechtigt, diese nach Aufgabe des erworbenen Geschäfts für ein neues zu führen RGE. 1. 261.

6. **Die Eintragungsfähigkeit und Verpflichtung ist auch für juristische Personen** gegeben, und zwar für inländische wie für ausländische, sie mögen privatrechtliche oder öffentlichrechtliche juristische Personen sein.

Indessen greifen hierbei Sonder- und Ausnahme-Vorschriften ein:

a) **Die Regelvorschrift** des § 33 HGB. besagt: Juristische Personen — (also auch die mit Rechtsfähigkeit ausgestatteten Vereine der §§ 22, 23 BGB.) — sind eintragungsfähig und -pflichtig, sofern sie Kaufleute sind; also: sofern der Gegenstand (§ 1 HGB. Seite 17) oder die Art und der Umfang ihres Gewerbebetriebes (§ 2, HGB. S. 17, § 3 Abs. 2 HGB. S. 18) sie zu Kaufleuten machen.

b) **Ausnahmen** von jener Regel bestehen:

α) **einmal:** für Aktiengesellschaften, Aktienkommanditgesellschaften, Gesellschaften mit beschränkter Haftung; die stets Handelsgesellschaften sind, auch wenn sie ein Handelsgewerbe nicht betreiben, daher auch stets Kaufleute sind; für die Versicherungsvereine auf Gegenseitigkeit —. Die Eintragungs-Fähigkeit und -Pflicht dieser juristischen Personen unterliegen den Sondervorschriften, die Seite 81, 110, 123, 160 u. f. dargestellt sind.

β) **ferner:** für inländische juristische Personen öffentlichrechtlicher Natur: nämlich das Reich, einen Bundesstaat, einen inländischen Kommunalverband, die zur Eintragung ihrer handelsgewerblichen Unternehmen nach § 36 HGB. nur berechtigt, nicht aber verpflichtet sind.

γ) **weiter:** für die Reichsbank, die nach § 66 des Gesetzes vom 14. III. 1875 weder eintragungspflichtig noch eintragungsberechtigt ist.

δ) **endlich:** für ausländische juristische Personen wird die Eintragungs-Fähigkeit und -Verpflichtung ihrer Unternehmen nicht schon durch den Gegenstand, Art und Umfang ihres Gewerbebetriebes (§§ 1, 23 Abs. 2 HGB. S. 17), sondern dadurch erst gegeben, daß jene als juristische Personen auch im Inlande ohne Verleihung der Rechtsfähigkeit bestehen, oder daß ihnen gemäß Art. 10 EG. z. BGB. Rechtsfähigkeit verliehen ist.

c) **Die Anmeldung zur Eintragung juristischer Personen erfordert:**

α) **für alle juristischen Personen:**

die Bezeichnung der gewählten Firma. Die Zulässigkeit der letzteren untersteht zwar nicht der Regel des § 18 Abs. 1 HGB., wird vielmehr durch die satzungsmäßige Bezeichnung der juristischen Person bestimmt. Dagegen greift auch hier die Vorschrift des § 18 Abs. 2 ein, nach der somit die Zulässigkeit eines Firmazusatzes und einer abgeleiteten Firma sich entscheidet.

β) **für juristische Personen, die der Regel des § 33 ohne Ausnahme** (vorstehend a) unterliegen, erfordert die Anmeldung:

Nachweis der rite — gesetzlich oder statutengemäß s. z. B. §§ 25, 27 Abs. 1 BGB. — erfolgten Bestellung des Vorstandes durch Überreichung der bezüglichen Urkunde in Urschrift oder beglaubigter Abschrift. Die Anmeldung durch sämtliche — also sämtliche selbst unter Überschreitung der satzungsmäßigen Mindestzahl — bestellten Mitglieder des Vorstandes. A. M. Cohn A. 1a § 73.

Die Einreichung der Satzung.

Die Zeichnung der Firma.

γ) **für die juristischen Personen**, die Aktiengesellschaften, Aktienkommanditgesellschaften, Gesellschaften mit beschränkter Haftung, Versicherungsvereine auf Gegenseitigkeit sind (vorst. b α), ist die Anmeldung besonderen Vorschriften unterstellt (s. S. 90, 94, 113, 134, 166).

δ) **Die juristischen Personen** des Reichs, eines Bundesstaats, eines inländischen Kommunalverbands haben nach § 36 HGB. in der Anmeldung zu bezeichnen außer:

der Firma (vorstehend α),

den Sitz des Unternehmens, der — nach richtiger, wenn auch streitiger, Ansicht — der Ort ist, wo die Zentralleitung des Unternehmens geschieht.

den Gegenstand des Unternehmens.

Eine Zeichnung der Unterschrift der Anmeldenden (vgl. S. 13 und folgende S. 26) ist hier nicht erforderlich.

Die Anmeldenden sind die gesetzmäßig zur Vertretung jener juristischen Personen auf öffentlichrechtlichem Gebiete berufenen Personen, die, wenn sie als solche nicht gerichtsnotorisch sind, ihre Vertretungsmacht (vgl. S. 11) durch öffentliche oder öffentlich beglaubigte Urkunden darzutun haben.

ε) **Die ausländischen juristischen Personen** haben die Anmeldungsvoraussetzungen (vorstehend unter α β) zu erfüllen und ferner durch öffentliche oder öffentlich beglaubigte Urkunden darzutun, daß sie als solche im Inlande bestehen, oder den Bundesratsbeschluß aus Art. 10 EG. z. BGB. in Ausfertigung oder öffentlich beglaubigter Form einzureichen.

d) **Der Inhalt der Eintragung juristischer Personen** ergibt sich rücksichtlich der vorstehend unter c β und ε genannten Personen aus § 33 Abs. 3 HGB., rücksichtlich der unter c δ genannten Personen aus § 36; die Eintragung der unter c γ genannten Personen ist besonderen Vorschriften unterstellt, s. S. 95, 115, 136, 167.

B. Die Form und der Inhalt der Anmeldungen, der Zeichnungen und der Eintragungen, welche die Firma des Einzelkaufmanns betreffen, unter Heranziehung von Formularbeispielen.

1. Die einzelnen darzulegenden Sachumstände

jeder ursprünglichen Firma-Anmeldung, um die Eintragungsfähigkeit der Firma als der eines Vollkaufmannes überhaupt (vgl. S. 17, 18) und die

Zulässigkeit der gewählten Firma insbesondere (vgl. S. 19, 20) zu begründen, lassen sich erschöpfend und klar durch die Wiedergabe eines Fragebogens darstellen, der bei dem Amtsgericht Berlin Mitte bei jeder Anmeldung zur Ausfüllung gelangt.

Dieser Fragebogen bringt zur Feststellung:

1. Gewerbesteuersatz und Gewerbesteuerklasse des Einzelnen (vgl. S. 18).
2. den jährlichen Umsatz.
3. a) das Anlagekapital.
   b) das Betriebskapital.
4. den jährlichen Ertrag aus dem Betriebe.
5. den Mietswert der Betriebsräume.
6. die Größe, Beschaffenheit und Einrichtung der dem Betriebe dienenden Räumlichkeiten.
7. die Zahl der im Jahresdurchschnitt beschäftigten Personen.
   a) des Verkaufspersonals,
   b) des Kontor- und Kassenpersonals,
   c) des mit der Fabrikation oder Bearbeitung von Waren beschäftigten Personals,
   d) der Lagerarbeiter, Kutscher, Hausdiener, Pförtner.
8. die im Betriebe benutzten Maschinen.
9. die Vornahme kaufmännischer Buchführung.
10. die Art der Zahlung:
    a) ob bar,
    b) ob durch Scheckverkehr,
    c) ob durch sonstige Anweisung oder Verweisung,
    d) ob durch Girokonto.
11. die Höhe des Kredits, der
    a) genommen,
    b) gegeben wird.
12. das Bestehen und den Umfang des Wechselverkehrs.
13. Die Zahl der Lieferanten und Kunden.
14. die persönliche Mittätigkeit des Unternehmers im Betriebe.
15. den Umfang, in welchem fertige Waren im Jahresdurchschnitt zum Verkauf bezogen werden, falls ein Handelsgewerbe zur Anmeldung gelangt, in dem Handwerk und Warenhandel vereinigt sind.

Die Schwierigkeiten, welche für die Anmeldung jeder neuen Firma eines erst beginnenden Handelsgewerbebetriebes vorhanden, zeigen sich deutlich aus dem Inhalt der vorstehenden Ziffer 1—15. Die Sachumstände unter 2, 4, 10, 11, 13, 15 lassen sich für einen erst beginnenden Handelsgewerbebetrieb selbstverständlich nur schätzungsweise angeben.

Eine solche Schätzung ist aber immerhin möglich, wenn sie entsprechend dem Anlagekapital, der Größe des angeschafften Warenlagers, der in Aussicht genommenen Art des Warenabsatzes an der Hand kaufmännischer Erfahrungen erfolgt.

Die vollständige Feststellung aller unter 1—15 aufgeführten Sachumstände ist aber anderseits auch nicht stets geboten. Unbedingt geboten und entscheidend sind nur die Umstände unter 1, 5, 6, 7a und 9 der vorerwähnten Ziffern.

Hiernach gestaltet sich, da § 29 HGB. bei Anmeldung einer Firma vorschreibt: Der Kaufmann hat seine Firma zur Aufbewahrung bei dem Gerichte zu zeichnen, wie folgt:

2. Die Anmeldung einer Firma eines neu begonnenen Handelsgewerbes.

Die Eintragungs-Verfügung auf die Anmeldung

I. **Die Prüfungspunkte** der auf eine Anmeldung zu erlassenden Verfügung bilden die Fragen, die betreffen:

a) Die Zuständigkeit des Gerichts (vgl. S. 10).

b) Die Eintragungsfähigkeit des Anmeldenden, mithin die Vollkaufmanneigenschaft desselben § 1 RHGB. (vgl. S. 17, 18).

Ist die Eintragungsfähigkeit von den Voraussetzungen des § 2 oder § 3 Abs. 2 a. a. O. bedingt, ob diese vorliegen (vgl. S. 17, 18).

Ist der Anmeldende ein Vertreter des Einzutragenden, so ist die Legitimation des ersteren zu prüfen.

c) Die Form der Anmeldung (S. 11) und der Zeichnung (S. 13).

d) Ob die gewählte Firma dem Grundsatz der Firmen-

1. Zu Protokoll des Gerichtsschreibers des Registergerichts:

Brandenburg,
den 20. November 1912.

(a) Es erschien
der Kaufmann Adolph Reichstein hier, St. Annenstraße 13.
Der Erschienene ist
dem Gerichtsschreiber bekannt
(oder) die Persönlichkeit des Erschienenen wurde durch Vorlegung einer öffentlichen Urkunde, nämlich seines Geburtsscheines vom 1. I. 1860
(oder) die Persönlichkeit des Erschienenen wird als solche durch den dem Gerichtsschreiber persönlich bekannten Gerichtsdiener August Lüdicke als die des Adolph Reichstein anerkannt.
Der Erschienene erklärt:

(b) Zur Eintragung in das Handelsregister melde ich an, daß ich unter der Firma:
„Adolph Reichstein"
(also mindestens ein ausgeschriebener Vorname; hat Reichstein

wahrheit entspricht (S. 19), mithin insbesondere aus mindestens einem ausgeschriebenen Vor- und Zunamen besteht, ein Firmazusatz zulässig ist, der Ort der Firma zutreffend angegeben und eine deutliche Unterscheidung von andern bereits eingetragenen Firmen vorliegt.

II. **Der Inhalt der Verfügung** für den nebenstehenden Beispielsfall.

1. Einzutragen in das Handelsregister, Abteilung A:

Nummer der Firma: (112).

Sp. 1 (Nummer der Eintragung): 1.

Sp. 2 (Firma und Ort der Niederlassung):
Adolph Reichstein,
Brandenburg.
(Die Eintragung der Straße und Hausnummer, sowie der Geschäftsbranche hat nicht zu erfolgen.)

Sp. 3 (Bezeichnung des Einzelkaufmanns):
Adolph Reichstein,
Brandenburg.

2. Öffentl. Bekanntmachung: der Reichsanzeiger und die sonst bestimmten Blätter (s. S. 16) **sind** um einmalige Bekanntmachung zu ersuchen.

3. Bekanntmachung an
   a) Adolph **Reichstein**,
   b) die Handelskammer,
   nach Formular.

die Vornamen: Wilhelm Adolph Reichstein, kann die Firma W. Adolph Reichstein lauten, s. S. 19)
ein Rohrwarengeschäft in Brandenburg, Steinstraße 13 betreibe.

Nach der hiermit überreichten Gewerbesteuerveranlagung ist der Gewerbebetrieb in der dritten Gewerbesteuerklasse veranlagt.
(Vgl. S. 18. Diese Angabe ist auch zum Zwecke der Gerichtskostenberechnung zu machen, vgl. § 72 d. preuß. GerKostGes. Fass. vom 6. X. 1899 GesSamml. 326 u. AllgemVerf. vom 28. X. 1895 JMBl. S. 324.)

Die gleichfalls überreichte Anlage (vgl. den vorstehenden Fragebogen, der auszufüllen ist) ergibt die einen Handelsgewerbebetrieb betreffenden Umstände.

Die Geschäftsräume befinden sich in Brandenburg, St. Annenstraße 13.

Ich zeichne die Firma wie folgt:

Adolph Reichstein
(c) vorgelesen genehmigt
gez. Adolph Reichstein
geschlossen
Pinczakowsky
Gerichtsschreiber.

2. Die unterschriftlich öffentlich beglaubigte Anmeldung:

Diese **läßt fort** — natürlich — den Eingang unter a der vorstehenden protokollarischen Anmeldung, hat somit nur das Datum: Branden-

4. Kosten.
5. Mit den Belagsblättern zu 1 nach 3 Wochen.

burg, den 20. November 1912 aufzuführen;

hat aufzunehmen den Teil b der vorstehenden protokollarischen Anmeldung;

hat zu enthalten statt des Schlußteils c des vorstehenden Protokolls die Beglaubigung der öffentlichen Urkundsperson dahin:

„Daß der Kaufmann Adolph Reichstein in Brandenburg, St. Annenstraße 13, die vorstehende Firmenzeichnung und seine Unterschrift eigenhändig gefertigt hat, wird hiermit beglaubigt."

Brandenburg,
den 20. November 1912.

Siegel oder Flaminius
Stempel. Notar

(vgl. § 183 Abs. 2 FreiwGerGes. und S. 13!)

3. Die Anmeldung des Übergangs der Firma eines Einzelkaufmanns auf einen anderen Einzelkaufmann, die bereits im Handelsregister eingetragen ist.

Für die **Eintragung des Überganges einer bereits im Handelsregister** eingetragenen Firma durch Erwerb unter Lebenden, mithin durch Kauf, Pacht, Nießbrauch wie Schenkung, enthält, falls die bisherige Firma mit oder ohne Beifügung eines das Nachfolgeverhältnis andeutenden Zusatzes fortgeführt wird, der § 25 RHGB. eine **materiellrechtliche** Vorschrift.

Jene Fortführung einer sog. abgeleiteten Firma (vgl. S. 21) hat die Rechtsfolge: Der Erwerber „haftet für alle im Betriebe des Geschäfts begründeten Verbindlichkeiten des früheren Inhabers. Die in dem Betriebe begründeten Forderungen gelten den Schuldnern gegenüber als auf den Erwerber übergegangen, falls der bisherige Inhaber oder seine Erben in die Fortführung der Firma gewilligt haben.

Eine abweichende Vereinbarung ist einem Dritten gegenüber nur wirksam, wenn sie in das Handelsregister eingetragen und bekannt gemacht (oder von dem Erwerber oder dem Veräußerer dem Dritten mitgeteilt) worden ist."

Diese Vorschrift des § 25 ist für den Inhalt der Anmeldung der sog. abgeleiteten Firma und ihre Eintragung zu **beachten.**

Die Anmeldung und die Eintragungs-Verfügung gestalten sich im vorstehenden Falle wie folgt:

Die Verfügung auf die Anmeldung.

I. Die **Prüfungsmomente** hier betreffen:

Die Form der Anmeldung und der Zeichnung der Fir- und der Zeichnung der Firma durch den neuen Firmeninhaber (Seite 13).

den Umfang der besonderen Abrede: ob sowohl der Übergang der Forderungen als auch der Eintritt der Verbindlichkeiten des bisherigen Firmeninhabers oder nur eines der zwei rechtlichen Ereignisse ausgeschlossen ist.

II. Der **Inhalt der Verfügung** für den nebenstehenden Beispielsfall:

1. Einzutragen in das Handelsregister, Abteilung A: Nr. 112.

Sp. 1: 2.

Sp. 2: Die Firma lautet jetzt: Adolph Reichstein Nachf. Johannes Wilde, Kaufmann, Brandenburg.

Sp. 3: Johannes Wilde, Brandenburg.

Sp. 4, 5: Der Übergang der in dem Betriebe des Geschäfts begründeten Forderungen und die Haf-

Die Anmeldung.

Brandenburg,
den 23. November 1913.

(a) wie im Beispiel a unter (a), S. 26.

Es erschienen

1. der Kaufmann Adolph Reichstein, hier, St. Annenstraße 13.
2. der Kaufmann Johannes Wilde, hier, Jakobstraße 19.

Die Erschienenen sind dem Gerichtsschreiber bekannt.

Der Erschienene zu 1 erklärte:

(b) Unter Nr. 112 der Abteilung A des Handelsregisters bin ich als Inhaber der Firma:

Adolph Reichstein

eingetragen.

Ich habe das von mir unter der genannten Firma früher betriebene Geschäft an den Kaufmann Johannes Wilde, hier, den Erschienenen zu 2, heute veräußert.

Ich willige ein, daß das Geschäft unter der bisherigen Firma mit oder ohne Beifügung eines das Nachfolgeverhältnis andeutenden Gesetzes fortgeführt wird.

Der Erschienene zu 2, Johannes Wilde, erklärte:

Ich schließe mich dieser Erklärung an. Die Firma erhält (keinen Zusatz) einen Zusatz und lautet jetzt folgendermaßen:

tung für die begründeten Verbindlichkeiten ist bei dem Erwerbe des Geschäfts durch Johannes Wilde ausgeschlossen.

2. Ebenda sind folgende Eintragungen rot zu unterstreichen: Sp. 2 u. 3 zur Nr. 4 der Eintragung 1.
3. Öffentl. Bekanntmachung.
4. Bekanntmachung an:
   a) Reichstein,
   b) Wilde,
   c) Handelskammer.
5. Kosten.
6. Nach 3 Wochen mit Belagsblättern zu 3.

Adolph Reichstein Nachf.
Johannes Wilde.

Die Geschäftsräume befinden sich jetzt

St. Annenstraße 13a.

Der Erschienene zu 2, Johannes Wilde, zeichnete hierauf die Firma wie folgt:

Adolph Reichstein Nachf.
Johannes Wilde.

Die Erschienenen erklärten:

Wir melden zur Eintragung in das Handelsregister an, daß der Kaufmann Johannes Wilde jetzt Inhaber der Firma ist und daß die Firma jetzt wie angegeben lautet.

Außerdem soll eingetragen werden, daß der Übergang der in dem Betriebe des Geschäfts begründeten Forderungen sowie daß die Haftung für alle im Betriebe des Geschäfts begründeten Verbindlichkeiten des früheren Inhabers bei dem Erwerbe des Geschäfts durch den Johannes Wilde ausgeschlossen ist.

der Gewerbebetrieb ist in der Klasse 2 zur Gewerbesteuer eingeschätzt.

(Letzte Angabe ist zum Zwecke der Gerichtskostenberechnung zu machen. § 72 d. preuß. GerKost-Ges. Fass. vom 6. X. 1899.)

(c) vorgelesen genehmigt

Adolph Reichstein
Johannes Wilde
geschlossen
Pinczakowsky
Gerichtsschreiber.

Die Anmeldung in unterschriftlich beglaubigter Form enthält die gleichen Abweichungen wie im Beispiel 2², S. 27; im Teil b vorstehend hat es natürlich zu heißen statt der „Erschienenen" Ich Adolph Reichstein — Ich Johannes Wilde erklären.

4. Die Anmeldung und Eintragung des Übergangs einer noch nicht im Handelsregister eingetragenen Firma.

Die Anmeldung und Eintragung des Übergangs einer noch nicht im Handelsregister eingetragenen Firma.

Dieser Fall eines Firmaübergangs unterscheidet sich von dem Fall des Übergangs einer bereits eingetragenen Firma (vorstehend unter 3):

materiellrechtlich dadurch, daß die Vorschrift des § 25 HGB., die die Fortführung einer bereits **eingetragenen** Firma mit oder ohne Nachfolger-Zusatz zur Voraussetzung hat, hier nicht eingreift.

registerrechtlich durch den Inhalt der Anmeldung. Diese hat inhaltlich das bisherige Betreiben eines Handelsgeschäftes (vgl. S. 21) und die Eintragungsfähigkeit der für jenes Geschäft bisher — ohne Eintragung — geführten Firma darzutun.

Die Anmeldung lautet daher inhaltlich:

Brandenburg, den 27. November 1913.

Es erschienen

1. der Kaufmann Wilhelm Schulze hier, Jakobstraße 19;
2. der Kaufmann Gottfried Krüger, hier, Hauptstraße 12;

dem Gerichtsschreiber bekannt.

Der Erschienene zu 1 erklärt:

Ich habe bisher hier ein Kolonialwarengeschäft betrieben und zwar unter der Firma: „Wilhelm Schulze".

Diese Firma ist bisher im Handelsregister nicht eingetragen gewesen.

Ich überreiche hiermit eine Gewerbesteuerveranlagung, nach welcher der Gewerbebetrieb in der dritten Gewerbesteuerklasse veranlagt ist (vgl. S. 18). Die gleichfalls überreichte Anlage (der auszufüllende Fragebogen S. 25) ergibt ferner die meinen Handelsbetrieb betreffenden Umstände.

Die Geschäftsräume befinden sich Jakobstraße 19.

Ich habe das von mir unter der genannten, nicht eingetragenen Firma bisher betriebene Geschäft an den Kaufmann Gottfried Krüger, hier, den Erschienenen zu 2, veräußert.

Ich willige ein, daß das Geschäft unter der bisherigen Firma mit oder ohne Beifügung eines das Nachfolgeverhältnis andeutenden Zusatzes fortgeführt wird.

Der Erschienene zu 2, Gottfried Krüger, erklärte:

Ich schließe mich dieser Erklärung an. Die Firma erhält (keinen Zusatz) einen Zusatz und lautet jetzt folgendermaßen:

Wilhelm Schulze Nachf. Gottfried Krüger.

Ich melde die Firma zur Eintragung in das Handelsregister an.

Der Erschienene zu 2 zeichnete hierauf die Firma wie folgt:

Wilhelm Schulze Nachf. Gottfried Krüger.

vorgelesen genehmigt.

Die Eintragungs-Verfügung lautet — ohne, von dem Firma-Zusatz abgesehen, auf die Tatsache des Übergangs der bisher ohne Eintragung geführten Firma Rücksicht zu nehmen:

1. Einzutragen in das Handelsregister, Abteilung A.
   Nummer der Firma: (113).
   Sp. 1. (Nummer der Eintragung): 1.
   Sp. 2. (Firma und Ort der Niederlassung):
   Wilhelm Schulze Nachf. Gottfried Krüger, Brandenburg.
   Sp. 3. (Bezeichnung des Einzelkaufmanns):
   Gottfried Krüger, Brandenburg.
2. Öffentliche Bekanntmachung;
   den Reichsanzeiger, und die sonst bestimmten Blätter (s. S. 16) um einmalige Bekanntmachung ersuchen.
3. Bekanntmachung an
   a) Wilhelm Schulze
   b) Gottfried Krüger
   c) die Handelskammer
   } nach Formular.
4. Kosten.
5. Mit den Belagsblättern zu 2 nach 3 Wochen.

5. Die sonstigen eine eingetragene Firma betreffenden Änderungen sowie deren Anmeldungen und Eintragungen.

1. a) Eine **Änderung des Namens** des Firmeninhabers, ohne Änderung der Person kann infolge Heirat (§ 1355 BGB.), Annahme an Kindesstatt (§ 1758 BGB.) eintreten. Die aus dem bisherigen Familiennamen gebildete Firma kann in jenen Fällen weitergeführt werden,

aber auch durch den neuen Namen des Mannes, der Adoptiveltern ersetzt werden. Dies ist dann anzumelden und einzutragen § 21 RHGB.

b) Eine **Änderung der Firma** ohne Änderung der Person des Firmeninhabers ist nachträglich möglich, aber nur wie die ursprünglich gewählte Firma nach den Grundsätzen der Firmenwahrheit und Firmenunterscheidung statthaft (vgl. S. 22).

c) Eine **Änderung des Ortes der Handelsniederlassung** ohne Änderung der Firma oder der Person des Firmeninhabers ist zulässig, aber von verschiedenen registerrechtlichen Folgen:

α) Ein Verlegen des Handelsniederlassungsortes **unter Verbleiben im bisherigen Ortsgebiete** im Registergerichtsbezirke, also z. B. die Verlegung eines Geschäfts in Berlin von der Jerusalemer Straße 13 nach der Leipziger Straße 23 ist weder der Anmeldung noch daher der Eintragung bedürftig.

β) Ein Verlegen des Handelsniederlassungsortes **zwar noch innerhalb** des Registergerichtsbezirks, aber in ein anderes Ortsgebiet des letzteren, z. B. Verlegung des Handelsniederlassungsortes aus dem Berliner Stadtgebiet in das Charlottenburger Stadtgebiet erfordert Anmeldung und Eintragung jener Verlegung in das Handelsregister, obschon zu dem Handelsregisterbezirk Berlin Mitte sowohl das Berliner wie Charlottenburger Stadtgebiet gehört.

γ) Ein Verlegen des Handelsniederlassungsortes **aus dem bisherigen Registergerichtsbezirk** in einen anderen, also z. B. die Geschäftsverlegung von Magdeburg nach Berlin erfordert die Löschung der Firma im Magdeburger Handelsregister und ihre Eintragung im Berliner Handelsregister, die daher anzumelden sind.

d) **Das Erlöschen der Firma** infolge Aufhörens des Handelsbetriebes bedarf der Anmeldung und Eintragung. Die Gründe jenes Aufhörens können in der Geschäftsaufgabe seitens des bisherigen Firmeninhabers liegen, oder in seinem Tode; in diesem Falle haben seine Erben das Erlöschen der Firma anzumelden, wenn sie nicht etwa das Geschäft fortführen. Ein solches

e) **Fortführen des Geschäfts durch Erben unter der bisherigen Firma** kann in verschiedener Weise und daher mit verschiedenen registerrechtlichen Folgen — nicht leichter Art — geschehen:

α) Ist nur ein Erbe vorhanden, der das Geschäft fortführt, oder führen mehrere Erben in ungeteilter Erbgemeinschaft (vgl. Johow B. 35. 153) es fort, so liegt der Fall zu 3 (S. 28) vor, nämlich der Fall des Wechsels des Inhabers einer eingetragenen Firma unter Fortführung der bisherigen Firma.

β) Führen mehrere Erben, nach vollständiger Erbschaftsteilung, das Geschäft unter der bisherigen eingetragenen Firma fort, so entsteht eine offene Handelsgesellschaft durch Übergang der bisherigen Firma eines Einzelkaufmannes auf die Erben gemäß § 105 HGB. s. S. 46. 48.

Die drei Fälle zu *α* und *β* sind anzumelden und einzutragen.

Eine materiellrechtliche Vorschrift für die drei Fälle unter *α* und *β* stellt der § 27 HGB. auf, der zusammen mit den Vorschriften der §§ 1967f., 2058f. BGB. folgende Rechtslage schafft:

Die bisherigen **Forderungen** des Handelsgewerbes des verstorbenen Firmeninhabers stehen den Erben als solchen zu.

Für die bisherigen **Verbindlichkeiten** des Handelsgewerbes haften die Erben infolge der Fortführung der eingetragenen Firma desselben unbeschränkt.

Diese unbeschränkte Erben-Haftung für die Handelsgewerbeschulden können aber die Erben durch eine Mitteilung an alle bisherigen Geschäftsgläubiger oder durch eine zu beantragende Eintragung des Inhalts beseitigen, daß sie ihre unbeschränkte Haftung für die Verbindlichkeiten des erworbenen Handelsgeschäfts ausschließen. In dem letzteren Falle bleiben die Erben jedoch insoweit, also regelmäßig beschränkt für die Handelsschulden haftbar, wie jeder Erbe für Nachlaßschulden — denn solche sind ja auch die Handelsschulden — haftet.

Anderseits kann eine bereits eingetretene unbeschränkte Haftung von Erben für Verbindlichkeiten eines Handelsgewerbes infolge Fortführung der bisherigen Firma noch nachträglich wieder beseitigt werden; das ist aber nur dadurch möglich, daß die Erben „vor dem Ablauf von drei Monaten nach dem Zeitpunkt, in welchem sie von dem Anfall der Erbschaft — durch die sie das Handelsgewerbe erworben — Kenntnis erlangt" die fernere Fortführung des ererbten Handelsgeschäfts einstellen § 27 HGB.

2. **Die Anmeldungen und die Verfügungen** in den vorstehenden Fällen unter 1. a—e gestalten sich wie folgt:

Zu 1a vorstehend.
(Nur Namensänderung.)

Zu 1b vorstehend.
(Nur Firmaänderung.)

Die Eintragungs-Verfügung.

1. Einzutragen in das Handelsregister, Abteilung A zu Nr. 113 Spalte 1: 5.

Die Anmeldung.

a) wie S. 26 unter (a).
b) Ich Marie Reichstein melde zur Eintragung in das Handelsregister folgendes an:

Unter Nr. 113 der Abteilung A des Handelsregisters ist meine Firma „Marie Reichstein" eingetragen.

Spalte 2: Die Firma ist in Marie Schulze geb. Reichstein geändert.

2)—5) der Verfügung wie S. 27 unter 2.—5.

6) Röten: bisherige Firma in Sp. 2.

Ich ändere diese Firma in Marie Schulze geb. Reichstein.

Ich werde die Firma wie folgt zeichnen:

Marie Schulze geb. Reichstein.

Ich beantrage, diese Änderung in das Handelsregister einzutragen.

c) wie S. 27 unter c.

Zu 1 c β vorstehend.

(Verlegung des Handelsniederlassungsorts.)

Die Eintragungs-Verfügung.

1. Einzutragen in das Handelsregister, Abteilung A zu Nr. 113
   Sp. 1: 6.
   Sp. 2: Die Niederlassung ist nach Charlottenburg verlegt.
2. wie unter 2. S. 27.
3. Der Eintragungsvermerk in Sp. 2 ist bezüglich „Berlin" zu röten.

4.—6. wie unter 2.—5. S. 27. 28.

Die Anmeldung.

a) wie S. 26 unter (a).

b) Ich Adolph Reichstein melde zur Eintragung in das Handelsregister folgendes an:

Unter Nr. 113 der Abteilung A des Handelsregisters ist meine Firma Adolph Reichstein eingetragen.

Die Niederlassung ist von Berlin nach Charlottenburg, Kantstraße 26, verlegt. Das Geschäft wird unter der bisherigen Firma fortgeführt.

Der Gewerbebetrieb ist wie bisher in der Klasse 3 zur Gewerbesteuer eingeschätzt.

v. g. u.

Adolph Reichstein.

Zu 1 c γ vorstehend.

(Verlegung des Niederlassungsorts aus dem Registergerichtsbezirk.)

Die Eintragungs-Verfügung.

1. Einzutragen in das Handelsregister, Abteilung A zu Nr. 113
   Sp. 1: 7.
   Sp. 2: Die Niederlassung ist nach Magdeburg verlegt.

Die Anmeldung.

a) wie S. 26 unter (a).

b) Ich Adolph Reichstein melde zur Eintragung in das Handelsregister folgendes an:

Unter Nr. 113 der Abteilung A des Handelsregisters ist meine Firma Adolph Reichstein eingetragen.

Ich habe die Niederlassung von Berlin nach Magdeburg verlegt.

2. Sämtliche Eintragungsvermerke zu Nr. 113 sind zu röten.
3.—6. wie S. 27. 28. unter 2.—5.

Ich melde dies behufs Eintragung in das Handelsregister an.

v. g. u.

Adolph Reichstein.

Zu 1 d vorstehend.
(Erlöschen der Firma.)

Die Eintragungs-Verfügung.

1. Einzutragen in das Handelsregister A zu Nr. 113:
   Sp. 1: 8.
   Sp. 5: Die Firma ist erloschen.
2. Sämtliche Eintragungsvermerke zu Nr. 113 sind zu röten.
3.—6. wie S. 27. 28. unter 2.—5.

Die Anmeldung.

a) wie S. 26 unter (a).
b) Ich Adolph Reichstein melde zur Eintragung in das Handelsregister folgendes an:

Unter Nr. 113 der Abteilung A des Handelsregisters ist meine Firma Adolph Reichstein eingetragen.

Ich habe das unter der genannten Firma betriebene Geschäft aufgegeben und beantrage die Löschung meiner Firma.

v. g. u.

Adolph Reichstein.

Zu 1 e vorstehend:
(Fortführen des Geschäfts durch Erben.)

Die Eintragungs-Verfügung.

1. Einzutragen in das Handelsregister A zu Nr. 113:
   Sp. 1: 7.
   Sp. 2: Die Firma ist in Adolph Reichstein Nachfolger geändert.
   Sp. 3: Die Erben August Reichstein, Berlin, Wilhelm Reichstein, Berlin, in ungeteilter Erbgemeinschaft.
2. wie unter 2. S. 27.
3. Den Eintragungsvermerk bezüglich Adolph Reichstein röten.
4.—6. wie unter 2.—5. S. 27. 28.

Erscheint die Übertragung der Firma unter einer neuen Nummer

Die Anmeldung.

Ich August Reichstein
und falls mehrere Erben vorhanden sind:
Ich Wilhelm Reichstein
bin: {Erbe
bzw. sind: {bzw. die alleinigen Erben
des am 30. XI. 1912 verstorbenen Adolph Reichstein, wie der hiermit überreichte Erbschein ergibt.

Die Firma des Verstorbenen: „Adolph Reichstein" ist unter Nr. 113 der Abteilung A des Handelsregisters eingetragen.

Ich August Reichstein
bzw. Wir August Reichstein und Wilhelm Reichstein melden zur Eintragung in das Handelsregister an:

Ich bzw. wir werden das Geschäft des Adolph Reichstein fortführen und zwar unter der bisherides Registers angezeigt (vgl. S. 6), so lautet:

Die Eintragungs-Verfügung.

1. Einzutragen in das Handelsregister A zu Nr. 113:
   Sp. 1: 7.
   Sp. 2: Die Firma ist in Adolph Reichstein Nachfolger geändert.
   Sp. 3: Die Erben August Reichstein in Berlin, Wilhelm Reichstein in Berlin in ungeteilter Erbgemeinschaft.
   Sp. 8: Die Firma ist in Adolph Reichstein Nachfolger geändert. Vgl. Nr. 286 der Abteilung A des Handelsregisters.
2. Einzutragen in das Handelsregister, Abteilung A:
   Nummer der Firma: 286.
   Sp. 1: 1.
   Sp. 2: Adolph Reichstein Nachfolger, Berlin.
   Sp. 3: Die Erben August Reichstein in Berlin, Wilhelm Reichstein in Berlin in ungeteilter Erbgemeinschaft.
   Sp. 8: Die Firma war bisher Adolph Reichstein. Vgl. Nr. 113 der Abteilung A des Handelsregisters.
3. Die 3. Eintragungen bei Nr. 113 sind zu röten.

4.—6. wie unter 2.—5. S. 27. 28.

gen Firma bzw. mit einem Zusatz Nachfolger.

Die Fortführung des Geschäftes geschieht von uns beiden in ungeteilter Erbgemeinschaft.

Ich August Reichstein zeichne die Firma wie folgt:

Adolph Reichstein Nachfolger.

Ich Wilhelm Reichstein zeichne die Firma wie folgt:

Adolph Reichstein Nachfolger.

Wir beantragen die Eintragung der Firmenänderung.

v. g. u.
August Reichstein.
Wilhelm Reichstein.

(Erfolgt die Fortführung der Firma nach Erbschaftsteilung, so entsteht eine offene Handelsgesellschaft, s. hierüber S. 46.)

6. Die eine eingetragene Firma betreffenden Eintragungen von Amts wegen.

Eintragungen von Amts wegen — die hier nur kurz zu erwähnen sind — werden veranlaßt durch:

a) **Erlöschen einer eingetragenen Firma.**

Ist der Inhaber einer erloschenen Firma oder sind dessen Erben bekannt, wird aber von ihnen die Stellung eines Löschungsantrags unterlassen, so ist dieser vom Registergericht im Ordnungsstrafverfahren erzwingbar, das in den §§ 132—139 FreiwGerGes. geregelt ist.

Ist jener Inhaber oder sind seine Erben ganz oder zum Teil unbekannt, so kann die Löschung der erloschenen Firma gemäß § 31 Abs. 2 HGB., § 141 FreiwGerGes. von Amts wegen erfolgen.

b) **Die Eröffnung des Konkursverfahrens** über das Vermögen eines Kaufmannes, dessen Firma im Handelsregister eingetragen, veranlaßt Eintragungen von Amts wegen; die Konkurseröffnung, sowie die Aufhebung des Eröffnungsbeschlusses, wie die Einstellung und Aufhebung des Konkurses sind von Amts wegen in das Handelsregister einzutragen, dem zu diesem Zwecke der Gerichtsschreiber des Konkursgerichts durch Übersendung beglaubigter Abschriften den Eröffnungsbeschluß, den Aufhebungs- und Einstellungsbeschluß mitzuteilen hat; § 32 HGB., §§ 112, 116, 163, 205 KonkOrd.

Die Eintragungsverfügungen ordnen an:

Auf die Mitteilung des Eröffnungsbeschlusses:

1. Einzutragen in das Handelsregister A Nr. 113:
   Sp. 1: 8.
   Sp. 5: Über das Vermögen des Kaufmanns Adolph Reichstein ist das Konkursverfahren eröffnet.
2. Nachricht dem Gemeinschuldner, dem Konkursverwalter und zu den Konkursakten.

Auf die Mitteilung des Aufhebungs- oder Einstellungsbeschlusses:

1. Sp. 1: 9.
   Der Konkurseröffnungsbeschluß vom 30. XI. 1912 ist aufgehoben.
   oder: Das Konkursverfahren über das Vermögen des Kaufmanns Adolph Reichstein ist aufgehoben.
   oder: Das Konkursverfahren über das Vermögen des Kaufmanns Adolph Reichstein ist eingestellt.
2. Der Vermerk über die Eröffnung des Konkursverfahrens ist zu röten.
3. Nachricht dem Adolph Reichstein und zu den Konkursakten.

Eine Bekanntmachung der gedachten Eintragungen hat nicht zu erfolgen; die eingetragenen Ereignisse sind von dem Konkursgericht bekanntzugeben.

Irrtümlichen Verkehrsauffassungen gegenüber sei hier bemerkt: Das Konkursverfahren bewirkt ein Erlöschen der Firma des Einzelkaufmanns auch dann nicht, wenn der Konkursverwalter den Geschäftsbetrieb einstellt und die Betriebseinstellung der Steuerbehörde anzeigt. Nach beendetem Konkursverfahren steht dem Einzelkaufmann die Fortführung des Geschäfts unter der bisherigen Firma frei.

c) **Unzulässige Eintragungen** sind ferner gemäß § 142 FreiwGerGes. von Amts wegen zu löschen; vgl. S. 110.

d) **Eine Zweigniederlassung** endlich veranlaßt Eintragungen von Amts wegen seitens des Registergerichts der Hauptniederlassung — § 131 FreiwGerGes. — wie nachstehend unter S. 14e erörtert ist.

7. Die Zweigniederlassungen.

1. a) **Der Begriff der Zweigniederlassung** im Sinne des § 13 in Verbindung mit § 29 HGB. erfordert zu seiner klaren und zutreffenden Bestimmung zunächst die unterscheidende Feststellung: es gibt:

Zweigniederlassungen, die **auf einem besonderen Registerblatt** einzutragen sind;

Zweigniederlassungen, die nur **auf dem Registerblatt der Hauptniederlassung** einzutragen sind.

Die **Erstgedachten** sind Zweigniederlassungen, die an einem Orte errichtet sind, der zu einem anderen Registergerichtsbezirk gehört, als demjenigen, dem der Ort der Hauptniederlassung angehört.

Die **zweitgedachten** Zweigniederlassungen sind zwar an einem anderen Orte als dem der Hauptniederlassung errichtet, gehören aber mit dieser demselben Registergerichtsbezirk an, also z. B. in Berlin besteht die Hauptniederlassung, in Charlottenburg eine Zweigniederlassung. Beide Orte gehören dem **Handelsregister**gerichtsbezirk des Amtsgerichts Berlin-Mitte an, die Zweigniederlassung ist daher (richtiger und herrschender Ansicht nach, vgl. Cohn S. 132, Anm. 22. A. M. Staub-Stranz S. 96) zwar zum Handelsregister zur Eintragung anzumelden; die Anmeldung und Eintragung hat aber nur zur Handelsregisternummer der Hauptniederlassung zu erfolgen und beschränkt sich auf die Angabe: in Charlottenburg ist eine Zweigniederlassung errichtet (s. auch Lobe Z. XI. 490).

Keine Zweigniederlassung entsteht durch die Begründung einer zweiten Niederlassung an demselben Orte der ersten Niederlassung. Wird nach Errichtung eines Geschäfts z. B. in Berlin, Kronenstraße 2, in Berlin, Kommandantenstraße 4, eine zweite Niederlassung errichtet, so deckt die bereits bei Begründung des Geschäfts in der Kronenstraße 2 erfolgte Anmeldung und Eintragung gemäß § 29 HGB.: daß Berlin der „Ort der Handelsniederlassung ist", auch die Begründung des Geschäfts in der Kommandantenstraße 4, dieses mag ein zweites Hauptgeschäft oder nur ein Zweiggeschäft sein.

b) **Die begrifflichen Voraussetzungen einer Zweigniederlassung** sind: Trotz der allgemeinen Abhängigkeit von dem Hauptgeschäft muß das Zweiggeschäft Selbständigkeit in dem Abschluß von Geschäften haben, die Geschäftsbranche muß im wesentlichen die gleiche wie die des Hauptgeschäfts sein (also unbedeutende Abweichungen sind zulässig), ein festbestimmter Vermögensinbegriff muß dem geschäftlichen Leben der Zweigniederlassung zur selbständigen Verwaltung und Verwendung (wenn auch unter allgemeiner Direktion des Hauptgeschäfts) — mithin unter selbständiger Geschäftsbuchführung — überlassen sein.

Zweigniederlassung sind daher nicht:

Geschäftslokale, in denen nur Vorbereitungs- und Vermittlungsgeschäfte für das Hauptgeschäft zum Abschluß gelangen. Die Generalagenturen sind daher nicht Zweigniederlassungen, wenn ihnen ein selbständiges Geschäftsvermögen nicht zugewiesen oder die selbständige Abwicklung von Rechtsgeschäften nicht übertragen ist; vgl. Johow 28, 208.

Ebensowenig sind Zweigniederlassungen:

Verkaufsstellen, von denen aus nur Ablieferungen von Waren erfolgen.

c) **Die Anmeldung der Zweigniederlassung** in einem anderen Registergerichtsbezirk als dem der Hauptniederlassung erfordert:

Einreichung einer beglaubigten Abschrift der Registereintragung der Hauptniederlassung.

Zeichnung der Firma und der Namensunterschrift, wie dieses bei der Anmeldung der Hauptniederlassung — vgl. S. 26 — zu geschehen hat.

Die **Firma-Zeichnung** insbesondere hat die Firma der Hauptniederlassung wiederzugeben; ein Zusatz „Zweigniederlassung" ist zulässig, anderseits erforderlich, wenn eine fremde Hauptniederlassung im Registergerichtsbezirk des Zweiggeschäfts bereits mit gleicher Firma eingetragen ist.

Die Darlegung der Begriffsvoraussetzungen einer Zweigniederlassung, also ihrer geschäftlichen Selbständigkeit und Geschäftseinrichtung, der wesentlichen Gleichheit der Geschäftsbranche mit der des Hauptgeschäfts (vgl. vorstehend unter b).

Dies jedoch nur, wenn diesbezügliche Zweifel dem Registergericht entgegentreten.

Streitig ist, ob der Umfang des handelsgewerblichen Betriebs der Zweigniederlassung — wie bei der Hauptniederlassung — zur Eintragung den Nachweis des Großbetriebs des Vollkaufmanns erfordert.

Dieses ist zu verneinen, da der Großbetrieb der Hauptniederlassung den der Zweigniederlassung mit Rücksicht auf ihre Zubehöreigenschaft deckt; vgl. RGE. S. 4. Johow 27, 210. A. M. Cohn § 11.

d) **Die Umwandlung einer Zweigniederlassung** mit selbständigem Registerblatt (s. vorstehend unter a) in eine Hauptniederlassung ist zulässig und zwar mit oder ohne Veräußerung an einen Dritten.

Ist die bisherige Zweigniederlassung aber bisher ohne Großbetrieb — vgl. vorstehend unter c —, so kann ihre Umwandlung in eine eintragungsfähige Hauptniederlassung nur erfolgen, wenn ihre nunmehrige Einrichtung in den Großbetrieb eines Vollkaufmanns dargetan ist. (In der Literatur und Judikatur ist dies noch ungeklärt.)

e) **Die Eintragung wie die Aufhebung und die Umwandlung** (vorstehend d) **der Zweigniederlassung** ist vom Registergerichte der letzteren dem der Hauptniederlassung mitzuteilen, die jenes im Handelsregister der Hauptniederlassung einzutragen hat; § 131 FreiwGerGes.

2. **Form der Anmeldung und Eintragungsverfügung:**

a) **Der Zweigniederlassung ohne selbständiges Registerblatt** (vorstehend 1 a):

Die Verfügung.	Die Anmeldung.
1. Einzutragen in das Handelsregister, Abteilung A: Sp. 1: 12. Sp. 2: In Charlottenburg ist eine Zweigniederlassung errichtet. 2. Öffentliche Bekanntmachung. 3. Nachricht dem Adolph Reichstein. 4. Mit Belagsblättern nach drei Wochen. 5. Kosten.	a) wie S. 26 unter a. b) Ich Adolph Reichstein melde zur Eintragung in das Handelsregister folgendes an: Unter Nr. 113 der Abteilung A des Handelsregisters ist meine Firma Adolph Reichstein mit dem Niederlassungsort in Berlin eingetragen. Ich habe am 3. Dezember 1912 in Charlottenburg, Leibnizstraße 16, eine Zweigniederlassung unter derselben Firma errichtet. v. g. u. Adolph Reichstein.

β) **Der Zweigniederlassung mit selbständigem Registerblatt** (vorstehend 1a):

Die Verfügung

α) **des Registerrichters der Zweigniederlassung.**

Die Prüfungspunkte der Verfügung erfordern die Feststellung:

sind die Voraussetzungen der Zweigniederlassung (vorstehend unter 1b) vorliegend;
sind die Firma und die Namensunterschrift gezeichnet;
betrifft die überreichte Abschrift des Registerauszuges die Eintragung der Hauptniederlassung.

Der Inhalt der Verfügung.

1. Einzutragen in das Handelsregister A:
   Nummer der Firma: 248.
   Sp. 1: 1.
   Sp. 2: Adolph Reichstein Berlin mit der unter der Firma: Adolph Reichstein Zweiggeschäft Magdeburg betriebenen Zweigniederlassung in Magdeburg.
2. Öffentliche Bekanntmachung.
3. Bekanntmachung an:
   Adolph Reichstein } nach
   Handelskammer } Formular
4. Nachricht von der Eintragung an das Amtsgericht Berlin-Mitte.
5. Mit Belagsblättern nach drei Wochen.
6. Kosten.

β) **des Registerrichters der Hauptniederlassung.**

Auf die Nachricht von der Eintragung der Registergerichts der Zweigniederlassung.

Die Anmeldung.

a) wie S. 26 unter a.

b) Ich Adolph Reichstein melde zur Eintragung in das Handelsregister des Amtsgerichts Magdeburg folgendes an:

Unter Nr. 113 der Abteilung A des Handelsregisters des Amtsdes Handelsregisters des Amtsgerichts Berlin-Mitte ist meine Firma Adolph Reichstein mit dem Niederlassungsort in Berlin eingetragen.

Ich überreiche beglaubigte Abschrift des Registerauszuges des Amtsgerichts Berlin-Mitte meine Firma betreffend.

Eine Zweigniederlassung jenes Hauptgeschäftes habe ich hier in Magdeburg unter der Firma: Adolph Reichstein Zweiggeschäft Magdeburg errichtet.

Ich zeichne die Firma der Zweigniederlassung wie folgt:

Adolph Reichstein Zweiggeschäft Magdeburg.

Der Gewerbebetrieb der Zweigniederlassung ist in Klasse III zur Gewerbesteuer eingeschätzt.

v. g. u.

Adolph Reichstein.

1. Einzutragen in das Handelsregister A zu Nr. 113:
   Sp. 1: 16.
   Sp. 2: In Magdeburg ist unter der Firma: Adolph Reichstein Zweiggeschäft Magdeburg eine Zweigniederlassung errichtet.
2. Nachricht dem Adolph Reichstein.

γ) **Umwandlung der Zweigniederlassung mit selbständigem Registerblatt in eine Hauptniederlassung:**

aa) **Durch Veräußerung an einen Dritten:**

Die Verfügung

a) **des Registerrichters der bisherigen Zweigniederlassung.**

1. Einzutragen in das Handelsregister, Abteilung A, zu Nr. 248.
   Sp. 1: 2.
   Sp. 2: Die bisherige Zweigniederlassung ist zur Hauptniederlassung umgewandelt.
   Sp. 3: Gottfried Krüger, Magdeburg.
   Sp. 8: Die Firma ist in Adolph Reichstein Nachfolger Gottfried Krüger geändert. Vgl. Nr. 322 der Abteilung A dieses Handelsregisters.
2. Einzutragen in das Handelsregister, Abteilung A:
   Nummer der Firma: 322.
   Sp. 1: 1.
   Sp. 2: Adolph Reichstein Nachfolger Gottfried Krüger.
   Sp. 3: Gottfried Krüger, Magdeburg.

Die Anmeldung.

a) wie S. 26 unter a.

b) Ich Adolph Reichstein melde zur Eintragung in das Handelsregister des Amtsgerichts Magdeburg folgendes an:

Unter Nr. 113 der Abteilung A des Handelsregisters des Amtsgerichts Berlin-Mitte bin ich als Inhaber der Firma Adolph Reichstein Berlin mit der unter der Firma Adolph Reichstein Zweiggeschäft Magdeburg betriebenen Zweigniederlassung in Magdeburg eingetragen. Dieses unter Nr. 248 der Abteilung A des Handelsregisters des Amtsgerichts Magdeburg eingetragene Zweiggeschäft habe ich an den Kaufmann Gottfried Krüger in Magdeburg verkauft und übergeben.

Ich willige darein, daß derselbe das Zweiggeschäft als Hauptgeschäft unter der Firma Adolph Reichstein mit oder ohne Beifügung eines das Nachfolgeverhältnis andeutenden Zusatzes fortführt.

Sp. 8: Die Firma lautete bisher Adolph Reichstein Zweiggeschäft Magdeburg vgl. Nr. 248 der Abteilung A dieses Handelsregisters.

3. Die Eintragungen zu Nr. 248 sind zu röten.
4. Nachricht
   a) dem Adolph Reichstein,
   b) dem Gottfried Krüger,
   c) der Handelskammer,
   nach Formular.
5. Öffentl. Bekanntmachung.
6. Nachricht dem Amtsgericht Berlin Mitte.
7. Kosten.
8. Mit Belagsblättern nach 2 Wochen.

b) **des Registerrichters der Hauptniederlassung.**

Auf die Mitteilung des Registergerichts der bisherigen Zweigniederlassung in Magdeburg.

1. Einzutragen in das Handelsregister, Abteilung A, zu Nr. 113.
   Sp. 1: 19.
   Sp. 2: Die Zweigniederlassung in Magdeburg ist unter Übergang auf Gottfried Krüger in Magdeburg zu einer Hauptniederlassung umgewandelt.
2. Nachricht dem Adolph Reichstein.
3. Öffentl. Bekanntmachung.
4. Mit Belagsblättern nach 2 Wochen.
5. Kosten.

Ich Gottfried Krüger schließe mich dieser Erklärung an. Die Firma erhält den Zusatz: Nachfolger Gottfried Krüger. Die Geschäftsräume befinden sich jetzt Moltkestraße 2.

Ich Gottfried Krüger zeichne die Firma wie folgt:

Adolph Reichstein Nachfolger
Gottfried Krüger.

Ich beantrage meinerseits die Eintragung in das Handelsregister, daß ich jetzt Inhaber der Firma bin und daß die Firma jetzt wie angegeben lautet.

Ich überreiche die anliegende Urkunde, nach der mein Gewerbebetrieb in Klasse III zur Gewerbesteuer eingeschätzt ist.

v. g. u.
Adolph Reichstein.
Gottfried Krüger.

ββ) **Ohne Veräußerung an einen Dritten:**

Die Verfügung

a) **des Registerrichters der Zweigniederlassung.**

1. Einzutragen in das Handelsregister, Abteilung A, zu Nr. 248.
   Sp. 1: 3.
   Sp. 2: Die bisherige Zweigniederlassung ist zur Hauptniederlassung umgewandelt.
2. Röten den bisherigen Zweiggeschäftsvermerk.
3. Öffentl. Bekanntmachung.
4. Nachricht
   a) dem Adolph Reichstein,
   b) der Handelskammer,
   nach Formular.
5. Mit Belagsblättern nach 2 Wochen.
6. Nachricht von der Eintragung dem Amtsgericht Berlin Mitte.
7. Kosten.

b) **des Registerrichters der Hauptniederlassung.**

Auf die Mitteilung vorstehend unter a.

1. Einzutragen in das Handelsregister A zu Nr. 113:
   Sp. 1: 17.
   Sp. 2: Die Zweigniegerlassung in Magdeburg ist zur Hauptniederlassung umgewandelt.
2. Nachricht zu 1
   a) dem Adolph Reichstein,
   b) der Handelskammer.
3. Öffentl. Bekanntmachung.
4. Kosten.
5. Mit Belagsblättern nach 2 Wochen.

Die Anmeldung.

a) wie S. 26 unter a.

b) Ich Adolph Reichstein melde zur Eintragung in das Handelsregister folgendes an:

Unter Nr. 113 der Abteilung A des Handelsregisters des Amtsgerichts Berlin Mitte bin ich als Inhaber der Firma Adolph Reichstein in Berlin mit der unter der Firma Adolph Reichstein Zweiggeschäft Magdeburg betriebenen Zweigniederlassung in Magdeburg eingetragen.

Dieses unter Nr. 248 der Abteilung A des Handelsregisters des Amtsgerichts Magdeburg eingetragene Zweiggeschäft habe ich in eine Hauptniederlassung umgewandelt.

Ich überreiche die anliegende Urkunde, nach der der Gewerbebetrieb meiner bisherigen Zweigniederlassung in Klasse III zur Gewerbesteuer eingeschätzt ist.

v. g. u.

Adolph Reichstein.

3. **Inländische Zweigniederlassungen ausländischer Hauptniederlassungen** unterliegen regelmäßig rücksichtlich ihrer Eintragungs-Fähigkeit und -Pflicht, der Form und des Inhalts ihrer Anmeldung und Eintragung denselben Vorschriften wie inländische Zweiggeschäfte inländischer Hauptgeschäfte.

Anmeldung und Eintragungen erfordern daher Nachweis der Eintragung der Hauptniederlassung im ausländischen Register.

Ist ein ausländisches Register aber nicht zu führen, so ist der Nachweis des Bestehens der Hauptniederlassung im Auslande darzutun.

Streitig ist, ob die Wahl der Firma inländischem oder ausländischem Recht untersteht; ersteres ist zutreffend, da sonst eine unbegründbare Begünstigung der Ausländer einträte, wie Cohn § 91 treffend hervorhebt.

Paragraph 3.

Die offene Handelsgesellschaft.

A. Die Vorschriften, welche die Voraussetzungen und den Inhalt der handelsregisterlichen Eintragungen bedingen.

1. Das Entstehen einer offenen Handelsgesellschaft

erfordert die Vereinigung mehrerer Personen zum Zwecke des Betriebes eines Handelsgewerbes unter gemeinschaftlicher Firma, „wenn bei keinem der Gesellschafter die Haftung gegenüber den Gesellschaftsgläubigern beschränkt ist"; § 105 HGB. Daraus ergibt sich:

a) Die **Zahl** der Gesellschafter muß mindestens zwei sein.

b) Die **Persönlichkeit** des Gesellschafters kann eine physische, wie eine juristische Person sein. Diese kann bereits Gesellschafter einer anderen offenen Handelsgesellschaft sein, vgl. RG. 16, S. 16; nicht aber können Aktiengesellschaften Kommanditaktiengesellschaften, andere offene Handelsgesellschaften, sowie diejenigen juristischen Personen eine offene Handelsgesellschaft bilden, die nach ihrer Einrichtung „nicht unter fremden Handelsnamen im Rechtsverkehr auftreten" können (so u. a. Staub, Anm. 19; vgl. auch RGE. 36, 139; doch ist die Frage streitig).

Minderjährige können Gesellschafter sein, müssen aber durch ihre gesetzlichen Vertreter (Vater, Mutter, Vormund, Pfleger) handeln, die zur Eingehung einer offenen Handelsgesellschaft der

Genehmigung des Vormundschaftsgerichts bedürfen; §§ 1643, 1686, 1822 Ziff. 3; 1909 BGB.; s. auch S. 11. 12.

c) **Der Zweck und der Gegenstand** einer offenen Handelsgesellschaft muß der Betrieb eines Handelsgewerbes sein. Dem Begriffe des letzteren entsprechend (vgl. S. 18) bilden daher den Gesellschaftszweck die Geschäfte der Ziffer 1, 3—8 des § 1 des HGB., aber auch die Geschäfte der Ziffer 2 und 9 jenes § 1, sofern ihr Umfang den des Handwerks überschreitet; ferner die Geschäfte des § 2 und § 3 Abs. 2 HGB.; diese jedoch erst mit dem Zeitpunkt der Eintragung der Handelsgesellschaft im Handelsregister.

d) Der **Beginn** der offenen Handelsgesellschaft ist, wie aus dem eben Gesagten erhellt, somit ein verschiedener; sie beginnt sofort mit dem Betriebe der im § 1 a. a. O. aufgeführten Geschäfte, bei dem Betriebe der im § 2 und § 3 Abs. 2 a. a. O. erwähnten Geschäfte aber erst mit dem Zeitpunkt handelsregisterlicher Eintragung der Gesellschaft.

Unzulässig ist eine Vereinbarung, den Gesellschaftsbeginn Dritten gegenüber auf einen späteren Zeitpunkt, als den gesetzlichen, zu verlegen; § 123 Abs. 3 HGB.

e) **Eine gemeinschaftliche Firma** muß ferner für das Handelsgewerbe der Gesellschafter gewählt sein, die nach § 19 HGB. den Namen — nicht also auch den Vornamen — wenigstens eines der Gesellschafter mit einem das Vorhandensein einer Gesellschaft andeutenden Zusatz oder die Namen aller Gesellschafter enthalten muß.

Sind daher die 4 Gesellschafter Schulze, Cohn, Müller und Borchert vorhanden, so ist die gemeinschaftliche Firma wählbar:

entweder: Schulze u. Co.,
oder: Cohn u. Co.,
oder: Borchert u. Co.,
oder: Schulze, Cohn u. Co.,
oder: Cohn, Borchert u. Co.,
oder: Schulze, Borchert u. Co.,
oder: Müller u. Co.,
oder: Müller, Cohn u. Co.,
oder: Müller, Borchert u. Co.
oder: Schulze, Cohn, Müller, Borchert.

Nicht wählbar wäre:

nur: Schulze und Cohn,
oder: Cohn und Borchert,
oder: Schulze und Borchert,

da der das Vorhandensein des dritten und vierten Gesellschafters andeutende Zusatz fehlte.

Zusätze sind wie bei der Firma des Einzelkaufmanns zulässig, soweit sie dem Grundsatz der Firmenwahrheit entsprechen, vgl. S. 20. 22.

Eine abgeleitete Firma ist möglich, wenn in das Geschäft eines Einzelkaufmanns ein anderer als Gesellschafter eintritt. Die dadurch entstandene offene Handelsgesellschaft kann die bisherige Einzelfirma weiterführen. § 24 HGB.

f) **Die unbeschränkte Haftung** des einzelnen Gesellschafters den Gläubigern der Gesellschaft gegenüber ist endlich begriffliche Voraussetzung einer offenen Handelsgesellschaft. Eine solche ist daher nicht eintragungsfähig, wenn jene unbeschränkte Haftung ausgeschlossen ist, § 128 HGB. Geschieht letzteres, so kann eine Kommanditgesellschaft beabsichtigt und sofern die Voraussetzungen der §§ 161 f. HGB. erfüllt sind, entstanden und eintragungsfähig sein.

Im Innenverhältnis zueinander können die Gesellschafter die unbeschränkte Haftung einzelner von ihnen ausschließen.

g) **Der Vertrag** über Bildung einer offenen Handelsgesellschaft ist formlos schließbar, bedarf nicht, wie im Verkehr vielfach angenommen wird, der schriftlichen Form.

Nicht durch Vertrag, sondern **durch Erbschaft** entsteht eine offene Handelsgesellschaft, sofern die Erben eines Einzelkaufmanns das von diesem erworbene Geschäft nach Beendigung der Erbgemeinschaft fortsetzen. Dieser Zeitpunkt, sowie seine Voraussetzungen sind zweifelhaft und streitig; vgl. oben S. 34 und RGE. 35, 19. Johow XV. 6.

2. Die Geschäftsführung und die Vertretung

der Gesellschaft nach außen steht gesetzlich, mithin sofern der Gesellschaftsvertrag nicht Abweichendes bestimmt, jedem Gesellschafter allein zu; §§ 115, 116, 125, 126 HGB.

Hierbei ist festzuhalten: Geschäftsführung ist die geschäftliche Tätigkeit der Gesellschafter in dem inneren Verhältnisse zueinander. Die Vertretung ist die Befugnis des einzelnen Gesellschafters, Dritten gegenüber Rechtshandlungen für die Gesellschaft vorzunehmen.

Der **Gesellschaftsvertrag** kann aber Beschränkungen aufstellen, und zwar dahin: daß sämtliche Gesellschafter zusammen zu handeln haben, oder daß nur einzelne Gesellschafter, jedoch jeder auch allein, vertretungsberechtigt ist, oder daß nur einzelne Gesellschafter und nur gemeinsam vertretungsmächtig, oder endlich, daß nur alle Gesellschafter oder nur einzelne oder nur der einzelne Gesellschafter gemeinsam mit einem Prokuristen zur Vertretung der Gesellschaft berechtigt sind.

Weitere Beschränkungen sind Dritten gegenüber unzulässig; es kann daher der Gesellschaftsvertrag nicht bestimmen, daß der oder die einzelnen vertretungsberechtigten Gesellschafter nur zur Vornahme einzelner Geschäfte, also z. B. unter Ausschluß der Berechtigung zur Wechselannahme berechtigt sein sollen.

Eine einzelne Ausnahme nur ist gemäß § 126 Abs. 3 HGB. dahin statthaft, daß, falls die offene Handelsgesellschaft mehrere Handelsniederlassungen mit verschiedenen Firmen betreibt, die Vertretungsberechtigung eines Gesellschafters für eine einzelne jener Firmen beschränkbar ist.

Die Rechtsgültigkeit der gesetzlich zulässigen Beschränkungen ist von der Eintragung derselben in das Handelsregister abhängig.

3. Die Anmeldung der Gesellschaft

zur Eintragung in das Handelsregister hat nach § 106 HGB. bei dem Gericht zu erfolgen, in dessen Bezirk sie ihren Sitz hat.

Zu bewirken ist die Anmeldung von sämtlichen, auch den nicht zur Vertretung der Gesellschaft berechtigten Gesellschaftern. Die zur Vertretung der Gesellschaft berufenen Gesellschafter haben die Firma nebst ihrer Namensunterschrift zu zeichnen; § 108.

Der Sitz der Gesellschaft ist der Ort, an dem die kaufmännische „Zentralleitung" erfolgt. Dieser Sitz ist regelmäßig der Ort der Handelsniederlassung, braucht dies aber nicht zu sein, Staub A. 4 § 106.

Der Inhalt der Anmeldung setzt sich nach § 106 in Verbindung mit § 29 HGB. zusammen aus:

1. Namen, Vornamen, Stand und Wohnort jedes Gesellschafters, ist ein solcher eine juristische oder minderjährige Person, so sind deren gesetzliche Vertreter noch anzugeben (s. aber S. 46 unter b).
2. Firma der Gesellschaft und den Ort, wo sie ihren Sitz hat.
3. Zeitpunkt, mit welchem die Gesellschaft begonnen.
4. Ort einer etwaigen Zweigniederlassung und Ort der Hauptniederlassung der Gesellschaft, falls er mit ihrem Sitz nicht zusammenfällt.
5. Nach §§ 105, 114 HGB. sind ferner der Gegenstand des Unternehmens und Vertretungsbeschränkungen der Gesellschafter anzumelden.

4. Die Veränderungen rücksichtlich einer offenen Handelsgesellschaft

unter Fortbestand der letzteren sind von sämtlichen, auch den nicht vertretungsberechtigten Gesellschaftern anzumelden und betreffen:

a) **Eintritt** eines neuen Gesellschafters. Dieser ist nur mit Zustimmung sämtlicher, mithin auch der nicht vertretungsberechtigten Gesellschafter zulässig. Die Rechtswirkung des Eintritts eines neuen Gesellschafters ist die — Dritten gegenüber durch Vereinbarung nicht ausschließbare — Haftung des letzteren für die vor seinem Eintritt begründeten Verbindlichkeiten der Gesellschaft. § 130 HGB.

b) **Ausscheiden** eines Gesellschafters infolge Kündigung: sofern der Gesellschaftsvertrag den Fortbestand der Gesellschaft für jenen Fall vorsieht (§ 138 HGB.) oder infolge Ausschließung nach § 140 HGB., oder im Falle des § 141 a. a. O. Im Falle des Ausscheidens eines Gesellschafters dessen Name in der Firma enthalten, ist zur Fortführung der letzteren aber die Einwilligung des Gesellschafters oder seiner Erben erforderlich.

c) **Eine Verbindung** eines Eintritts mit einem gleichzeitigen Austritt und umgekehrt eines Austritts mit einem Eintritt eines Gesellschafters ist möglich und statthaft.

d) **Eine Änderung** der Firma oder des Sitzes einer offenen Handelsgesellschaft ist an sich oder in Verbindung mit einem der vorstehenden Fälle unter a—c möglich, aber nur mit Zustimmung aller — mithin auch der nicht vertretungsberechtigten — Gesellschafter zulässig.

e) **Eine Änderung der Vertretungsmacht,** es mag diese die gesetzliche oder vertraglich in Abweichung von dieser geregelte sein (s. vorstehend unter 2).

5. Die Auflösung der offenen Handelsgesellschaft.

a) **Die allgemeine Rechtswirkung** des Eintritts der Auflösungsgründe einer offenen Handelsgesellschaft wird in Judikatur (RGE. 28, 130. Johow 26, 221, 27, 38; aber auch Johow 23, 93) und Literatur (Cohn § 23, Lehmann-Ring S. 282, offensichtlich auf Grund der Sondervorschrift des § 144 HGB.) dahin bestimmt: der Eintritt eines Auflösungsgrundes beseitigt die Handelsgesellschaft als solche noch nicht, solange das Vermögen der letzteren noch nicht ganz geteilt vorhanden. Ein eingetretener Auflösungsgrund bewirkt vielmehr nur, daß der Handelsgewerbebetrieb der Gesellschaft auf die Liquidationsgeschäfte sich beschränkt.

Die Praxis hat aus dieser — nach § 144 ganz rechtskonsequenten — Deduktion die nachstehend unter b aufgeführte Folge gezogen.

b) **Die einzelnen Auflösungsgründe** sind:

α) **Der Tod eines Gesellschafters:** dieser hat regelmäßig die Auflösung der offenen Handelsgesellschaft zur Folge.

Der **Gesellschaftsvertrag** kann aber diesen Auflösungsgrund durch eine Bestimmung beseitigen, und zwar:

entweder dahin: daß die Gesellschaft bei dem Tode eines einzelnen Gesellschafters unter den übrigen fortbesteht, § 138 HGB.

oder dahin: daß bei dem Tode eines Gesellschafters zwischen den Erben des letzteren und den übrigen Gesellschaftern die Gesellschaft fortbesteht.

In letztgedachtem Falle können aber die Erben trotz jener Gesellschaftsvertrags-Bestimmung ihren Eintritt als Kommanditisten unter den Voraussetzungen des § 139 HGB. erfordern; die bisherige offene Handelsgesellschaft verwandelt sich dann in eine Kommandit-Gesellschaft (s. S. 67).

Die unter a gedachte Rechtsauffassung der Wirkung der Auflösungsgründe hat endlich in der Praxis den — nicht bedenkenfreien — Rechtssatz geschaffen: Im Falle des Todes eines Gesellschafters können dessen Erben mit den überlebenden Gesellschaftern ihren Eintritt, somit den Fortbestand der bisherigen offenen Handelsgesellschaft, vereinbaren, solange das bisherige Gesellschaftsvermögen noch nicht verteilt ist.

β) **Die Eröffnung des Konkursverfahrens über das Vermögen der offenen Handelsgesellschaft.**

Die Sondervorschrift des § 144 des HGB. (vgl. vorstehend unter a) gestattet aber den Gesellschaftern die Fortsetzung der bisherigen offenen Handelsgesellschaft zu beschließen, sofern das Konkursverfahren entweder aufgehoben ist, nach Abschluß eines Zwangsvergleichs, oder eingestellt ist auf Antrag des Gemeinschuldners. In solchen Fällen ist ja das ganze Gesellschaftsvermögen noch nicht verteilt.

Ist aber das Konkursverfahren beendet, ist die Auflösung der Gesellschaft beendet, anderseits ist jene Auflösung nicht eingetreten, wenn der Eröffnungsbeschluß über das Konkursverfahren aufgehoben ist; vgl. S. 38.

γ) **Die Eröffnung des Konkursverfahrens über das Vermögen eines Gesellschafters** hat die Auflösung der offenen Handelsgesellschaft zur Folge.

Der **Gesellschaftsvertrag** kann aber diesen Auflösungsgrund ausschließen mit der Wirkung, daß nur der Austritt des bankbrüchigen Gesellschafters eintritt, § 138 HGB.

Ein **Beschluß der übrigen** Gesellschafter, die Gesellschaft solle unter ihnen fortbestehen, und die Abgabe dieser Beschlußerklärung dem Konkursverwalter des bankerotten Gesellschafters gegenüber, kann aber — (auch ohne eine vorerwähnte Bestimmung im Gesellschaftsvertrag) — den Auflösungsgrund beseitigen.

δ) **Die Kündigung eines Gesellschafters,** aber nur zum Schlusse des Geschäftsjahrs 6 Monate vor diesem —, falls eine offene Handelsgesellschaft auf unbestimmte Zeit geschlossen, bringt diese zur Auflösung.

Der **Gesellschaftsvertrag** kann aber diesen Auflösungsgrund durch die Bestimmung beseitigen, daß im Falle jener Kündigung nur der kündigende Gesellschafter austritt.

ε) **Die Kündigung** eines Privatgläubigers eines Gesellschafters, unter den Voraussetzungen des § 133 HGB., bringt die offene Handelsgesellschaft zur Auflösung.

Ein **Beschluß der übrigen Gesellschafter,** die Gesellschaft solle unter ihnen fortbestehen, und die Abgabe dieser Beschlußerklärung dem Privatgläubiger gegenüber kann aber den Auflösungsgrund beseitigen und nur den Austritt seines Schuldners, des Gesellschafters, bewirken.

ζ) **Ein gerichtliches Urteil,** auch wenn es noch nicht rechtskräftig, sondern nur vorläufig vollstreckbar erklärt ist, § 16. Johow 14, 235 endlich kann die Auflösung einer — für bestimmte oder unbestimmte Dauer eingegangenen — offenen Handelsgesellschaft wegen eines wichtigen Grundes auf die Klage eines Gesellschafters aussprechen, § 133 HGB.

Doch kann aus wichtigem Grunde durch Urteil auch nur der Ausschluß eines Gesellschafters erlangt werden, § 140 HGB.

η) **Der Beschluß sämtlicher Gesellschafter** endlich kann die Auflösung der offenen Handelsgesellschaft jederzeit erzielen.

c) **Die Anmeldung** der Auflösung hat zu erfolgen:

von allen Gesellschaftern, auch den ausscheidenden, selbst wenn sie nicht zur Vertretung berechtigt sind. An Stelle **eines verstorbenen** Gesellschafters unter Mitwirkung seiner Erben. Diese ist nur dann entbehrlich, wenn der Tod des Gesellschafters die Gesellschaftsauflösung oder seinen Austritt (vorstehend b α) bewirkt und der Mitwirkung der Erben besondere Schwierigkeiten entgegenstehen, § 143 HGB.

Der **bankbrüchige** Gesellschafter, dessen Konkursverfahren die Gesellschaftsauflösung oder seinen Austritt (vorstehend b γ) veranlaßt, muß — richtiger Ansicht nach, denn ein persönliches Recht und ein Vermögensrecht steht in Frage — zusammen mit seinem Konkursverwalter mit den übrigen Gesellschaftern die Anmeldung ausführen. (A. M. Cohn § 23, der nur den bankerotten Gesellschafter für anmeldepflichtig hält.)

Der Auflösungsgrund ist anzugeben, da andernfalls die Prüfung der rechtlichen Voraussetzung der Gesellschaftsauflösung dem Registerrichter nicht möglich.

Nicht einer Anmeldung, sondern der Eintragung von Amts wegen unterliegt der Auflösungsgrund der Eröffnung des Konkursverfahrens über das Vermögen der **Gesellschaft** (nicht eines Gesellschafters); vorstehend b β; s. S. 51; auch § 112 der KonkOrd.; §§ 6, 32 HGB.

6. Die Liquidation der offenen Handelsgesellschaft:

a) **tritt regelmäßig ein,** sobald die offene Handelsgesellschaft aufgelöst ist;

sie **tritt nicht ein,** wenn die Gesellschafter im Gesellschaftsvertrag oder nachträglich „eine andere Art der Auseinandersetzung" — diese kann auch in dem Übergang der Aktiva und Passiva der Gesellschaft auf eine andere Rechtsperson, z. B. auf einen Gesellschafter oder auf eine Aktiengesellschaft bestehen — beschließen, § 145 HGB.

Der Gesellschaftsvertrag kann Nicht-Liquidation durch Mehrheitsbeschluß zulassen; zu den Zustimmenden müssen dann aber die im § 145 Abs. 2 HGB. erwähnten Personen gehören.

Der nachträgliche Beschluß auf Nicht-Liquidation erfordert Einstimmigkeit der Gesellschafter (streitig).

Die Liquidation **tritt ferner nicht ein,** wenn Eröffnung des Konkursverfahrens über das Vermögen der Gesellschaft (vorstehend S. 51 β) Auflösungsgrund.

Das Konkursverfahren vollzieht ja eine Liquidation.

b) **Das Wesen und der Zweck** der Liquidation bestehen in der Abwicklung der laufenden Geschäfte durch Einziehung der Forderungen, Befriedigung der Verbindlichkeiten der Gesellschafter zwecks Feststellung des etwaigen Überschusses der Aktiva und Abführung desselben an die einzelnen Gesellschafter.

c) **Der Tätigkeitsumfang der Liquidatoren** wird durch den eben gedachten Liquidationszweck begrenzt; nur soweit dieser es erfordert, sind sie zur Eingehung neuer Geschäfte, Bestellung eines Prokuristen (streitig) berechtigt, nicht berechtigt zur Verlegung des Gesellschaftssitzes, zur Veräußerung des Geschäfts nebst Firma ebensowenig zur Veräußerung des Geschäfts **ohne** Firma. Nach § 154 HGB. sind sie zur Aufstellung einer Bilanz bei Beginn und Beendigung der Liquidation verpflichtet.

d) **Die Tätigkeitsart** der Liquidatoren ist regelmäßig die sog. Kollektivtätigkeit. Sie sind regelmäßig nur zu gemeinsamer Vornahme von Handlungen berechtigt; die Ermächtigung zur Einzelvertretung der Gesellschaft an jeden einzelnen Liquidator muß besonders bestimmt werden.

Eine weitere Beschränkung ihrer Vertretungsmacht ist Dritten gegenüber unzulässig, § 151 HGB.

e) Die **Bestimmung der Liquidatoren** geschieht:

Durch das **Gesetz** u. zw. im § 146 HGB. dahin: regelmäßig sind sämtliche Gesellschafter Liquidatoren.

Durch den **Gesellschaftsvertrag** oder nachträglich durch Gesellschafterbeschluß (Majoritätsbeschluß § 119) können einzelne Gesellschafter oder selbst Dritte zu Liquidatoren bestimmt werden.

Durch das **Handelsregistergericht,** § 146 Abs. 2 HGB., §§ 145, 146 FreiwGerGes., „auf Antrag eines Beteiligten", mithin eines Gesellschafters oder Gläubigers der Gesellschaft oder eines Gläubigers eines Gesellschafters (§ 135), „aus wichtigen Gründen".

Die **Abberufung** der Liquidatoren ist gleichfalls durch Gesellschafter-Beschluß oder auf Antrag durch das Handelsregistergericht statthaft, § 147 HGB.

f) **Die Anmeldung** der Liquidatoren sowie die Änderungen in den Personen derselben zur Eintragung in das Handelsregister hat durch sämtliche Gesellschafter zu erfolgen.

An Stelle eines verstorbenen Gesellschafters durch seine Erben; die Mitwirkung der letzteren kann aber unterbleiben, wenn besondere Hindernisse entgegenstehen, § 148 HGB.

Nicht anzumelden, sondern von Amts wegen sind die vom Handelsregistergericht bestimmten oder abberufenen Liquidatoren einzutragen, vorstehend unter e, § 148 HGB.

g) **Die Zeichnungen** der angemeldeten Liquidatoren zur Aufbewahrung bei dem Handelsregistergericht haben dahin zu geschehen, daß sie die Firma als Liquidationsfirma (in Liquid.) nebst ihrer Namensunterschrift zeichnen, § 148, § 153 HGB.

h) **Die Beendigung der Liquidation** erfordert Anmeldung des Erlöschens der Firma durch die Liquidatoren, § 157 HGB., und zwar auch dann, wenn die Firma infolge Veräußerung des Geschäfts ohne Firma erlischt, Gl. A. Staub Anm. 1, § 157.

Die Veräußerung des Geschäfts mit der Firma im Liquidationsverfahren erfordert die Anmeldung durch die Liquidatoren zusammen mit den Gesellschaftern (ihr handelsrechtlicher Gesellschaftsname ist ja veräußert) s. S. 53c.

B. Die Form und der Inhalt der Anmeldungen, der Zeichnungen und der Eintragungen, welche die offene Handelsgesellschaft betreffen.

1. Die Anmeldung einer offenen Handelsgesellschaft.

Die Verfügung.

I. **Die Prüfungspunkte** der auf die Anmeldung zu erlassenden Verfügung sind und erfordern die Feststellungen der vorstehend unter A 1 a—g, 2, 3 aufgeführten Punkte.

Hiernach ist zu prüfen und festzustellen:

1 a, b S. 46:
Sind mindestens 2 Gesellschafter vorhanden, die auch eine offene Handelsgesellschaft bilden können? (**S. auch S. 11**).

1 c S. 47:
Ist der Zweck und der Gegenstand der Gesellschaft ein Handelsgewerbe?

1 d S. 47:
Ist der Beginn der Gesellschaft — richtig — bestimmt?

1 e S. 47:
Ist eine gemeinschaftliche Firma — richtig — gewählt?

1 f S. 48:
Ist die Gesetzesvoraussetzung unbeschränkter Haftung der Gesellschafter den Gesellschaftsgläubigern gegenüber nicht — unzulässigerweise — ausgeschlossen?

Die Anmeldung.

Berlin, den 15. Dezember 1912.

a) Es erschienen

1. der Kaufmann Adolph Reichstein, in Berlin Wilhelmstraße 36 wohnhaft,
2. der Kaufmann Gottfried Krüger, in Berlin Leipziger Straße 18 wohnhaft.

Die Persönlichkeiten der Erschienenen wurde durch den dem Gerichtsschreiber bekannten Rechtsanwalt Ballhorn hier als solche anerkannt.

Die Erschienenen meldeten zur Eintragung in das Handelsregister folgendes an:

b) Wir betreiben unter der gemeinschaftlichen Firma

Reichstein u. Krüger

ein Herrengarderobengeschäft.

Der Sitz unserer Gesellschaft befindet sich in Berlin.

Die Gesellschaft ist eine offene Handelsgesellschaft und hat am 1. Dezember 1912 begonnen.

Zur Vertretung der Gesellschaft ist nur der Gesellschafter Krüger ermächtigt.
(oder Zur Vertretung der Gesellschaft ist jeder einzelne Gesellschafter nur zusammen mit einem

2. S. 48:

Ist eine etwaige Vertretungsbeschränkung bestimmt und umfanglich zulässig?

3. S. 49:

Ist die Anmeldung vollständig, sind die Zeichnungen der Firma und der Namensunterschriften erfolgt?

II. **Der Inhalt der Verfügung.**

1. Einzutragen in das Handelsregister A (s. S. 6):

Nummer der Firma: 122.

Sp. 1 (Nummer der Eintragung): 1.

Sp. 2 (Firma usw., Sitz der Gesellschaft):

Reichstein u. Krüger, Berlin.

Sp. 3 (Bezeichnung der persönlich haftenden Gesellschafter):

Kaufmann Adolph Reichstein Berlin;

Kaufmann Gottfried Krüger Berlin.

Sp. 6 (Rechtsverhältnisse bei Handelsgesellschaften):

Offene Handelsgesellschaft.

Die Gesellschaft hat am 1. Dezember 1912 begonnen.

(Ist es bei der gesetzlichen Regel verblieben, daß jeder Gesellschafter zur Vertretung der Gesellschaft berechtigt, so er- Prokuristen, sobald ein solcher bestellt ist, ermächtigt.)

(Ist jeder Gesellschafter zur Vertretung der Gesellschaft ermächtigt, so bedarf diese mangels anderer Abrede eintretende gesetzliche Folge nicht der Anmeldung.)

Nach der hiermit vorgelegten Gewerbesteuerveranlagung ist der Gewerbebetrieb in der Klasse II mit 150 Mark jährlich zur Gewerbesteuer eingeschätzt.

Die gleichfalls überreichte Anlage ergibt die ferneren den Handelsgewerbebetrieb betreffenden Umstände.

(Diese Anlage wie die S. 25 bei der Anmeldung der Firma eines Einzelkaufmanns ausgefüllt mit einzureichen, empfiehlt sich, wenn Zweifel entstehen können, ob der Handelsbetrieb großkaufmännischen Umfanges; vgl. vorstehend unter A 1 c S. 47.)

Die Geschäftsräume befinden sich Kochstraße 36.

Die Firma nebst Namensunterschrift zeichnen:

Ich Adolph Reichstein:

Reichstein u. Krüger
Adolph Reichstein.

Ich Gottfried Krüger:

Reichstein u. Krüger
Gottfried Krüger.

c) v. g. u.
Adolph Reichstein.
Gottfried Krüger.
Pinczakowski,
Gerichtsschreiber.

fordert diese Gesetzesregel hier keine Eintragung.

Andernfalls ist hier je nach Lage des Einzelfalls einzutragen: z. B.:

Zur Vertretung der Gesellschaft ist nur der Kaufmann Adolph Reichstein in Berlin ermächtigt.

oder:

Zur Vertretung der Gesellschaft ist, sobald ein Prokurist bestellt ist, jeder Gesellschafter nur zusammen mit einem Prokuristen ermächtigt.)

2. Öffentl. Bekanntmachung:

Diese wird dahin zu fassen sein:

In unser Handelsregister, Abteilung A, ist am 15. Dezember 1912 eingetragen worden: Nr. 122 Offene Handelsgesellschaft Reichstein u. Krüger mit dem Sitz in Berlin; Gesellschafter Adolph Reichstein, Kaufmann, Berlin; Gottfried Krüger, Kaufmann, Berlin. Die Gesellschaft hat am 1. Dezember 1912 begonnen. (Ev. zur Vertretung der Gesellschaft ist nur der Adolph Reichstein ermächtigt).

2. Bekanntmachung von der Eintragung an Adolph Reichstein, Gottfried Krüger, Handelskammer.

4. Mit den Belagsblättern zu 2 nach 3 Wochen.

5. Kosten.

2. Die Anmeldungen der Veränderungen bei offenen Handelsgesellschaften.

a) Der Eintritt eines neuen Gesellschafters unter Änderung der Firma.

(4. vorstehend S. 49.)

Die Verfügung

I. **Die Prüfungspunkte** der auf die Anmeldung zu erlassenden Verfügung erfordern die Feststellung der vorstehend unter 4. S. 49 aufgeführten Punkte:

Haben sämtliche, auch die nichtvertretungsberechtigten Gesellschafter dem Eintritt des neuen Gesellschafters wie der Firmaänderung zugestimmt?

Ist in der Eintrittserklärung des neuen Gesellschafters nicht etwa eine Beschränkung der Haftung desselben auch für frühere Gesellschaftsverbindlichkeiten unzulässigerweise enthalten (was mitunter irrtümlich versucht wird)?

Ist die Anmeldung von allen, auch den nichtvertretungsberechtigten Gesellschaftern vorgenommen?

II. **Der Inhalt der Verfügung:** wird durch § 30 der AllgVerf. vom 3. XI. 1899 bestimmt.

Würde nur der Eintritt eines dritten neuen Gesellschafters, nicht auch zugleich die Änderung der Firma angemeldet und daher einzutragen sein, so wäre der Eintritt des neuen

Die Anmeldung.

a) wie vorstehend a S. 55 (unter Mitaufführung des neuen Gesellschafters Fritz Trübe).

b) Unter Nr. 122 der Abteilung A des Handelsregisters sind wir (Adolph Reichstein und Gottfried Krüger) als Gesellschafter der offenen Handelsgesellschaft: Reichstein u. Krüger in Berlin eingetragen (jetzige Geschäftsräume Leipziger Straße 98).

Zur Eintragung in das Handelsregister melden wir an, daß in die Gesellschaft der Kaufmann Fritz Trübe in Berlin als persönlich haftender Gesellschafter mit dem heutigen Tage eingetreten ist. Zur Vertretung der Gesellschafter ist nur Adolph Reichstein ermächtigt.

Die Firma wurde in

Reichstein, Krüger u. Co.

geändert.

Der Fritz Trübe schließt sich dieser Erklärung an.

Die Firma und Namensunterschrift zeichne ich, Adolph Reichstein, wie folgt:

Reichstein, Krüger u. Co.
Adolph Reichstein.

(Wären alle Gesellschafter vertretungsberechtigt, so müßte es noch lauten:

Ich Gottfried Krüger:

Gesellschafters nur in Spalte 3 und Spalte 6 bei der bisherigen Stelle und Nummer der Gesellschaft im Handelsregister A zu vermerken, eine Übertragung der Gesellschaft an eine neue Stelle des Registers unter neuer Nummer wäre entbehrlich.

Der Eintritt des neuen Gesellschafters und die Änderung der Firma aber veranlaßt nach § 30 a. a. O. folgende Verfügung:

1. Einzutragen in das Handelsregister, Abteilung A, zu Nr. 122:
   Sp. 1: 2.
   Sp. 6: Der Kaufmann Fritz Trübe, Berlin, ist in die Gesellschaft als persönlich haftender Gesellschafter eingetreten.
   Sp. 8: Die Firma ist in Reichstein, Krüger u. Co. geändert. Vgl. Nr. 232 (die neue Nummer, unter der die Gesellschaft an neuer Stelle im Register eingetragen wird) der Abteilung A des Handelsregisters.
2. Die Eintragungen zu Nr. 122 sind nunmehr zu röten.
3. Einzutragen in das Handelsregister, Abteilung A:
   Nummer der Firma: 232.
   Sp. 1: 1.
   Sp. 2: Reichstein, Krüger u. Co., Berlin.

Reichstein, Krüger u. Co.
Gottfried Krüger.

Ich Fritz Trübe:

Reichstein, Krüger u. Co.
Fritz Trübe.)

Der Gewerbebetrieb ist in Klasse II zur Gewerbesteuer eingeschätzt.

c) v. g. u.
gez. Adolph Reichstein.
gez. Gottfried Krüger.
gez. Fritz Trübe.
geschlossen
Schulze, Gerichtsschreiber.

Sp. 3: Kaufmann Adolph Reichstein, Berlin.
Kaufmann Gottfried Krüger, Berlin;
Kaufmann Fritz Trübe, Berlin.

Sp. 6: Offene Handelsgesellschaft.
Die Gesellschaft hat am 1. Dezember 1912 begonnen.
Der Kaufmann Fritz Trübe ist in die Gesellschaft als persönlich haftender Gesellschafter eingetreten.
Zur Vertretung der Gesellschaft ist nur Adolph Reichstein ermächtigt.

Sp. 8: Die Firma der Gesellschaft war bisher: Reichstein u. Krüger. Vgl. Nr. 122 der Abteilung A des Handelsregisters.

4. Öffentliche Bekanntmachung.
5. Bekanntmachung an die 3 Gesellschafter und Handelskammer.
6. Mit Belagsblättern zu 4 nach 2 Wochen.
7. Kosten.

b) Ausscheiden eines Gesellschafters unter gleichzeitigem Eintritt eines anderen Gesellschafters ohne Änderung der Firma, aber unter Änderung der Vertretungsbefugnis.

Die Verfügung.

I. **Die Prüfungspunkte** der Verfügung sind dieselben, wie die vorstehend unter a S. 58 auf-

Die Anmeldung.

a) wie S. 55 unter a.

b) Unter Nr. 232 der Abteilung A des Handelsregisters sind wir geführten; hinzu kommt nur die Feststellung der Genehmigung des ausscheidenden Gesellschafters zur Fortführung der seinen Namen mitenthaltenden Firma (S. 50).

II. **Der Inhalt der Verfügung:** Eine Übertragung der Firma der offenen Handelsgesellschaft ist, da diese unverändert geblieben, an eine neue Stelle des Registers nicht erforderlich, um deswillen hat aber die eingetretene Veränderung nicht nur in Sp. 6, sondern auch in Sp. 3 zur Eintragung zu gelangen, wie dies auch das preußische Formular R. 8 Nr. 55 (S. 6) vorsieht, in der Praxis aber vielfach nicht geschieht.

1. Einzutragen in das Handelsregister, Abteilung A, Nr. 232:

Sp. 1: 5.

Sp. 3 (Bezeichnung der persönlich haftenden Gesellschafter):

Kaufmann Wilhelm Schulze, Berlin.

Sp. 6 (Rechtsverhältnisse bei Handelsgesellschaften):

Der Kaufmann Gottfried Krüger ist aus der Gesellschaft ausgeschieden. Gleichzeitig ist der Kaufmann Wilhelm Schulze in Berlin in die Gesellschaft als persönlich haftender Gesellschafter eingetreten.

(Adolph Reichstein, Gottfried Krüger und Fritz Trübe) als Gesellschafter der offenen Handelsgesellschaft: Reichstein, Krüger u. Co. eingetragen.

Zur Eintragung in das Handelsregister melden wir folgendes an:

Der Gottfried Krüger ist aus der Gesellschaft ausgeschieden. Gleichzeitig ist der Kaufmann Wilhelm Schulze in Berlin in die Gesellschaft als persönlich haftender Gesellschafter eingetreten. Zur Vertretung der Gesellschaft ist nicht mehr, wie bisher, nur der Adolph Reichstein, sondern auch Wilhelm Schulze ermächtigt.

Ich, der ausgeschiedene Gesellschafter Gottfried Krüger, willige in die Fortführung der meinen Namen mitenthaltenden Firma.

Ich, Wilhelm Schulze, schließe mich der vorstehenden Anmeldung an.

(Da Wilhelm Schulze zur Vertretung der Gesellschaft berechtigt, folgt:)

Ich, Wilhelm Schulze, zeichne die Firma nebst Namensunterschrift wie folgt:

Reichstein, Krüger u. Co.
Wilhelm Schulze.

Wir erklären endlich:

der Gewerbebetrieb ist in der Klasse II zur Gewerbesteuer eingeschätzt.

v. g. u.

Adolph Reichstein.
Gottfried Krüger.
Fritz Trübe.
Wilhelm Schulze.

Zur Vertretung der Gesellschaft ist nunmehr sowohl Adolph Reichstein wie Wilhelm Schulze ermächtigt.

2. Folgende Eintragungen sind rot zu unterstr.:

   in Sp. 3: „Kaufmann Gottfried Krüger, Berlin"

   in Sp. 6: der Vermerk: „Zur Vertretung der Gesellschaft ist nur Adolph Reichstein ermächtigt".

3. Öffentliche Bekanntmachung: diese braucht nur die Eintragung in Sp. 6 zu enthalten.
4. Bekanntmachung an die 4 Antragsteller.
5. Mit Belagsblättern zu 3 nach 2 Wochen.
6. Kosten.

3. Die Anmeldung der Auflösung der offenen Handelsgesellschaft. (S. vorstehend S. 50.)

a) Die Auflösung ohne Liquidation.

Die Verfügung.

I. **Die Prüfungspunkte** der zu erlassenden Verfügungen erfordern die Feststellungen:

ob der in der Anmeldung angegebene Auflösungsgrund zu den gesetzlichen, vorstehend S. 50 unter 5 b aufgezählten Auflösungsgründen gehört;

ob die Anmeldung von allen Gesellschaftern erfolgt ist (vgl. aber 5 d δ u. c. S. 52 über die An-

Die Anmeldung.

a) wie S. 55 unter a.

b) Unter Nr. 232 der Abteilung A des Handelsregisters sind wir (Adolph Reichstein, Gottfried Krüger, Fritz Trübe) als Gesellschafter der offenen Handelsgesellschaft Reichstein, Krüger u. Co. eingetragen.

Zur Eintragung in das Handelsregister melden wir an:

Die Gesellschaft ist von uns durch Beschluß aufgelöst; eine

meldung durch Erben und den Konkursverwalter eines Gesellschafters.)

Soweit das Gesetz (S. 51. 52. 5 b γ δ) den Ausschluß des einzelnen Auflösungsgrundes durch den Gesellschaftsvertrag zuläßt, ist eine Berücksichtigung jener vertraglich festgesetzten Ausnahme von Amts wegen dem Registerrichter selbst dann entzogen, wenn der Gesellschaftsvertrag zu den Registerakten überreicht ist. Die Anmeldung der Auflösung durch sämtliche Gesellschafter ergibt, daß diese eine entgegengesetzte Gesellschaftsvertrags-Bestimmung aufgehoben haben.

II. **Der Inhalt der Verfügung:**

1. Einzutragen in das Handelsregister A zu Nr. 232:
   Sp. 1: 8.
   Sp. 6: Die Gesellschaft ist aufgelöst. Die Firma ist erloschen.
2. Öffentliche Bekanntmachung.
3. Nachricht an die Antragssteller und Handelskammer.
4. Mit Belagsblättern zu 2 nach 2 Wochen.
5. Kosten.

Liquidation findet nicht statt. Wir beantragen die Löschung der Firma im Handelsregister.

v. g. u.

Adolph Reichstein.
Gottfried Krüger.
Fritz Trübe.

b) Die Auflösung mit anschließender Liquidation.

I. **Die Prüfungspunkte** der zu erlassenden **Verfügung** erfordern die Feststellung der S. 53 unter 6 dargelegten Punkte:

ob ein Liquidationsverfahren statthaft (mithin nicht ein Konkursverfahren über das Gesellschaftsvermögen den Auflösungsgrund entstehen ließ).

ob eine Anmeldung von sämtlichen Gesellschaftern vorliegt (Ausnahme 6 f S. 54).

ob in Abweichung von der gesetzlichen Kollektivvertretung der Liquidatoren (anders § 125 HGB. für die Gesellschafter vor Liquidation) eine Einzelvertretungsmacht bestimmt ist, andere ungesetzliche Beschränkungen aber unterlassen sind (vgl. 6 d S. 54).

ob die Zeichnung der Liquidationsfirma, nebst Namensunterschrift getätigt. (S. 54 g.)

II. **Der Inhalt der Verfügung:**

1. Einzutragen in das Handelsregister A lt. A zu Nr. 232.
   Sp. 1: 9.
   Sp. 6: Die Gesellschaft ist aufgelöst. Der Gesellschafter Adolph Reichstein und der Bücherrevisor Otto Brexendorff in Berlin sind zu Liquidatoren bestellt. Jeder einzelne ist vertretungsberechtigt.
2. Öffentliche Bekanntmachung (mit dem Eintragungsinhalt der Sp. 6).
3. Nachricht an d. Antragsteller.
4. Mit Belagsbl. nach 2 Wochen.
5. Kosten.

Die Anmeldung.

a) wie S. 55 unter a.

b) Unter Nr. 232 der Abteilung A des Handelsregisters sind wir (Adolph Reichstein, Gottfried Krüger, Fritz Trübe) als Gesellschafter der offenen Handelsgesellschaft Reichstein, Krüger u. Co. eingetragen.

Zur Eintragung in das Handesregister melden wir an:

Die Gesellschaft ist von uns durch Beschluß aufgelöst; die Liquidation soll durch den Gesellschafter Adolph Reichstein und den Bücherrevisor Otto Brexendorff in Berlin erfolgen.

Jeder der beiden Liquidatoren soll zu selbständiger Vornahme der Liquidationshandlungen berechtigt sein.

Diese Erklärung wird durch den Liquidator Brexendorff angenommen.

Die Firma und die Namensunterschrift wird von den Liquidatoren wie folgt gezeichnet:

Reichstein, Krüger u. Co. in Liqu.
Adolph Reichstein.

Reichstein, Krüger u. Co. in Liqu.
Otto Brexendorff.

v. g. u.
Adolph Reichstein.
Gottfried Krüger.
Fritz Trübe.
Otto Brexendorff.

4. Ausscheiden eines Gesellschafters unter gleichzeitigem Eintritt eines anderen Gesellschafters unter Änderung der Vertretungsbefugnis wie der Firma.

Die Verfügung.

I. **Die Prüfungspunkte** der zu erlassenden Verfügung erfordern die Feststellungen wie zu a S. 58.

II. **Der Inhalt der Verfügung** wird durch § 30 der AllgVerf. vom 3. XI. 1899 infolge der Änderung der Firma dahin bestimmt:

1. Einzutragen in das Handelsregister A zu Nr. 232:

   Sp. 1: 5.

   Sp. 6: Der Kaufmann Gottfried Krüger ist aus der Gesellschaft ausgeschieden. Gleichzeitig ist der Kaufmann Wilhelm Schulze in Berlin in die Gesellschaft als persönlich haftender Gesellschafter eingetreten. Zur Vertretung der Gesellschaft ist sowohl Adolph Reichstein wie Wilhelm Schulze ermächtigt.

   Sp. 8: Die Firma ist in Reichstein u. Co. geändert. Vgl. Nr. 421 der Abteilung A des Handelsregisters.

2. Die Eintragungen zu Nr. 232 sind hierauf insgesamt zu röten.

3. Einzutragen in das Han-

Die Anmeldung.

a) wie S. 55 unter a.

b) Unter Nr. 232 der Abteilung A des Handelsregisters sind wir (Adolph Reichstein, Gottfried Krüger, Fritz Trübe) als Gesellschafter der offenen Handelsgesellschaft Reichstein, Krüger u. Co. eingetragen.

Zur Eintragung in das Handelsregister melden wir folgendes an:

Der Gottfried Krüger ist aus der Gesellschaft ausgeschieden. Gleichzeitig ist der Kaufmann Wilhelm Schulze in Berlin in die Gesellschaft als persönlicher Gesellschafter eingetreten.

Da der ausscheidende Gottfried Krüger in die Fortführung der seinen Namen mitenthaltenden Firma nicht willigt, wird diese in Reichstein u. Co. geändert.

Ferner ist zur Vertretung der Gesellschaft nicht mehr wie bisher nur Adolph Reichstein, sondern auch Wilhelm Schulze ermächtigt.

Ich Wilhelm Schulze schließe mich der vorstehenden Anmeldung an.

Ich Adolph Reichstein werde fortan die geänderte Firma nebst Namensunterschrift wie folgt zeichnen:

Reichstein u. Co.
Adolph Reichstein.

delsregister A (neue Nummer):
Nummer der Firma: 421.
Sp. 1 (Nummer der Eintragung): 1.
Sp. 2 (Firma, Sitz der Gesellschaft):
Reichstein u. Co., Berlin.
Sp. 3 (Bezeichnung der persönlich haftenden Gesellschafter):
Kaufmann Adolph Reichstein, Berlin;
Kaufmann Fritz Trüb, Berlin;
Kaufmann Wilhelm Schulze, Berlin.
Sp. 6 (Rechtsverhältnisse bei Handelsgesellschaften):
Offene Handelsgesellschaft.
Die Gesellschaft hat am 1. Dezember 1912 begonnen.
Zur Vertretung der Gesellschaft sind nur Adolph Reichstein, Wilhelm Schulze ermächtigt.
Sp. 8 (Bemerkungen):
Die Firma war bisher Reichstein, Krüger u. Co. Vgl. Nr. 232 der Abteilung A des Handelsregisters.

4. Öffentl. Bekanntmachung.
5. Bekanntmachung
   an die 4 Antragsteller,
   an die Handelskammer.
6. Mit Belagsblättern zu 4 nach 2 Wochen.
7. Kosten.

Ich Wilhelm Schulze werde die Firma nebst Namensunterschrift wie folgt zeichnen:

Reichstein u. Co.
Wilhelm Schulze.

Wir erklären endlich:

Der Gewerbebetrieb ist in der Klasse II zur Gewerbesteuer eingeschätzt.

v. g. u.
Adolph Reichstein.
Gottfried Krüger.
Fritz Trübe.
Wilhelm Schulze.

Paragraph 4.

Die Kommanditgesellschaft.

A. Die Vorschriften, welche die Voraussetzungen und den Inhalt der handelsregisterlichen Eintragungen bedingen.

1. Das Entstehen einer Kommanditgesellschaft

erfordert die Vereinigung mehrerer Personen zum Zwecke des Betriebes eines Handelsgewerbes unter gemeinschaftlicher Firma, „wenn bei einem oder einigen von den Gesellschaftern die Haftung gegenüber den Gesellschaftsgläubigern auf den Betrag einer bestimmten Vermögenseinlage beschränkt ist (Kommanditisten), während bei dem anderen Teile der Gesellschafter eine Beschränkung der Haftung nicht stattfindet (persönlich haftende Gesellschafter)“, § 161 Abs. 1 HGB.; letztere werden auch Komplementare genannt.

Die Kommanditgesellschaft ist somit eine der offenen Handelsgesellschaft rechtsanaloge Gesellschaft; weshalb nach Abs. 2 § 161 cit. die für die offene Handelsgesellschaft geltenden Vorschriften anwendbar sind, „soweit nicht anderes vorgeschrieben ist“.

Hieraus ergibt sich:

a) **Die Zahl** der Gesellschafter muß mindestens 2 sein, von denen der eine persönlich haftender Gesellschafter, der zweite Kommanditist sein muß.

b) **Die Persönlichkeit** der persönlichen haftenden Gesellschafter ist die gleiche wie die der Gesellschafter der offenen Handelsgesellschaft (s. S. 46 unter a).

Kommanditist kann jede physische wie juristische Person sein, daher auch eine Aktiengesellschaft, anderseits braucht der Kommanditist nicht Kaufmann zu sein.

Minderjährige Kommanditisten können den Eintritt als solche richtiger, wenn auch streitiger, Ansicht nach wie den Eintritt als persönlich haftende Gesellschafter durch ihre gesetzlichen Vertreter nur mit Genehmigung des Vormundschaftsgerichts vornehmen (§§ 1643, 1686, 1822 Ziff. 3, 1909 BGB.).

c) **Der Zweck und der Gegenstand** der Kommanditgesellschaft sind wie die der offenen Handelsgesellschaft, s. daher S. 47 unter 1 c.

d) **Der Beginn** der Kommanditgesellschaft ist dem der offenen Handelsgesellschaft gleich, s. daher S. 47 unter 1 d.

e) **Eine gemeinschaftliche Firma** muß, wie die offene Handelsgesellschaft, auch die Kommanditgesellschaft führen. Für die Firma der letzteren trifft aber § 19 Abs. 2—4 HGB. die Sondervorschrift, daß nur der und mindestens ein Name — Vorname hier entbehrlich — eines persönlichen Gesellschafters mit einem das Vorhandensein einer Gesellschaft andeutenden Zusatz in der Firma enthalten sein muß, in dieser der Name eines Kommanditisten oder einer anderen Person nicht enthalten sein darf.

Ist z. B. Reichstein persönlich haftender Gesellschafter, Krüger Kommanditist, so hat die Firma zu lauten:

Reichstein u. Co.

oder: Reichstein, Kommanditgesellschaft.

f) **Eine unbeschränkte Haftung** der persönlich haftenden Gesellschafter, eine beschränkte Haftung der Kommanditisten mit und in Höhe einer bestimmten Vermögenseinlage sind Wesensvoraussetzungen der Kommanditgesellschaft.

Die Vermögenseinlage muß auch realiter eingebracht werden und ist den Gesellschaftsgläubigern gegenüber weder erlaßbar noch rückzahlbar (§ 172 HGB.), denn mit und bis zu dem eingetragenen Einlage-Betrag haftet jenen der Kommanditist.

Vermögenseinlage kann daher nicht nur in Kapital, sondern auch in anderen Vermögensgegenständen (streitig), **nicht** aber in Diensten oder gar nur in Eröffnung eines Warenkredits, RGE. 31, 74, bestehen.

g) Der Vertrag über eine Kommanditgesellschaft ist formlos schließbar, vgl. S. 48 unter g.

2. Die Geschäftsführung und Vertretung der Gesellschaft

steht nur den persönlich haftenden Gesellschaftern zu, §§ 164, 170 HGB. und zwar letzteren in derselben Art wie den Gesellschaftern der offenen Handelsgesellschaft, vgl. S. 48 unter 2. Durch den Gesellschaftsvertrag kann aber die Geschäftsführung einem oder mehreren Kommanditisten übertragen werden; die allgemeine gesetzliche Vertretung (s. über den Begriff Geschäftsführung und Vertretung S. 48 unter 2) ist aber Kommanditisten nicht übertragbar; das schließt jedoch nicht aus, einen Kommanditisten zum Prokuristen zu bestellen (vgl. RGE. 31, 39).

3. Die Anmeldung der Kommanditgesellschaft

zur Eintragung in das Handelsregister hat nach § 162 HGB. bei dem Gericht zu erfolgen, in dessen Bezirk sie ihren Sitz hat.

Der **Sitz** der Gesellschaft ist der Ort, an dem die kaufmännische Zentralleitung erfolgt (vgl. S. 49 unter 3).

Zu **bewirken** ist die Anmeldung von sämtlichen, auch den nicht zur Vertretung der Gesellschaft berechtigten, persönlich haftenden Gesellschaftern und von den Kommanditisten.

Die zur Vertretung der Gesellschaft berufenen persönlich haftenden Gesellschafter haben die Firma nebst ihrer Namensunterschrift zu zeichnen.

Der Inhalt der Anmeldung setzt sich nach § 162 in Verbindung mit §§ 29, 106 HGB. zusammen aus:

1. Namen, Vornamen, Stand und Wohnort jedes persönlich haftenden Gesellschafters und jedes Kommanditisten unter Angabe des Betrages der Einlage jedes von ihnen. Sind die Komplementäre oder Kommanditisten juristische Personen (S. 67) oder minderjährige Personen, so sind deren gesetzliche Vertreter noch anzugeben.
2. Firma der Kommanditgesellschaft und Ort, wo sie ihren Sitz hat.
3. Zeitpunkt, in welchem die Gesellschaft begonnen.
4. Ort einer etwaigen Zweigniederlassung und Ort der Hauptniederlassung der Gesellschaft, falls er mit ihrem Sitz nicht zusammenfällt.
5. Nach §§ 161 Abs. 2, 114, 105 HGB. sind ferner der Gegenstand des Unternehmens und Vertretungsbeschränkungen der Gesellschafter anzumelden.

Die Eintragung hat den Inhalt der Anmeldung unter 1—4 und der Vertretungsbeschränkungen, die vorstehend unter 5 erwähnt sind, zu enthalten.

Die Bekanntmachung der Eintragung hat deren Inhalt mit der Änderung wiederzugeben, daß nur die Zahl der Kommanditisten anzugeben ist, aber nicht deren Namen, Stand, Wohnort und ferner nicht der Betrag ihrer Einlagen, § 162 Abs. 2 HGB.

4. Die Veränderungen hinsichtlich einer Kommanditgesellschaft

unter Fortbestand der letzteren sind von sämtlichen, auch den nicht vertretungsberechtigten Komplementären und Kommanditisten zur Eintragung in das Handelsregister anzumelden und betreffen:

a) **Eintritt** eines neuen Komplementärs oder Kommanditisten. Jener ist nur mit Zustimmung sämtlicher persönlich haftender Gesellschafter und Kommanditisten zulässig. Über die Rechtswirkung jenes Eintritts s. S. 49 unter 4 a und § 173 HGB.

b) **Ausscheiden** eines Komplementärs (vgl. S. 50 unter 4 b) oder Kommanditisten.

Erhöhung oder Herabsetzung der Einlage eines Kommanditisten.

c) **Eine Verbindung** eines Eintritts kann gleichzeitig mit einem Austritt und zugleich mit der Erhöhung oder Herabsetzung der Einlage eines Kommanditisten sich vollziehen.

d) **Eine Änderung** der Firma oder des Sitzes der Kommanditgesellschaft, die nur mit Zustimmung sämtlicher Komplementäre und Kommanditisten zulässig.

e) **Eine Änderung** der Vertretungsmacht der Komplementäre.

Die Eintragung der Veränderungen hat deren vorstehend unter a—e erwähnten Inhalt wiederzugeben.

Die Bekanntmachung der Eintragung hat deren Inhalt mit der Änderung zu enthalten, daß nur die Zahl der aus- oder eintretenden Kommanditisten, nicht deren Namen anzugeben, und nur die Tatsache der Erhöhung oder Herabsetzung der Einlage der Kommanditisten, ohne jede Bezifferung zu erwähnen ist.

5. Die Auflösung der Kommanditgesellschaft.

a) **Die allgemeine Rechtswirkung** ist dieselbe wie die bei der offenen Handelsgesellschaft, s. S. 50 unter 5 a.

b) **Die einzelnen Auflösungsgründe** sind die der offenen Handelsgesellschaft, der einzelne Auflösungsgrund mag in der Person eines persönlichen haftenden Gesellschafters oder in der Person eines Kommanditisten vorliegen, mit der alleinigen:

Ausnahme: Der Tod eines Komplementärs, **nicht** aber der Tod eines Kommanditisten hebt die Gesellschaft auf. Die Erben des Kommanditisten treten vielmehr in die Gesellschaft ein, unter Fortfall der Berechtigung, die § 139 HGB. den Erben des persönlich haftenden Gesellschafters gibt; vgl. S. 50 unter b.

Dagegen bestehen hier die Auflösungsgründe: der Eröffnung des Konkursverfahrens über das Vermögen der Kommanditgesellschaft (S. 51 unter β), der Eröffnung des Konkursverfahrens über das Vermögen eines Komplementärs oder Kommanditisten (S. 51 unter γ), der Kündigung eines Komplementärs oder Kommanditisten (S. 52 δ) oder eines Privalgläubigers derselben (S. 52 ε), der Auflösung auf Grund eines gerichtlichen Urteils (S. 52 ι), der Beschluß sämtlicher Komplementäre und Kommanditisten endlich bewirkt die Auflösung der Kommanditgesellschaft (S. 52 η).

c) **Die Anmeldung der Auflösung** hat wie bei der offenen Handelsgesellschaft zu erfolgen (S. 52 c).

d) **Die Liquidation der Kommanditgesellschaft** erfolgt wie die der offenen Handelsgesellschaft (S. 53).

Die persönlich haftenden Gesellschafter wie die Kommanditisten können Liquidatoren sein.

B. Die Form und der Inhalt der Anmeldungen, der Zeichnungen und der Eintragungen welche die Kommanditgesellschaft betreffen.

1. Die Anmeldung einer Kommanditgesellschaft.

Die Eintragungs-Verfügung.

I. **Die Prüfungspunkte** der auf die Anmeldung zu erlassenden Verfügung sind und erfordern die Feststellungen der vorstehend unter A aufgeführten Punkte.

Hiernach ist zu prüfen und festzustellen:

Enthält die Anmeldung die vorstehend unter A 3 unter 1—5 (S. 69) aufgeführten Punkte, zeigen diese:

(Vgl. S. 67, 68 u. S. 46a, b.)

Mindestens 2 Gesellschafter sind vorhanden, von denen der eine der unbeschränkt haftende Gesellschafter, der andere Kommanditist ist. Ist eine Vermögenseinlage des letzteren in Kapitalssumme oder durch Vermögenswertangabe beziffert.

(Vgl. S. 67 u. S. 47 1 c.)

Der Zweck und der Gegenstand der Gesellschaft ist ein Handelsgewerbe.

(Vgl. S. 67 u. S. 47 1 d.)

Der Beginn der Gesellschaft ist — richtig — bestimmt.

(Vgl. S. 68e.)

Eine gemeinschaftliche Firma ist richtig gewählt, insbesondere in ihr die Angabe des Namens eines Kommanditisten nicht enthalten.

Die Anmeldung.

Berlin, den 23. Dezember 1912.

a) Es erschienen

1. der Kaufmann Adolph Reichstein in Berlin Wilhelmstraße 36,
2. der Kaufmann Gottfried Krüger in Berlin Leipziger Straße 18,
3. der Kaufmann Fritz Trübe in Brandenburg Hauptstraße 14,
4. der Kaufmann Fritz Troll in Brandenburg Hauptstraße 14,
5. der Kaufmann Wilhelm Schulze in Berlin Friedrichstraße 146.

Die Persönlichkeit der Erschienenen wurde durch den dem Gerichtsschreiber persönlich bekannten Rechtsanwalt Rösler hier als solche anerkannt.

Die Erschienenen meldeten zur Eintragung in das Handelsregister folgendes an:

b) Wir betreiben unter der gemeinschaftlichen Firma A. Reichstein u. Co. ein Herrengarderobengeschäft. Die Gesellschaft ist eine Kommanditgesellschaft und hat am 1. Dezember 1912 begonnen.

Der Sitz der Gesellschaft befindet sich in Berlin.

Ich Adolph Reichstein und ich Gottfried Krüger sind persönlich haftende Gesellschafter.

(Vgl. S. 68 u. S. 48 1 f.)

Die Gesetzesvoraussetzung unbeschränkter Haftung der persönlich haftenden Gesellschafter den Gesellschaftsgläubigern gegenüber ist nicht — unzulässigerweise — ausgeschlossen.

(Vgl. S. 68 u. S. 48 2.)

Eine Vertretungsbeschränkung der persönlich haftenden Gesellschafter ist nicht bestimmt oder zwar bestimmt, aber nicht in unzulässiger Weise. Einem Kommanditisten ist eine allgemeine Vertretung der Gesellschaft nicht übertragen.

(Vgl. S. 69.)

Mit der Anmeldung ist die Zeichnung der Firma der zur Vertretung der Gesellschaft berufenen persönlich haftenden Gesellschafter, sowie die Zeichnung ihrer Unterschrift verbunden.

II. **Der Inhalt der Verfügung:**

1. Einzutragen in das Handelsregister A (s. S. 6):

Nummer der Firma: 182.

Sp. 1 (Nummer der Eintragung): 1.

Sp. 2 (Firma u. Sitz der Gesellschaft):

A. Reichstein u. Co.

Sp. 3 (Bezeichnung der persönlich haftenden Gesellschafter):

Kaufmann Adolph Reichstein; Kaufmann Gottfried Krüger, beide in Berlin.

Ich Fritz Trübe, Fritz Troll und ich Wilhelm Schulze sind Kommanditisten und haben je eine Vermögenseinlage von 10000 Mark gemacht.

Zur Vertretung der Gesellschaft ist nur der Gesellschafter Adolph Reichstein ermächtigt.

Nach der hier mit vorgelegten Gewerbesteuerveranlagung ist der Gewerbebetrieb in der Klasse II mit 150 Mark jährlich zur Gewerbesteuer eingeschätzt.

Die gleichfalls überreichte Anlage ergibt die ferneren den Handelsgewerbebetrieb betreffenden Umstände.

(Diese Anlage wie die S. 25 bei der Anmeldung einer Einzelfirma ausgefüllt mit einzureichen, empfiehlt sich, wenn Zweifel entstehen können, ob der Handelsbetrieb großkaufmännischen Umfanges; vgl. vorstehend S. 67 u. S. 47 unter A 1 c.)

Die Geschäftsräume befinden sich Kochstraße 36.

Die Firma nebst Namensunterschrift zeichne ich Adolph Reichstein (als vertretungsberechtigter Gesellschafter):

A. Reichstein u. Co.
Adolph Reichstein.

c) v. g. u.

Adolph Reichstein.
Gottfried Krüger.
Fritz Trübe.
Wilhelm Schulze.
Fritz Troll.

Pinczakowski,
Gerichtsschreiber.

Sp. 6 (Rechtsverhältnisse bei Handelsgesellschaften):

Kommanditgesellschaft. Die Gesellschaft hat am 1. Dezember 1912 begonnen. Zur Vertretung der Gesellschaft ist nur Adolph Reichstein berechtigt. Kommanditisten sind: Kaufmann Fritz Trübe, Fritz Troll in Brandenburg, Kaufmann Wilhelm Schulze in Berlin mit einer Vermögenseinlage von je 10000 Mark.

2. Öffentl. Bekanntmachung. Diese ist dahin zu fassen (vgl. S. 69):

   In unser Handelsregister Abteilung A ist am 23. Dezember 1912 eingetragen worden: Nr. 182 Kommanditgesellschaft A. Reichstein u. Co. mit dem Sitz in Berlin. Persönlich haftende Gesellschafter sind Adolph Reichstein, Kaufmann, Berlin; Gottfried Krüger, Kaufmann, Berlin. Drei Kommanditisten sind vorhanden. Die Gesellschaft hat am 1. XII. 1912 begonnen.

3. Nachricht von der Eintragung den 5 Gesellschaftern und der Handelskammer.
4. Mit Belagsblättern zu 2 nach 2 Wochen.
5. Kosten.

2. Die Anmeldungen der Veränderungen bei Kommanditgesellschaften.

a) Der Eintritt eines neuen persönlich haftenden Gesellschafters.

Die Verfügung.

I. **Die Prüfung** hat festzustellen:

Ist die Anmeldung von allen persönlich haftenden Gesellschaftern einschließlich des neuen und Kommanditisten erfolgt?

Ist der Eintrittserklärung des neuen Komplementärs nicht eine Beschränkung der Haftung desselben für frühere Gesellschaftsverbindlichkeiten unzulässigerweise eingefügt (was mitunter irrtümlich versucht wird)?

(Ist die nebenstehende Beschränkung, daß Adolph Reichstein allein nur zur Vertretung der Gesellschaft ermächtigt bleibt, nicht getroffen, so ist noch zu prüfen, ob der neue Komplementär die Firma und seine Namensunterschrift gezeichnet hat.)

II. **Der Inhalt der Verfügung:**

1. Einzutragen in das Handelsregister, Abteilung A, zu Nr. 182:

Sp. 3: Kaufmann Otto Frehe, Berlin.

Sp. 6: Der Kaufmann Otto Frehe, Berlin, ist in die Gesellschaft als persönlich haftender Gesellschafter eingetreten.

Zur Vertretung der Gesellschaft bleibt nur der

Die Anmeldung.

a) wie vorstehend a S. 71 (unter Mitaufführung des neuen Gesellschafters Otto Frehe).

b) Unter Nr. 182 der Abteilung A des Handelsregisters sind wir, Adolph Reichstein und Gottfried Krüger, als persönlich haftende Gesellschafter, wir Fritz Trübe und Wilhelm Schulze als Kommanditisten der Kommanditgesellschaft A. Reichstein u. Co. in Berlin eingetragen. (Jetzige Geschäftsräume Leipziger Straße 98.)

Zur Eintragung in das Handelsregister melden wir an, daß in die Gesellschaft als persönlich haftender Gesellschafter mit dem heutigen Tage der Kaufmann Otto Frehe in Berlin eingetreten ist.

Zur Vertretung der Gesellschaft bleibt nur Adolph Reichstein ermächtigt.

(Würde eine solche Erklärung nicht abgegeben, so würde gesetzlich der neu eingetretene persönlich haftende Gesellschafter als solcher gleichfalls zur Vertretung der Gesellschaft ermächtigt sein. Derselbe hätte dann noch die Firma und seine Namensunterschrift zu zeichnen.)

v. g. u.

Adolph Reichstein.
Gottfried Krüger.
Otto Frehe.
Fritz Trübe.
Wilhelm Schulze.

persönlich haftende Gesellschafter Adolph Reichstein ermächtigt.

2. Öffentliche Bekanntmachung.
3. Nachricht an die 5 Gesellschafter und die Handelskammer.
4. Mit Belagsblättern zu 2 nach 2 Wochen.
5. Kosten.

b) Der Eintritt eines neuen Kommanditisten und der Austritt eines der bisherigen Kommanditisten.

Die Verfügung.

I. **Die Prüfung** hat festzustellen:

Ist die Anmeldung von allen persönlich haftenden Gesellschaftern und allen Kommanditisten, einschließlich des neu Eingetretenen erfolgt?

Ist der Eintrittserklärung des neuen Kommanditisten nicht eine Beschränkung der Haftung desselben für frühere Gesellschaftsverbindlichkeiten unzulässigerweise eingefügt?

II. **Der Inhalt der Verfügung:**

1. Einzutragen in das Handelsregister, Abteilung A, zu Nr. 182:

Sp. 1: 4.

Sp. 6: Der Kaufmann Julius Wagner in Berlin ist in die Gesellschaft als Kommanditist mit einer Vermögenseinlage von 15000 Mark eingetreten.

Die Anmeldung.

a) wie vorstehend a S. 71 unter Mitaufführung des neuen Kommanditisten Julius Wagner.

b) Unter Nr. 182 der Abteilung A des Handelsregisters sind wir, Adolph Reichstein, Gottfried Krüger, Otto Frehe als persönlich haftende Gesellschafter, wir Fritz Trübe, Wilhelm Schulze als Kommanditisten der Kommanditgesellschaft A. Reichstein u. Co. in Berlin eingetragen (Geschäftsräume Leipziger Straße 98).

Zur Eintragung in das Handelsregister melden wir an, daß in die Gesellschaft mit dem heutigen Tage der Kaufmann Julius Wagner in Berlin als Kommanditist mit einer Vermögenseinlage von 15000 Mark eingetreten. Der bisherige Kommanditist Wilhelm Schulze ist unter Rücknahme seiner Vermögenseinlage von

Der Kommanditist Kaufmann Wilhelm Schulze in Berlin ist aus der Gesellschaft ausgeschieden.

2. Röten: die bisherige Eintragung des Wilhelm Schulze.
3. Öffentliche Bekanntmachung:

   In unser Handelsregister A ist am 23. XII. 1912 bei der unter Nr. 182 eingetragenen Kommanditgesellschaft A. Reichstein u. Co. mit dem Sitz in Berlin eingetragen: ein Kommanditist ist neu eingetreten, ein Kommanditist ist ausgeschieden.
4. Nachricht an die Komplementäre und Kommanditisten und den bisherigen Kommanditist Wilhelm Schulze.
5. Mit den Belagsblättern zu 3.
6. Kosten.

10000 Mark aus der Gesellschaft ausgeschieden.

v. g. u.

Adolph Reichstein.
Gottfried Krüger.
Otto Frehe.
Fritz Trübe.
Wilhelm Schulze.
Julius Wagner.

c) Die Erhöhung und die Herabsetzung der Vermögenseinlage eines Kommanditisten.

Die Verfügung.

I. **Die Prüfung** hat festzustellen:

Ist die Anmeldung von allen persönlich haftenden Gesellschaftern und Komplementären erfolgt?

Ist der Erklärung über die Erhöhung der Vermögenseinlage nicht eine Beschränkung der Haftung unzulässigerweise eingefügt?

Die Anmeldung.

a) wie vorstehend a. S. 75,

b) Unter Nr. 182 der Abteilung A des Handelsregisters sind wir, Adolph Reichstein, Gottfried Krüger, Otto Frehe, als persönlich haftende Gesellschafter, wir Fritz Trübe und Julius Wagner, als Kommanditisten der Kommanditgesellschaft A. Reichstein u. Co. in Berlin eingetragen (Geschäftsräume Leipziger Straße 98).

II. Der Inhalt der Verfügung:

1. Einzutragen in das Handelsregister, Abteilung A, zu Nr. 182:
   Sp. 1: 5.
   Sp. 6: Der Kommanditist Fritz Trübe hat seine Vermögenseinlage von 10 000 Mark auf 15 000 Mark erhöht.
   Der Kommanditist Julius Wagner hat seine Vermögenseinlage von 15 000 Mark auf 10 000 Mark herabgesetzt.
2. Röten: die Summen der bisherigen Vermögenseinlagen des Trübe und Wagner
3. Öffentl. Bekanntmachung:
   In unser Handelsregister A ist am 23. XII. 1912 bei der unter Nr. 182 eingetragenen Kommanditgesellschaft A. Reichstein u. Co. mit dem Sitz in Berlin eingetragen: ein Kommanditist hat seine Vermögenseinlage erhöht, ein Kommanditist hat seine Vermögenseinlage herabgesetzt.
4. Bekanntmachung an sämtliche 5 Gesellschafter.
5. Mit Belagsblättern zu 3 nach 2 Wochen.
6. Kosten.

Zur Eintragung in das Handelsregister melden wir an:

Der Kommanditist Fritz Trübe hat seine Vermögenseinlage von 10000 Mark auf 15000 Mark erhöht. Der Kommanditist Julius Wagner hat seine Vermögenseinlage von 15000 Mark auf 10000 Mark herabgesetzt.

v. g. u.

Adolph Reichstein.
Gottfried Krüger.
Otto Frehe.
Fritz Trübe.
Julius Wagner.

d) Andere Veränderungen bei Kommanditgesellschaften

ergeben und veranschaulichen sich aus den Beispielen der Veränderungen bei den eingetragenen Firmen der Einzelkaufleute (S. 31—35) und der offenen Handelsgesellschaften (S. 58—61) ohne weiteres.

e) Schlußzusatz.

Eine stille Gesellschaft liegt — wie hier nur kurz zu erwähnen ist — vor, wenn an dem Handelsgewerbe eines Kaufmanns sich **ein** anderer mit einer Einlage beteiligt. Der letztere haftet weder **per**sönlich noch mit der Einlage den Gläubigern des Geschäfts. Diesen steht vielmehr nur der Inhaber des Handelsgewerbes als verpflichtet gegenüber. Nur im Innenverhältnis zwischen dem Inhaber des Handelsgewerbes und dem stillen Gesellschafter nimmt der letztere am Gewinn und Verlust des Geschäfts teil; das letztere kann aber abredegemäß auch ausgeschlossen sein. §§ 335—342 HGB.

Im **Handelsregister** ist eine stille Gesellschaft **nicht** — wie mitunter im Verkehr angenommen wird — einzutragen und daher auch nicht zum Handelsregister anzumelden.

Die Aktiengesellschaften, Kommanditgesellschaften auf Aktien, Gesellschaften mit beschränkter Haftung und Versicherungsvereine auf Gegenseitigkeit, die im Handelsregister Abteilung B eingetragen werden. Die Prokura. Die neben dem Handelsregister noch bestehenden Register.

Paragraph 5.

Die Aktiengesellschaft.

1. Das Entstehen einer Aktiengesellschaft

dem Nichtjuristen nicht leicht erfaßbar, vollzieht sich durch die Schaffung eines Kapitals, des sog. Grundkapitals, aus fest bezifferten gleichen Einzelbeträgen.

Jene Kapitalsschaffung ist eine Hauptvoraussetzung der sog. **Gründung,** die stets in gerichtlicher oder notarieller Form vorzunehmen ist.

Das so zustande gekommene Grundkapital erschafft, sofern den Voraussetzungen der §§ 178f. HGB. genügt ist, eine Handelsgesellschaft.

Diese Handelsgesellschaft ist eine juristische Person, also eine fingierte selbständige Rechtspersönlichkeit, die mit dem Grundkapital arbeitend mit diesem ihren Gläubigern haftet, **sobald sie im Handelsregister eingetragen ist.**

Die Einzelnen, die durch Einzahlung das Grundkapital gebildet, sind zwar, wie § 178 HGB. — nicht ganz zutreffend — sagt, Gesellschafter jener Handelsgesellschaft, also der Aktiengesellschaft, aber an dieser nur mit ihrer Kapitals-Einlage beteiligt; persönlich haften sie für die Verbindlichkeiten der Aktiengesellschaft nicht.

Persönlich ist der einzelne Gesellschafter, der Aktionär, **als solcher** nicht berechtigt, sich an der Geschäftsführung der Aktiengesellschaft zu beteiligen.

Diese, wie erwähnt, eine juristische Person, wird vielmehr durch ihre gesetzlichen Vertreter, den **Vorstand,** geschäftlich tätig.

Als Erzeuger der juristischen Person haben aber die Aktionäre insgesamt, somit in ihrer **Generalversammlung,** die Macht — natürlich regelmäßig, s. folgende S. 86 η, durch Mehrheitsbeschlüsse, § 251 —, die Geschäftsführung der Aktiengesellschaft zu bestimmen, vor allem daher — s. nachfolgende S. 101 unter b — die Jahresbilanz und Gewinnverteilung, die Entlastung des Vorstands und Aufsichtsrats zu genehmigen.

Eine gesetz- oder vertragswidrige Schädigung des **einzelnen** Aktionärs durch Generalversammlungsbeschlüsse kann durch die Anfechtungsklage der §§ 271—273 HGB. verhindert werden.

Minoritäten von Aktionären können auf die Geschäftsführung nur in 5 Ausnahmefällen einwirken, die in dem § 254 (Einberufung einer Generalversammlung), § 295 (gerichtliche Bestellung von Liquidatoren), § 266 (Bestellung von Revisoren), § 264 (Aufschiebung der Bilanz-Genehmigung), § 268 (Erhebung von Ersatzansprüchen gegen Vorstand und Aufsichtsrat) aufgezählt sind.

Da nun Generalversammlungen oft zahlreicher Aktionäre naturgemäß nicht ständig tagen können, so bestimmt — zum Schutz und zur Vertretung der Aktionäre bei der Geschäftsführung der Aktiengesellschaft durch den Vorstand — § 246 HGB., daß ein **Aufsichtsrat** stets von den Aktionären zu wählen ist, „der die Geschäftsführung der Gesellschaft in allen Zweigen der Verwaltung zu überwachen hat".

Da die Beteiligung des einzelnen Gesellschafters, des Aktionärs, an der Aktiengesellschaft nur durch die eingezahlte Kapitalssumme, die Aktie, entsteht, so ist das Recht aus jener Beteiligung abtretbar.

Die Bescheinigung über jenes Beteiligungsrecht wird gleichfalls **Aktie** genannt, mit der Übertragung dieser Aktie an einen Dritten wird dieser Aktionär.

2. Die Art der Gründung einer Aktiengesellschaft

deren Hergang stets durch die Mitglieder des Vorstands und des Aufsichtsrats zu prüfen ist (S. 83, 89) § 192 HGB., kann eine verschiedene sein, und zwar:

a) **Simultangründung:** sie liegt vor, wenn die Schaffung des Grundkapitals der Aktiengesellschaft bereits von den Gründern, die mindestens 5 an der Zahl sein müssen, durch die Übernahme aller jenes Grundkapital ausmachenden Aktien erfolgt.

Diese volle Aktienübernahme kann in dem Gesellschaftsvertrage selbst oder im Anschluß an diesen in besonderer, gleichfalls gerichtlicher oder notarieller, Verhandlung geschehen.

b) **Sukzessivgründung:** sie liegt vor, wenn die Schaffung des Grundkapitals noch nicht durch Übernahme aller Aktien seitens der Gründer erfolgt, vielmehr erst durch Zeichnung der noch nicht übernommenen Aktien seitens des hierzu aufzufordernden Publikums.

Die Sondervoraussetzungen der Simultangründung und der Sukzessivgründung sind getrennt unter den folgenden Ziffern 4 (S. 83) und 5 (S. 91) dargestellt.

c) **Beide Gründungen,** die Simultan- wie Sukzessiv-Gründung, können sein:

α) **sog. qualifizierte Gründungen,** sie liegen nach § 186 HGB. vor: **sofern** zugunsten einzelner Aktionäre besondere Vorteile bedungen sind;

sofern die Aktionäre nicht durch Barzahlung, sondern durch Einlagen (sog. Sacheinlagen) zur Bildung des Grundkapitals beitragen;

sofern vorhandene oder erst herzustellende Anlagen von der Aktiengesellschaft übernommen und der Entgelt hierfür, es sei an Aktionäre oder direkt durch Gewährung von Aktien oder in anderer Weise an Dritte, festgesetzt ist;

sofern für die Gründung oder deren Vorbereitung von der Aktiengesellschaft, es sei an Aktionäre oder Andere, eine Entschädigung oder Belohnung, der sog. Gründerlohn, gewährt wird.

Jedes dieser, die qualifizierte Gründung erzeugenden Vorkommnisse erfordert außer der Prüfung des Gründungshergangs durch Vorstand und Aufsichtsrat (S. 82)

einmal: eine Festsetzung im Gesellschaftsvertrag;

ferner: bei Anmeldung der Aktiengesellschaft zur handelsregisterlichen Eintragung:

die Einreichung der Erklärung der Gründer über die Angemessenheit der gewährten Beträge, § 191;

die Einreichung eines Prüfungsberichts besonderer — von der Handelskammer, Ges. vom 24. II. 1870, wo solche nicht besteht, von dem Registergericht zu ernennender — Revisoren.

β) **nichtqualifizierte Gründungen** sind alle, bei denen die vorstehend unter α erwähnten Vorkommnisse nicht vorliegen.

Auch diese erfordern, sobald Vorstands- und Aufsichtsratsmitglieder an der Gründung beteiligt sind, neben dem allgemeinen Prüfungsbericht der Vorstands- und Aufsichtsratsmitglieder (§§ 192, 193 HGB.) noch die Gründungs-Prüfung durch besondere Revisoren.

3. Die Entstehung der Aktiengesellschaft als solcher:

mithin als juristischer Person hat ihre Eintragung in das Handelsregister des Sitzes der Gesellschaft zur Voraussetzung, § 200 HGB.

4. Die materiellen und formellen Voraussetzungen der Eintragung einer Aktiengesellschaft bei Simultangründung.

I. **Die materiellen Voraussetzungen der Eintragung der Aktiengesellschaft, die eine Simultangründung ist,** vgl. S. 82, sind:

a) **Der Abschluß eines Gesellschaftsvertrags,** wie bereits erwähnt, von mindestens 5 Personen in gerichtlicher oder notarieller Form, der folgende Bestimmungen enthalten muß, § 182 HGB.:

α) **Die Firma und der Sitz** der Gesellschaft ist festzusetzen.

Die Firma hat nach § 20 die Bezeichnung „Aktiengesellschaft" zu enthalten, den Gegenstand des Unternehmens „in der Regel" wiederzugeben, muß mithin eine sog. Real- oder Sachfirma sein, die aber die Mitaufnahme eines Namens nicht ausschließt.

Der Sitz der Gesellschaft, der angegeben werden muß, ist der deutsche Ort, wo die Zentralleitung des Unternehmens liegt, sofern nicht der Vertrag ausdrücklich einen anderen Ort als Sitz bezeichnet.

β) **Der Gegenstand des Unternehmens,** der anzugeben ist, braucht nicht ein Handelsgewerbe zu sein, wie aus Abs. 2 § 210 erhellt, muß aber bestimmt charakterisiert sein (streitig, s. auch § 275 Abs. 2); die Wahl des Gegenstandes ist frei; Ausnahme § 5 HypBankGes. vom 13. VII. 1899.

γ) **Die Höhe des Grundkapitals und der einzelnen Aktien** sind zu bestimmen.

Die Grundkapitalshöhe wird durch die Barzahlungen, die auf die Aktien zu leisten sind, oder durch die Wertsummen der Einlagen des § 186 bestimmt; sie darf nach § 180 in Verbindung mit § 182 nicht unter 5000 Mark und nur in dem Ausnahmefall des § 180 Abs. 3 1000 Mark betragen. Das Grundkapital muß voll gezeichnet und mindestens zu $^1/_4$ des Nennbetrags der dasselbe bildenden Aktien, und falls diese über Pari emittiert sind, des Agios derselben bar eingezahlt sein (§ 195), sofern eine nicht qualifizierte Gründung (Begriff S. 83) vorliegt; liegt letztere vor, so ist nur $^1/_4$ des auf die Aktien bar zu zahlenden Betrags einzuzahlen.

Eine Unterpariemission von Aktien ist unzulässig (s. auch nachfolgend unter II b S. 90).

Die Aktien — die vor Eintragung der Gesellschaft in das Handelsregister nicht ausgegeben werden dürfen, § 314 Ziff. 3, und — deren Höhe anzugeben ist, können sein:

Inhaberaktien, diese dürfen, auch nach Eintragung der Gesellschaft, erst nach Vollzahlung ihres Nennwertes ausgegeben werden; (bis dahin werden Interimsscheine ausgegeben §§ 179, 180).

Namensaktien, die als solche gesetzliche, durch Indossament übertragbare Orderpapiere sind, können nach Eintragung der Gesellschaft ausgegeben werden, wenn $^1/_4$ ihres Nennwertes bezahlt ist. Die Übertragbarkeit der Namensaktien kann aber durch den Gesellschaftsvertrag ausgeschlossen, oder an die Zustimmung der Generalversammlung und des Aufsichtsrats gebunden sein, §§ 180, 222 (s. auch das Nachfolgende).

Die Aktien müssen Namensaktien sein, wenn der Gesellschaftsvertrag nichts über ihre Art bestimmt, § 183.

Ein Recht auf Umwandlung von Namensaktien in Inhaberaktien und umgekehrt kann durch den Gesellschaftsvertrag der Aktionäre festgesetzt werden.

Die Höhe des Nennwerts der einzelnen Aktie beträgt mindestens:

regelmäßig: 1000 Mark für Inhaber- und Namensaktien;
ausnahmsweise: 200 Mark für Namensaktien und nur, wenn der Bundesrat dieses gemäß § 180 Abs. 2 HGB. genehmigt oder sofern die Übertragung der Namensaktien an die Zustimmung der Gesellschaft (**sog. vinkulierte Aktien**) gebunden ist.

Die beiden Gattungen der Aktien sind Stammaktien und Prioritätsaktien; letztere sind Aktien, für welche besondere Rechte, „insbesondere in betreff der Verteilung des Gewinns oder des Gesellschaftsvermögens festgesetzt werden", § 185; werden beide Aktiengattungen ausgegeben, so sind im Gesellschaftsvertrag Bestimmungen über die Bevorzugungen festzusetzen; diese dürfen „Rechte, welche das Gesetz aus Gründen öffentlichen Rechts grundsätzlich allen Aktionären gleichmäßig gewährt" (Staub A. 4 § 185), nicht beseitigen.

Außer der Höhe der einzelnen Aktien hat der Gesellschaftsvertrag die Aktienübernahme durch die — mindestens 5 — Gründer, unter Festsetzung der Zahl, der Art der je übernommenen Aktien sowie des Überpari-Ausgabekurses (Unterpari darf nicht emittiert werden) zu bestimmen.

δ) **Die Art der Bestellung und Zusammensetzung des Vorstands** hat der Gesellschaftsvertrag zu bestimmen. Das HGB. überläßt die Bestellung des **Vorstands** der Generalversammlung oder dem Aufsichtsrat oder, nachdem der erste Vorstand gewählt, **diesem**; und ebenso ist im § 231 dem bestellenden Gesellschaftsorgan überlassen, ob ein oder mehrere Vorstandsmitglieder die Gesellschaft vertreten sollen.

Der Gesellschaftsvertrag hat zu bestimmen, welches der 3 Organe den Vorstand bestellt und die Zahl der Vorstandsmitglieder festsetzt.

Die Art der Vertretungsmacht mehrerer Vorstandsmitglieder braucht der Gesellschaftsvertrag nicht zu bestimmen, da mangels einer Bestimmung gemäß § 232 sämtliche Mitglieder des Vorstands gemeinsam zu vertreten und zu zeichnen haben.

Die Art der Bestellung und Zusammensetzung des **Aufsichtsrats** braucht der Gesellschaftsvertrag nicht zu bestimmen; das Gesetz überträgt zwingend im § 190 den Gründern die Wahl des ersten Aufsichtsrats und bestimmt die Zahl der Aufsichtsratsmitglieder im § 243 auf mindestens drei und regelt die Tätigkeit des ersten Aufsichtsrats zwingend.

Der Gesellschaftsvertrag kann aber die Zahl der Aufsichtsratsmitglieder über 3 erhöhen, und die Tätigkeitsdauer des zweiten wie des ferneren Aufsichtsrats — in Abweichung von § 243 Abs. 3 — bestimmen.

ε) **Die Form, in der die von der Gesellschaft ausgehenden Bekanntmachungen erfolgen,** hat endlich der Gesellschaftsvertrag zu bestimmen.

Der Sinn dieser Vorschrift ist streitig. „Bekanntmachungen von der Gesellschaft" können nur die Bekanntmachungen der Gesellschaft als juristischer Person (vorstehend S. 83), mithin die bekannt zu machenden Erklärungen ihres gesetzlichen Vertreters, des Vorstandes — nicht auch, wie vielfach angenommen, des Aufsichtsrats — sein. Die Voraussetzungen und die Fassung jener Bekanntmachungen bestimmen die §§ 232, 233.

Diese Bekanntmachungen sind:

entweder gesetzlich vorgeschriebene (§§ 282, 289, 297, 301, 310), dann müssen sie Blätterbekanntmachungen sein und unbedingt im Deutschen Reichsanzeiger erfolgen, neben dem der Vertrag noch andere Blätter bestimmen kann;

oder nicht gesetzlich vorgeschrieben, für diese kann der Vertrag Bekanntmachung jeder Art, z. B. durch Einschreibebrief, wählen; wählt er eine Blätterbekanntmachung, so muß diese im Reichsanzeiger geschehen, daneben können noch andere Blätter bestimmt werden.

ζ) **Begriffsnotwendige Voraussetzung** des Abschlusses des Gesellschaftsvertrages ist — hier bei der Simultangründung vgl. S. 82 — daß die Übernahme aller Aktien durch die Gründer aus dem Vertrage hervorgeht, oder in Ergänzung desselben aus einer mitüberreichten besonderen gerichtlichen oder notariellen Verhandlung hervorgeht, § 182 **und** § 188.

η) **Die Form der Berufung der Generalversammlung** hat ferner der Gesellschaftsvertrag zu bestimmen. Nur die Art, wie die

Aktionäre von der Berufung einer Generalversammlung benachrichtigt und dadurch zu jener einzuladen sind, muß der Gesellschaftsvertrag bestimmen.

Diese Bestimmung kann dahin erfolgen, daß öffentliche Blätter ausgewählt werden, in denen die Berufung der Generalversammlung bekannt zu machen ist, oder es können auch Einladungen durch Einschreibebriefe (im Falle des § 257 notwendig!) nur vorgesehen werden.

Wird die Bekanntmachung durch öffentliche Blätter aber bestimmt, so muß sie im Reichsanzeiger erfolgen, § 182 Abs. 3, und nur die Wahl noch anderer Blätter ist der Bestimmung im Gesellschaftsvertrag freigestellt.

Die übrigen, die Tätigkeit der Generalversammlung betreffenden Punkte regelt das Gesetz, dessen Vorschriften — von wenigen nachfolgenden Ausnahmen abgesehen — aber der Gesellschaftsvertrag abändern kann, dahin:

Die Berufung kann ausgehen regelmäßig vom Vorstand, § 253, vom Aufsichtsrat, § 246 „wenn es im Interesse der Gesellschaft erforderlich ist", von Aktionären mit Ermächtigung des Gerichts unter den Voraussetzungen des § 254. Der Vertrag kann dies nicht ändern.

Der Zeitpunkt der Berufung wird durch § 260 dahin gegeben, daß unbedingt alljährlich eine sog. ordentliche Generalversammlung einberufen werden muß.

Der Zeitpunkt der Bekanntmachung der Berufung wird durch § 255 regelmäßig „auf mindestens zwei Wochen vor dem Tage der Versammlung" festgelegt; diese Frist kann für die im § 256 gedachten Beschlüsse nicht gekürzt werden.

Die Abstimmungsart der Generalversammlung wird im § 251 auf die der **einfachen Stimmenmehrheit,** nach Aktien gezählt, als — durch den Vertrag jedoch abänderbare — Regel festgestellt.

Einstimmigkeit der erschienenen Akionäre ist aber für den Beschluß der sog. konstituierenden Generalversammlung bei der Sukzessivgründung (vgl. vorstehend S. 82 u. S. 92, 93) vorgesehen, sofern der Gesellschaftsvertrag nach § 196 abgeändert werden soll.

Ausnahmsweise ist Dreiviertelmajorität erforderlich bei sog. Nachgründungen (§§ 207, 279 S. 101), Statutenänderungen (§ 275; nur zum Teil sind hier ändernde Vertragsbestimmungen zulässig), Herabsetzung des Grundkapitals (§ 288, der Gesellschaftsvertrag kann noch andere erschwerende Bedingungen hier hinzufügen), Erhöhung des Grundkapitals (§ 278, abänderbar vom Gesellschaftsvertrag nur für Versicherungsgesellschaften), Widerruf der

Bestellung des Aufsichtsrats (§ 243, abänderbar durch den Gesellschaftsvertrag), Auflösung der Aktiengesellschaft (§§ 292, 303, 304; der Gesellschaftsvertrag kann hier noch erschwerende Voraussetzungen aufstellen).

Die Besonderheit einer Sonderabstimmung von Aktionären mit Aktien besonderer Gattung endlich ist vorgesehen, sofern solche Aktionäre durch eine Generalversammlungsabstimmung benachteiligt werden; diese ist durch jene Sonderabstimmung somit zu genehmigen. § 375 Abs. 3 und § 298 Abs. 3.

Besonderes gilt endlich für die Abstimmung der sog. **konstituierenden** Generalversammlung s. S. 93, 94.

Die Rechtsgültigkeit eines Generalversammlungsbeschlusses — die hier noch erwähnt sei — hat nach Vorstehendem und §§ 258, 259, zur Voraussetzung:

a) Einberufung der Generalversammlung von hierzu Berechtigtem (Vorstand, Aufsichtsrat, ausnahmsweise Aktionäre, S. 87).
b) Einberufung in der durch den Gesellschaftsvertrag vorgeschriebenen Form (S. 86).
c) Gesetz- oder vertragsmäßig rechtzeitige Einberufung (§ 255 S. 87).
d) Rechtzeitige Bekanntgabe der sog. Tagesordnung, s. § 256, aber auch § 274 Abs. 2.
e) Aufstellen des sog. Aktionärverzeichnisses, also des Verzeichnisses der erschienenen Aktionäre oder deren Vertreter, in der Generalversammlung, Unterzeichnung desselben durch den Vorsitzenden der Versammlung und Auslegen des Verzeichnisses vor der ersten Abstimmung,

   Gerichtliche oder notarielle Beurkundung des Generalversammlungsbeschlusses; der beurkundende Richter kann allein oder mit einem Protokollführer das Protokoll herstellen, Art. 2 Abs. 3 PreußFreiw. GerGes. Das Protokoll hat als Anlage das Aktionärverzeichnis und die Beläge über die ordnungsmäßige Berufung der Versammlung zu enthalten, letzteres kann aber durch Bezeichnung der Beläge unter Angabe ihres Inhalts in dem Protokoll ersetzt werden.
f) Inhaltlich darf gegen keine Schutzvorschrift öffentlichrechtlicher Natur verstoßen sein.

Streitig ist, ob die Rechtsgültigkeit eines Generalversammlungsbeschlusses, der eine Eintragung im Handelsregister veranlaßt (s. die S. 95, 97—101), der handelsregisterlichen Prüfung nicht nur rücksichtlich der Punkte zu f, sondern auch der Punkte a—e unterliegt, was zu bejahen ist, da das Gesetz offenbar rechtsungültige Beschlüsse nicht durch Eintragung sanktioniert.

Rechtsungültig berufene Generalversammlungen können durch Verzichte der Aktionäre rechtsgültig werden; vgl. Lobe Z. XI, 504.

b) **Die Wahl des Aufsichtsrats und des Vorstands und die gerichtliche oder notarielle Beurkundung jener Wahlen** sind die ferneren Voraussetzungen der Eintragung der Aktiengesellschaft in das Handelsregister.

Der Aufsichtsrat kann — hier — bei der Simultangründung (s. S. 82) bereits in der Verhandlung über die Errichtung der Gesellschaft gewählt werden, die, wie erwähnt, besonderer gerichtlicher oder notarieller Beurkundung bedarf.

Eine solche ist natürlich auch erforderlich, wenn die Wahl des Aufsichtsrats im Anschluß an die Errichtung der Gesellschaft oder nach ihr erfolgt.

Der Vorstand — dessen Rechte (s. auch S. 96 g) und Pflichten die §§ 231—242 HGB. bestimmen (s. aber S. 86, 96 g) — ist den Bestimmungen des Gesellschaftsvertrags gemäß zu wählen.

Ist seine Wahl der Generalversammlung nach jenem Vertrage übertragen, so kann sie — hier bei der Simultangründung — wie die des Aufsichtsrats bereits in der Verhandlung über die Errichtung des Vertrags erfolgen, die ja in gerichtlicher oder notarieller Beurkundung zu erfolgen hat.

Eine solche ist natürlich auch erforderlich, wenn die Wahl im Anschluß an die Errichtung der Gesellschaft oder nach ihr erfolgt.

Ist die Wahl des Vorstands dem Aufsichtsrat durch den Gesellschaftsvertrag übertragen, so ist sie von jenem, nachdem er selbst gewählt worden, in gerichtlicher oder notarieller Beurkundung vorzunehmen.

c) **Für die sog. qualifizierte Gründung** (s. oben S. 83) muß ferner im Gesellschaftsvertrag eine Festsetzung der besonderen Vorteile der einzelnen Aktionäre enthalten sein und ferner müssen die Urkunden vorliegen, in denen der Gründerlohn und die sog. Apports enthalten sind (§ 186). Diesen Urkunden müssen ferner angefügt sein die schriftliche Erklärung der Gründer, der sog. Gründerbericht, über die Angemessenheit der Beträge der eingelegten oder übernommenen Gegenstände (§ 191), der Prüfungsbericht des Vorstands und des Aufsichtsrats über die Angemessenheit jener Beträge (S. 89); und endlich muß der Bericht der besonderen Revisoren (§§ 192 Abs., 198 oben S. 83) erstattet werden.

d) **Für nicht qualifizierte Gründungen** muß ein Bericht besonderer Revisoren nur in dem S. 83 β erwähnten Falle neben dem Vorstands- und Aufsichtsrats-Bericht erstattet werden.

e) **Schließlich müssen ausnahmsweise erteilt sein:**

Die **staatliche verwaltungsbehördliche Genehmigung,** wenn eine solche nach dem Gegenstand des Unternehmens der Aktiengesellschaft erforderlich, mithin bei Hypothekenbanken, Versicherungsgesellschaften, Eisenbahngesellschaften und konzessionspflichtigen gewerblichen Unternehmungen.

Die **Genehmigung des Bundesrats** aus § 180 Abs. 2 (s. vorstehend 3 a γ), falls Aktien unter dem Betrage von je 1000 Mark ausgegeben werden.

II. **Die formellen Voraussetzungen der Eintragung der Aktiengesellschaft, die eine Simultangründung** (S. 82) ist, sind, § 195:

a) **Die Anmeldung** zur Eintragung der Aktiengesellschaft, sonach unter Bezeichnung ihrer Firma, bei dem Gericht, in dessen Bezirk sie ihren Sitz (vgl. S. 83) hat, durch sämtliche Gründer, sämtliche Vorstands- und Aufsichtsratsmitglieder.

Gründer sind hier gemäß §§ 182, 187 diejenigen Aktionäre, welche den Gesellschaftsvertrag festgestellt haben; bei sog. qualifizierten Gründungen (Begriff S. 83) aber auch diejenigen Aktionäre, die statt Barzahlungen Einlagen (§ 186) für den Erwerb von Aktien geleistet haben. Streitig ist, ob die Gründer persönlich oder auch durch Bevollmächtigte die Anmeldung vornehmen können, was zu bejahen ist; die Erklärungen der letzteren machen ja erstere haftbar.

b) **Die in die Anmeldung aufzunehmenden Angaben:**

des Kurses, zu dem die Aktien ausgegeben sind, also des Überparikurses, des sog. Agios. Eine Unterpariemission ist — wie schon vorstehend, S. 84, erwähnt — unzulässig.

ferner: ist die Angabe erforderlich, daß der Barbetrag, dessen Einzahlung auf jede Aktie erfordert worden, bar eingezahlt und im Besitz des Vorstandes ist.

Dieser Barbetrag ist mindestens zu $^1/_4$ zu erfordern.

Ist zu Überpari emittiert, so muß das Agio für jede Aktie ganz eingezahlt und im Besitze des Vorstands sein und auch dieses erklärt werden.

Bei qualifizierten Gründungen (Begriff S. 84) ist aber die Angabe, daß die auch Nichtbar-Einlagen (§ 186 Abs. 2) auf die Aktien im Besitz des Vorstands, nicht erforderlich (so wünschenswert auch solches wäre); streitig.

c) **Die Einreichung:**

α) **Der gerichtlichen oder notariellen Verhandlung,** welche den Gesellschaftsvertrag mit den vorstehend unter a α—η, S. 84—86, aufgeführten Punkten und insbesondere die genaue Feststellung über die Zahl und die Gattung der von jedem Gründer übernommenen Aktien (S. 84, 85 unter γ) zu enthalten hat.

β) **Die gerichtliche oder notarielle Verhandlung** über die Übernahme der Aktien, die noch nicht im ersten Akte der Gesellschaftserrichtung, sondern erst in Ergänzung desselben übernommen sind (vorstehend S. 86 ζ), ist einzureichen.

γ) **Außer diesen 2 gerichtlichen oder notariellen Verhandlungen** sind aber bei qualifizierten Gründungen (Begriff S. 83) noch die mindestens schriftlich aufzunehmenden Verträge einzureichen, über die eingebrachten oder übernommenen Einlagen und Anlagen des § 186 Abs. 2 HGB.

δ) **Die Einreichung der gerichtlichen oder notariellen Verhandlungen** über die Bestellung des Aufsichtsrats und des Vorstands (vorstehend S. 88 b).

ε) **Die Einreichung des bei qualifizierten Gründungen** (Begriff S. 83) von den Gründern zu erstattenden Gründerberichts (vorstehend S. 89), des von den Vorstands- und Aufsichtsratsmitgliedern zu erstattenden Prüfungsberichts (vorstehend S. 89), des Revisionsberichts der besonderen Revisoren mit der Bescheinigung, daß diese ihren Prüfungsbericht bei dem Handelsstands-Organ eingereicht, das sie ernannt hat (vorstehend S. 89).

ζ) **Die Einreichung des bei nicht qualifizierten Gründungen nur** erforderlichen Prüfungsberichts des Vorstands und Aufsichtsrats, und nur in dem Falle S. 83 β noch des Berichts besonderer Revisoren.

η) **Ferner ist die Einreichung** der ausnahmsweise nur gebotenen verwaltungsbehördlichen bzw. Bundesrats-Genehmigung erforderlich (vorstehend S. 89).

ϑ) **Die Einreichung der Zeichnung der Namensunterschrift** der Vorstandsmitglieder und ihrer Vertreter (somit nicht die Zeichnung der Firma) unter Hervorhebung ihrer Vornamen, Namen, Standes und Wohnorts.

5. Die materiellen und formellen Voraussetzungen der Eintragung einer Aktiengesellschaft bei Sukzessivgründung.

Die Voraussetzungen der Eintragungen einer Sukzessivgründung (vgl. S. 83) weichen von denen einer Simultangründung nur zum Teil ab: und zwar:

I. **Die materiellen Voraussetzungen der Eintragung:**

a) **Der Abschluß des Gesellschaftsvertrags im allgemeinen,** der die „Errichtung der Gesellschaft bewirkt" (welche mit der Eintragung im Handelsregister auch hier erst zur Aktiengesellschaft wird und die bei der Simultangründung sich vollzieht, sobald die Übernahme der Aktien durch die Gründer [vorstehend S. 82 a, 84 a, 86 ζ] erfolgt ist), setzt hier voraus (§ 189):

α) **Die Feststellung des Gesellschaftsvertrages, in dem jedoch nicht vollständige Übernahme** aller Aktien durch die Gründer erfolgt.

b) **Die Zeichnung** der nicht übernommenen Aktien durch Dritte, die nicht Gründer sind, muß hinzukommen.

Diese Zeichnung können die Gründer öffentlich durch Prospekte oder nicht öffentlich veranlassen.

Die Zeichnung des Aktienkapitals hat in der doppelt auszustellenden schriftlichen Form eines Zeichnungsscheins zu erfolgen, der den im § 189 Abs. 2 und Abs. 3 HGB. aufgeführten Inhalt haben muß.

Rechtlich enthält der Zeichnungsschein eine Offerte an die Gründer, dem von diesem in Aussicht genommenen Gesellschaftsvertrag beizutreten.

Diese Offerte ist von den Gründern erst angenommen, wenn sie den von ihnen festgestellten Gesellschaftsvertrag — dem durch die Erklärungen der Zeichenscheine deren Unterfertiger beizutreten offerieren — dem Handelsregisterrichter übergeben, damit dieser

c) **die sog. konstituierende Generalversammlung**, § 196 RHGB., beruft (s. nachfolgende S. 93). Der Beschluß dieser Versammlung erst vollzieht somit die Errichtung der Gesellschaft.

b) **Die einzelnen materiellen Voraussetzungen der Eintragung** sind hiernach bei Sukzessivgründung:

a) **Ein Gesellschaftsvertrag** ist von den Gründern festzustellen, in gerichtlicher oder notarieller Form, der dieselben Punkte wie der Vertrag der Simultangründung haben muß, die vorstehend unter 4 I a α—η S. 84 bis 86 aufgeführt sind.

b) **Die Zeichnung** der von den Gründern nicht übernommenen Aktien in der Form der Zeichenscheine muß aber hinzukommen.

Das Verzeichnis aller Aktionäre muß auf Grund der Zeichnungsscheine aufgestellt werden.

c) **Die Wahl des Aufsichtsrats** hat — aber auch **jetzt erst** nach Aufstellung des Aktionärverzeichnisses (anders bei Simultangründung S. 89) — zu erfolgen in besonderer Generalversammlung, zu der die Zeichner von den Gründern zu berufen sind, die diese (bei Überzeichnung somit nicht alle) nach und infolge Vollzeichnung des Aktien- oder Grundkapitals (Begriff S. 81) als Aktionäre in Aussicht nehmen.

Die Wahl des Vorstands ist jetzt, nach Aufstellung des Aktionärverzeichnisses, ferner vorzunehmen, und zwar von dem Aufsichtsrat oder der Generalversammlung, je nachdem der Gesellschaftsvertrag letzterer oder ersterem die Vorstandswahl überträgt (vgl. vorstehend S. 88, 89 I b).

d) **Für sog. qualifizierte Gründungen** muß ferner wie bei der Simultangründung (vorstehend S. 89) die schriftliche Erklärung, der sog. Gründerbericht (§ 191), der Prüfungsbericht des Vorstands und des Aufsichtsrats und der Bericht der besonderen Revisoren (§ 192 Abs. 2, § 193) erstattet sein.

Für nicht qualifizierte Gründungen muß der Prüfungsbericht des Aufsichtsrats und Vorstands und im Falle S. 83 β auch der Bericht besonderer Revisoren vorliegen (s. S. 91).

e) **Die ausnahmsweise** erforderliche verwaltungsbehördliche Genehmigung des Bundesrats muß auch hier vorliegen, wie bei der Simultangründung (vorstehend S. 89 e).

f) **Die Anmeldung der Gesellschaft zum Handelsregister** muß jetzt bereits erfolgen zwecks Einberufung der sog. konstituierenden Generalversammlung und daher sind diese beiden formellen Akte hier zugleich materielle Begründungsakte der Gesellschaft als sog. Sukzessivgründung.

g) **Die sog. konstituierende Generalversammlung.**

α) **Die formellen Voraussetzungen der Einberufung** sind die der Eintragung der Gesellschaft; die letztere hat ja sogleich zu erfolgen, sobald die Versammlung die Errichtung der Gesellschaft beschließt; s. nachfolgend II S. 94.

β) **Die Art der Einberufung** ist diejenige, welche der Gesellschaftsvertrag für die Einberufung der Generalversammlung nach Eintragung der Gesellschaft als Aktiengesellschaft vorschreibt; vgl. §§ 197, 255 und vorstehend S. 86 η.

γ) **Einberufer und Leiter** der Versammlung ist der Registerrichter, der für die Eintragung der Aktiengesellschaft zuständig, derjenige mithin, in dessen Gerichtsbezirk die Aktiengesellschaft ihren Sitz haben soll.

δ) **Der Inhalt der Verhandlung** der Versammlung, sowie des darüber von dem Registerrichter — nach seinem Befinden unter Hinzuziehung eines Protokollführers, Art. 2 preuß. FreiwGerGes. — aufzunehmenden Protokolls setzt sich zusammen aus:

Feststellung der gesetz- und gesellschaftsvertrags- (also statuten-) mäßigen Einberufung der Versammlung S. 87.

Feststellung des Vorliegens der Duplikate der Zeichnungsscheine und des Verzeichnisses aller Aktionäre mit der Unterschrift der Gründer (§ 195 Abs. 2 Ziff. 3, s. S. 91 unter b, S. 95).

Feststellung der Beschlußmäßigkeit der Versammlung auf Grund des Aktionärverzeichnisses, mithin gemäß § 196 Abs. 4 HGB. Feststellung, daß $^1/_4$ aller im Aktionärverzeichnis aufgeführten Aktionäre erschienen und ihre Anteile $^1/_4$ des ganzen Grundkapitals (vgl. S. 88) darstellen.

Berichterstattung des Aufsichtsrats und des Vorstands über ihre Prüfung aus § 193 Abs. 2 (vgl. S. 82, 83, 91, 92 d); ein

Aufsichtsratsmitglied und ein Vorstandsmitglied kann den Bericht erstatten; Schweigen der übrigen gilt als Zustimmung, abweichende Ansichten der letzteren müssen diese daher vortragen.

Differenzen zwischen den einzelnen Aufsichtsrats- und Vorstandsmitgliedern können diese — nicht aber die Gründer — zur Rücknahme ihrer Anmeldung der Gesellschaft zur Eintragung veranlassen.

Mit Abgabe einer solchen Rücknahmeerklärung ist die Errichtung der Gesellschaft gescheitert. Andernfalls ist die:

Abstimmung der Versammlung über die Gesellschaftserrichtung vorzunehmen.

Diese ist erfolgt, wenn für sie stimmen:

die absolute Mehrheit der anwesenden Stimmen, die durch die Aktienbeträge sich ergeben;

$^1/_4$ der Zahl aller Aktionäre, die das Aktionärverzeichnis ergibt;

$^1/_4$ des nach dem Gesellschaftsvertrag festgestellten Grundkapitals.

Auch dieser Mehrheitsbeschluß ist dann nicht ausreichend, wenn er von Aktionären gebildet wird, bei denen bei einer sog. qualifizierten Gründung die Voraussetzungen des § 186 HGB. vorliegen und sich die Aktionäre, bei denen jene Voraussetzungen nicht vorliegen, sich gegen die Errichtung der Gesellschaft in der Mehrheit aussprechen;

ferner: wenn die Festsetzungen des Gesellschaftsvertrags, die § 196 Abs. 5 aufführt, abgeändert werden sollen; in diesem Falle ist Einstimmigkeit aller erschienenen Aktionäre geboten.

Eine Vertagung der Versammlung ist durch einfache Stimmenmehrheit statthaft.

Der Inhalt des Protokolls ist der einer Generalversammlung einer Aktiengesellschaft (nach ihrer Eintragung, selbstverständlich mit der Ausnahme, daß es nur von dem zuständigen Registerrichter aufnehmbar ist, vgl. vorstehend S. 93).

II. **Die formellen Voraussetzungen der Eintragung der Aktiengesellschaft, die eine Sukzessivgründung ist,** sind mit nachfolgend ersichtlich gemachten Abweichungen die bei der Simultangründung.

a) **Die Anmeldung** zur Eintragung der Aktiengesellschaft, wie vorstehend II a S. 90.

b) **Die Aufnahme der Angaben** in der Anmeldung, die unter II b S. 90 erwähnt sind.

c) **Die Einreichung:**

α) **Der gerichtlichen oder notariellen Verhandlung,** welche den

Gesellschaftsvertrag mit den einzelnen Punkten unter 1 a α—η S. 84—86 umfaßt.

An Stelle der Feststellung des Gesellschaftsvertrags über die Zahl und Gattung der von jedem Gründer übernommenen Aktien, tritt hier aber zum Nachweise der Zeichnung des Grundkapitals

β) **Die Einreichung der Duplikate der Zeichnungsscheine** und eines von den Gründern unterschriebenen Verzeichnisses aller Aktionäre, § 195 Ziff. 3 (s. vorstehend S. 91).

γ) **Die Einreichung der schriftlichen Verträge** bei sog. qualifizierten Gründungen, vorstehend S. 91 ε.

δ) **Die Einreichung der gerichtlichen oder notariellen Verhandlungen** über die Bestellung des Aufsichtsrats und Vorstands.

Diese können hier bei der Sukzessivgründung zeitlich nicht schon im oder im Anschluß an den Gesellschaftsvertrag, sondern erst nach der Zeichnung des ganzen Grundkapitals erfolgen (s. vorstehend S. 88, 90, 92 c).

ε) **Die Einreichung der Urkunden,** die enthalten: den Gründerbericht, den Prüfungsbericht des Aufsichtsrats und des Vorstands und der besonderen Revisoren (s. vorstehend S. 91 $\varepsilon\,\zeta$ auch S. 83 $\alpha\,\beta$).

ζ) **Die Einreichung** der ausnahmsweise erforderlichen verwaltungsbehördlichen und Bundesrats-Genehmigung (wie vorstehend S. 89 e, 91).

η) **Die Einreichung der Zeichnung** der Namensunterschrift der Vorstandsmitglieder und ihrer Vertreter (wie vorstehend S. 91 ϑ).

ϑ) **In der Literatur** wird nach Abhaltung der die Errichtung der Gesellschaft beschließenden konstituierenden Generalversammlung noch die Einreichung einer Ausfertigung jenes Beschlusses als Voraussetzung für die Eintragung der Aktiengesellschaft in das Handelsregister erfordert. Die §§ 196 f. des HGB. begründen jene Voraussetzung nicht, ein sachlicher Anlaß derselben ist nicht vorhanden. Durch die Einreichung der Anmeldung der Gesellschaft und der Urkunden unter β—η, vorstehend, sowie durch die konstituierende Generalversammlung und deren zustimmenden Beschluß, dessen Protokoll der Registerrichter aufgenommen, sind die Grundlagen der Eintragung für das Registergericht gegeben.

6. Die Eintragung der Aktiengesellschaft.

1. **Der Inhalt der Eintragung** weicht von dem Inhalt der Bekanntmachung (s. folgende Ziff. 7) ab und wird durch § 198 HGB. in ihren einzelnen Punkten bestimmt.

(S. hierzu das amtliche Beispiel S. 8—9 Nr. 1 Spalte 1—10.)

2. **Die Grundlagen** für die Eintragung sind von dem Registerrichter aus dem überreichten Gesellschaftsvertrage und den überreichten Urkunden zu entnehmen, die S. 90 und S. 94 aufgeführt sind.

3. **Im einzelnen** sind einzutragen:

   a) Die Firma und der Sitz der Gesellschaft, vorstehend S. 84 unter a α.

   b) Der Gegenstand des Unternehmens, vorstehend S. 84 β.

   c) Die Höhe des Grundkapitals, s. S. 81 u. S. 84 a γ.

   d) Der Tag der Feststellung des Gesellschaftsvertrags sowohl bei der Simultangründung (S. 84 unter 4 a), wie bei der Sukzessivgründung (S. 91 unter I a); (s. übrigens den Fall S. 136 d!).

   e) Die Mitglieder des Vorstands; die Namen derselben sind bei der Simultangründung aus dem Gesellschaftsvertrage oder dem besonderen gerichtlichen oder notariellen Protokoll zu entnehmen (s. S. 88 unter b), bei den Sukzessivgründungen sind jene Namen stets nur einem besonderen gerichtlichen oder notariellen Protokoll je entnehmbar; s. S. 92 unter c.

      Die Namen der Mitglieder des ersten Aufsichtsrats sind nicht einzutragen, dagegen aber — s. folgende Ziff. 7 — bekanntzumachen.

   f) Die Zeitdauer der Gesellschaft ist ferner einzutragen, sofern der Gesellschaftsvertrag über jene eine besondere Bestimmung enthält.

   g) Die Befugnis der Mitglieder des Vorstandes oder etwaiger Liquidatoren ist endlich einzutragen, sofern auch hierüber in dem Gesellschaftsvertrag (vgl. S. 86, 89) eine besondere Bestimmung enthalten.

      Ist dies nicht geschehen, so bedarf eben der Eintritt der gesetzlichen Kollektiv-Vertretungsbefugnis der Vorstandsmitglieder, §§ 231f., und der Liquitatoren, §§ 297f., keiner Eintragung.

   h) Tag der Eintragung der Gesellschaft mit der Unterschrift des Registerführers.

7. Die öffentliche Bekanntmachung der Eintragung der Aktiengesellschaft.

1. **Der Inhalt der Bekanntmachung** umfaßt außer dem Inhalt der vorstehend unter 6 aufgezählten Eintragungspunkte noch die ferneren im § 199 HGB. aufgeführten Punkte.

2. **Im einzelnen** enthält danach die Bekanntmachung:

   a) **Außer:** Firma, Sitz der Gesellschaft, Gegenstand des Unternehmens, der Höhe des Grundkapitals, den Tag der Feststellung des Gesellschaftsvertrags, die Mitglieder des Vorstands, die besonderen Vertragsbestimmungen über die Zeitdauer der Gesellschaft und die Vertretungsbefugnis der Vorstandsmitglieder und der Liquidatoren.

   b) **ferner stets:**

      Die Höhe der einzelnen Aktien (vgl. S. 84 a γ).

Die Art der Bestellung und Zusammensetzung des Vorstands (vgl. S. 85 δ).

Die Form, in der die Berufung der Generalversammlung geschieht (vgl. S. 86 unter η).

Die Form, in der die von der Gesellschaft ausgehenden Bekanntmachungen erfolgen (vgl. S. 86 unter ε).

Die Angabe, ob die Aktien auf den Inhaber oder auf Namen lauten.

Den Betrag, zu dem die Aktien ausgegeben werden (s. S. 84, 90).

Die Namen, Stand, Wohnort der Gründer.

Bei Simultangründung (Begriff S. 82a; s. auch S. 90 c α), die Angabe, ob die Gründer sämtliche Aktien übernommen haben. (Mit dieser Angabe bringt die Bekanntmachung zur öffentlichen Kenntnisnahme, daß eine Simultangründung vorliegt; während umgekehrt das Fehlen jener Angabe die Aktiengesellschaft als eine Sukzessivgründung kennzeichnet.)

Die Namen, Stand und Wohnort der Mitglieder des ersten Aufsichtsrats.

c) **Weiter, sofern der Gesellschaftsvertrag** eine bezügliche Bestimmung enthält:

Die Mitteilung der Blätter, in denen außer dem Deutschen Reichsanzeiger noch die Bekanntmachungen der Gesellschaft erfolgen (S. 86 ε).

Die Vertragsbestimmung, daß auf Verlangen des Aktionärs eine Umwandlung seiner Namensaktien in Inhaberaktien (vgl. S. 85) und umgekehrt erfolgen kann.

Die Vertragsfestsetzung verschiedener Rechte für einzelne Gattungen von Aktien (vgl. S. 85).

Die Mitteilung der im Falle einer sog. qualifizierten Gründung im Gesellschaftsvertrag getroffenen Festsetzungen (vgl. S. 83 u. S. 89 c).

d) **Endlich** ist bekannt zu geben, daß von den eingereichten Schriftstücken Einsicht genommen werden kann; und sofern besondere Revisoren bestellt sind (vgl. S. 89 c d u. 9 ε ζ), daß von dem Prüfungsbericht der Revisoren auch bei dem „zur Vertretung des Handelsstandes berufenen Organ Einsicht genommen werden kann".

8. Die Beziehungen der eingetragenen Aktiengesellschaft zum Handelsregister, die Eintragungen veranlassen.

a) **Jede Änderung des Vorstands** der Aktiengesellschaft in seinem Bestande, z. B. infolge Todes, oder in seiner Vertretungsmacht sind zum Handelsregister anzumelden, einzutragen und bekannt zu machen. Der Anmeldung ist die öffentlich beglaubigte Abschrift der Urkunde beizufügen, aus der jene Änderung hervorgeht. Bei Entlassung oder Neuwahl eines Vorstandsmitgliedes muß daher die Urkunde einen Beschluß des Aufsichtsrats oder Generalversammlung enthalten, je nachdem ersterem oder letzterer die Bestellung des Vorstands nach dem Gesellschaftsvertrag (s. S. 85 δ) obliegt.

Die Anmeldung hat der Vorstand nicht insgesamt, sondern in der für seine Willenserklärung erforderlichen Zahl vorzunehmen (§ 232).

Ein ausscheidendes Mitglied hat nicht mitzuwirken, ein neueintretendes Mitglied muß seine Namensunterschrift zeichnen.

Fällt das einzige Mitglied des Vorstands fort, so muß selbstverständlich der Aufsichtsrat zunächst die Neuwahl veranlassen (— in der Zwischenzeit auch eine Anordnung aus § 248 Abs. 2 HGB. treffen —), bevor der neu gewählte Vorstand die Anmeldung seiner Wahl, den Fortfall des früheren Vorstands anmeldet.

(S. hierzu das amtliche Beispiel S. 8—9 Nr. 5 Spalte 5—7.)

b) **Jede Änderung des Gesellschaftsvertrags,** also des sog. Statuts, ist von dem Vorstand anzumelden und zwar unter Überreichung des gerichtlichen oder notariellen Protokolls des jene beschließenden Generalversammlungsbeschlusses in beglaubigter Abschrift, in dem Ausnahmefall des § 274 Abs. 1 HGB. auch des Aufsichtsratsbeschlusses.

Die Eintragung des Beschlusses kann durch Bezugnahme auf die eingereichten Urkunden erfolgen, nur die Abänderungen der Vertragsbestimmungen des § 198 HGB sind vollständig einzutragen.

(Beispiel S. 8—9, Nr. 3 Spalte 3—7.)

Die **Bekanntmachung** muß insofern erfolgen, als Änderungen, die die Bestimmungen des § 199 betreffen, vorgenommen sind.

Die **Voraussetzungen** der Rechtsgültigkeit des Generalversammlungsbeschlusses und der registerlichen Prüfung desselben sind S. 87 und 88 festgestellt.

c) **Zwei Änderungen des Gesellschaftsvertrags sind besonders geregelt:** nämlich die Erhöhung und die Herabsetzung des Grundkapitals.

a) **Die Erhöhung des Grundkapitals:**

α) **Der wirtschaftliche Grund** ist die Notwendigkeit einer Kapitalsbeschaffung, die die Gesellschaft durch Darlehnsaufnahme nicht erzielen kann oder mag.

β) **Die wirtschaftliche Erzielung** einer Kapitalserhöhung ist davon abhängig, daß die für die Erhöhung in Aussicht genommene Kapitalssumme auch im Wege der Zeichnung aufgebracht wird.

Eine Kapitalserhöhung ohne vorherige Vollzahlung des ursprünglichen Grundkapitals einerseits und anderseits eine Zeichnung der neuen Kapitalssummen sind aber wirtschaftlich ungesund. Dem tragen die §§ 278—287 HGB. Rechnung durch die Gestaltung der:

γ) **rechtlichen Voraussetzungen** einer Kapitalserhöhung:

Das bisherige Grundkapital der Aktiengesellschaft, muß „von verhältnismäßig unerheblichem" Rest abgesehen, voll gezahlt sein. (Eine Ausnahme hiervon ist nur für Versicherungsgesellschaften zulässig.)

Die Generalversammlung muß durch den qualifizierten $^3/_4$-Majoritätsbeschluß (sofern das Statut nicht anders bestimmt) die Kapitalserhöhung beschließen. Diesem Beschluß hat ein $^3/_4$-Majoritätssonderbeschluß etwa benachteiligter sonderberechtigter Gattungsaktionäre (vgl. S. 88) hinzuzutreten.

Die Anmeldung des Kapitalserhöhungs-Beschlusses zum Handelsregister ist von sämtlichen Mitgliedern des Vorstandes und des Aufsichtsrats vorzunehmen.

Der Anmeldung muß die Versicherung eingefügt sein, daß das bisherige Grundkapital eingezahlt ist (Ausnahme wie erwähnt nur für Versicherungsgesellschaften).

Die Eintragung des Generalversammlungsbeschlusses hat zu erfolgen (s. das amtliche Beispiel S. 8 Nr. 4 Spalte 4):

> **Nach Zeichnung** der Summe der Kapitalserhöhung und Einzahlung von mindestens $^1/_4$ des Nennbetrags der bar auf die neu auszugebenden Aktien einzuzahlenden Summe und der Vollzahlung des sog. Agios (vgl. S. 84, 90).

Eine qualifizierte Kapitalserhöhung ist aber — wie bei der qualifizierten Aktiengesellschafts-Gründung (S. 83) — statthaft. Statt Barzahlung können von der Gesellschaft zu übernehmende Vermögensgegenstände auf Aktien geleistet und angerechnet werden.

Die Anlagen, die der Anmeldung beizufügen, sind:

1. Die Duplikate der Zeichnungsscheine.
2. Das von den Vorstandsmitgliedern unterschriebene Verzeichnis der Zeichner.
3. Die Berechnung der Kosten für die Ausgabe der neuen Aktien.
4. Die ausnahmsweise (vgl. S. 89) erforderliche Genehmigungsurkunde.
5. Die schriftlichen Verträge, falls eine qualifizierte Kapitalserhöhung vorliegt, über die, statt Barzahlung auf die gewährten Aktien übernommenen und angerechneten Gegenstände (vgl. S. 90 c γ).

6. Die Erklärung der Barzahlung von $^1/_4$ des bar einzuzahlenden Nennbetrags jeder neuen Aktie, der vollen Barzahlung des Agios derselben, sowie des Besitzes des Vorstands an jenen Summen.

Die Eintragung der erfolgten Erhöhung des Grundkapitals ist auf die Anmeldung vorzunehmen.

(S. das amtliche Beispiel S. 8 Nr. 5 Spalte 4.)

Die Bekanntmachung jener Eintragung unter Angabe des Betrages, zu dem die Aktien ausgegeben sind, hat schließlich zu erfolgen.

Ausnahmsweise kann die Anmeldung des Generalversammlungsbeschlusses auf Kapitalserhöhung mit der Anmeldung der erfolgten Erhöhung des Grundkapitals in einem Akte erfolgen.

Dies geschieht und ist zulässig, wenn dem Kapitalserhöhungsbeschlusse sogleich die Zeichnung und vorerwähnte Barzahlung der Kapitalserhöhung sich anschließt.

b) **Die Herabsetzung des Grundkapitals.**

α) **Der wirtschaftliche Grund** kann ein verschiedener sein: Einschränkung des Betriebsumfanges, insbesondere bei nichtlohnendem Betriebe im bisherigen Umfange, oder teilweise Erreichung des wirtschaftlichen Zweckes, für den allein die Gründung der Gesellschaft erfolgte; Herabsinken des Anlagenwerts der Gesellschaft, so daß jenem die ursprüngliche Summe des Grundkapitals nicht mehr entspricht. Im letzten Falle ist eine Rückzahlung von Grundkapital an die Aktionäre regelmäßig ausgeschlossen, in den erstgedachten Fällen in der Regel beabsichtigt und ausführbar.

β) **Der wirtschaftlich-rechtliche Gesichtspunkt,** dem die §§ 288 f. HGB. die Kapitalsherabsetzung unterstellen, ist, die Gläubiger der Gesellschaft vor Schäden infolge jener Herabsetzung zu schützen, dem entsprechen:

γ) **die rechtlichen Voraussetzungen:** diese sind:

Ein Beschluß der Gläubigerversammlung auf Herabsetzung des Grundkapitals muß vorliegen der, wie bei der Kapitalserhöhung, qualifizierte Mehrheit mit Sonderbeschluß verschieden berechtigter Aktionäre (s. vorstehend unter γ S. 99 und S. 88).

Der Zweck der Herabsetzung, insbesondere, ob eine teilweise Rückzahlung des Kapitals an die Aktionäre erfolgt (vorstehend α), ist im Beschluß festzusetzen.

Die Art der Ausführung der Herabsetzung ist endlich im Beschluß festzusetzen.

Diese kann insbesondere durch Zusammenlegen mehrerer Aktien oder durch Änderung des Nennwerts der einzelnen Aktie erfolgen.

Zur Festsetzung der Herabsetzungsart gehört zugleich die Festsetzung eines Termins, bis zu welchem die Aktien einzureichen sind (bei Vermeidung der Amortisation aus § 227), ferner die Änderung der Gesellschaftsvertrags-Bestimmung über die — nunmehr geänderte — Grundkapitalshöhe.

Die Anmeldung jenes Beschlusses zum Handelsregister muß erfolgen, jedoch nur durch sämtliche Mitglieder des Vorstandes (nicht auch des Aufsichtsrats).

Die Anmeldung der auf Grund jenes Beschlusses erfolgten Herabsetzung des Grundkapitals durch sämtliche Mitglieder des Vorstandes hat nachzufolgen.

Diese Anmeldung kann mit der vorerwähnten nie verbunden werden, denn sie ist erst zulässig, nachdem der Vorstand öffentlich den Herabsetzungsbeschluß bekannt gemacht, die Gläubiger der Gesellschaft zur Anmeldung ihrer Ansprüche aufgefordert, diese befriedigt oder sicher gestellt und das sog. Sperrjahr des § 289 HGB. abgelaufen ist.

9. Die Beziehungen der eingetragenen Aktiengesellschaft zum Handelsregister, die Eintragungen nicht veranlassen.

a) **Der Vorstand** hat den Vertrag — in Urschrift oder öffentlich beglaubigter Abschrift — über **sog. Nachgründungen,** also über einen Erwerb von Anlagen innerhalb 2 Jahren seit Eintragung der Gesellschaft in das Handelsregister, der von der Generalversammlung zu genehmigen ist, mit einem Bericht des Aufsichtsrats dem Handelsregister gemäß § 207 HGB. einzureichen.

b) **Der Vorstand** hat die Bekanntmachung über die von der Generalversammlung zu genehmigende Bilanz nebst den Bemerkungen des Aufsichtsrats zum Handelsregister einzureichen, § 265 Abs. 2 DJZ. 02. 575.

c) **Der Vorstand** hat die Bekanntmachung über Änderungen der Aufsichtsratsmitglieder einzureichen, § 244.

d) **Die** von der Generalversammlung gemäß § 266 HGB. ernannten **Revisoren** haben den Bericht über das Ergebnis ihrer Prüfung zum Handelsregister einzureichen.

e) **Die Aktionäre, welche die Ernennung von Revisoren** aus § 266 Abs. 2 beantragen wollen, haben den Antrag an das Registergericht zu stellen, das über den Antrag nach § 266 Abs. 3—4 entscheidet.

f) **Die Revisoren,** welche aus § 266 Abs. 2 ernannt sind, haben den Bericht über das Ergebnis ihrer Prüfung zum Handelsregister einzureichen, § 267 Abs. 2.

g) **Der Prozeßvertreter** der Minderheit einer Generalversammlung ist vom Registergericht gemäß § 268 Abs. 2 HGB. zu ernennen.

10. Die Auflösung der Aktiengesellschaft.

a) **Die allgemeine Rechtswirkung** des Eintritts eines Auflösungsgrundes der Aktiengesellschaft ist — vgl. S. 50 u. Lobe Z. XI. 495 —: Die Auflösung beseitigt die Aktiengesellschaft als solche noch nicht, solange das Vermögen der letzteren noch nicht verteilt ist. Ein eingetretener Auflösungsgrund bewirkt vielmehr nur, daß der Betrieb der Aktiengesellschaft auf die Liquidations-Geschäfte und Zwecke sich beschränkt.

b) **Die einzelnen Auflösungsgründe** sind:

α) Der Ablauf der im Gesellschaftsvertrag bestimmten Zeit. Nur ein **vor Ablauf** dieses Zeitpunktes gefaßter Generalversammlungsbeschluß, der unter Änderung der Statutenbestimmung über den Endpunkt der Gesellschaft diesen ändert, beseitigt den Eintritt eines Auflösungsgrundes.

β) Ein qualifizierter Mehrheitsbeschluß der Generalversammlung aus § 292 Ziff. 2 HGB.

Die Auflösung kann auch in der Form der sog. Fusion (vgl. folgende S. 106) sich vollziehen, also durch Übertragung des ganzen Aktienvermögens gemäß § 303; der jene erzielende Vertrag bedarf gemäß § 311 des BGB. der gerichtlichen oder notariellen Beurkundung.

Ein Auflösungs-Beschluß kann bedingt oder betagt gefaßt sein, mithin durch Fortfall der Bedingung auch ganz hinfällig werden.

γ) Die im Verwaltungsstreitverfahren ergehende Entscheidung, welche die Auflösung wegen rechtswidrigen Verhaltens aus Art. 4 des preuß. AusführGes. z. HGB. ausspricht.

δ) Verlegung des Sitzes der Aktiengesellschaft in das Ausland, vgl. RG.E. 7, 70.

ε) Die Eröffnung des Konkursverfahrens.

Kein Auflösungsgrund, aber wie ein solcher wirkend, ist die Nichtigkeit einer ohne die Erfüllung der wesentlichen gesetzlichen Voraussetzungen, — die nachträglich nach § 310 HGB. nicht mehr erfüllbar — eingetragenen Aktiengesellschaft, § 311.

c) **Die materiellrechtliche Folge** eines Auflösungsgrundes ist der Eintritt der Liquidation. Nur die Eröffnung des Konkursverfahrens bewirkt keine Liquidation, eine solche vollzieht sich ja in der Abwicklung des Konkursverfahrens, § 294 HGB.

d) **Als handelsregisterliche Folgen** eines Auflösungsgrundes kommen in Betracht:

α) **Die Anmeldung** der Auflösung der Aktiengesellschaft zum Handelsregister hat zu erfolgen, und zwar von den Vorstandsmitgliedern unter Angabe des Auflösungsgrundes, vorstehend b *α*, *β*, *δ*.

Die Auflösungsgründe b *γ*, *ε* sind nicht anzumelden, führen vielmehr zur Eintragung der Auflösung von Amts wegen.

β) **Liquidatoren** treten für das Liquidationsverfahren an die Stelle der Vorstandsmitglieder.

Die **Berufung** der Liquidatoren geschieht

durch das **Gesetz**: das im § 295 die Vorstandsmitglieder zu Liquidatoren beruft;

an Stelle des Gesetzes können aber:

der **Gesellschaftsvertrag,**

der **Beschluß der Generalversammlung,**

das **Registergericht** unter den Voraussetzungen des § 298 HGB., s. auch § 146 ReichsFreiwGerGes.

die Liquidatoren berufen.

Die Abberufung der Liquidatoren ist gleichfalls in der eben gedachten dreifachen Art möglich.

Die Vertretungsmacht der Liquidatoren ist gesetzlich die der sog. Kollektivvertretung, §§ 232, 294; Gesellschaftsvertrag, Generalversammlungsbeschluß, Registergericht können aber den von ihnen ernannten Liquidatoren Einzelvertretungsbefugnis gewähren; weitere Beschränkungen sind unzulässig.

Der **Umfang** der Vertretungsmacht wird durch den Liquidationszweck bestimmt und ist daher nur in jedem Einzelfall feststellbar, vgl. Johow 21. 256, 34. 125.

γ) **Die Eintragung der ersten Liquidatoren** im Handelsregister hat zu erfolgen, und zwar (**s. das amtliche Beispiel S. 8, 9, Nr. 6, Spalte 5, 7**):

Auf Anmeldung sämtlicher Vorstandsmitglieder in den vorstehenden Fällen b *α*—*γ*, *δ*; als Anlage hat die Anmeldung die Urkunde über die Bestellung in öffentlich beglaubigter Abschrift zu enthalten.

Von Amts wegen, falls das Gericht die Liquidatoren bestellt oder Eröffnung des Konkursverfahrens Auflösungsgrund ist, im letzteren Falle ist aber nicht ein Liquidator, sondern der ernannte Konkursverwalter einzutragen.

Die Zeichnung der Firma durch die Liquidatoren mit dem Liquidationszusatz nebst ihrer Namensunterschrift hat in allen Fällen der Eintragung der Liquidatoren vorauszugehen.

Regelmäßig werden Anmeldung des Auflösungsgrundes und der Liquidatoren in den vorstehenden Fällen b α, β, δ verbunden vorgenommen.

Die Eintragung der Veränderungen in der Person der ersten Liquidatoren oder der Beendigung ihrer (oder ihrer Nachfolger) Vertretungsbefugnis sind vorzunehmen:

auf **Anmeldung** der Liquidatoren;

von **Amts wegen,** falls jene Veränderungen die vom Gericht bestellten oder nach Abberufung der ersten Liquidatoren gerichtsseitig anderweitig bestellte Liquidatoren betreffen, oder falls deren Vertretungsbefugnis gerichtsseitig geändert ist.

δ) **Die Veröffentlichung** der Eintragung der Liquidatoren ist gemäß § 40 HGB. vorzunehmen.

e) **Die Schwebezeit der Liquidation** bringt regelmäßig — s. über Ausnahmefälle Johow 34. 125 — die Liquidatoren zum Handelsregister nur insofern in Beziehung, als diese die gemäß § 299 HGB. aufzustellenden und dem Aufsichtsrat und der Generalversammlung vorzulegenden Liquidations- und Jahresbilanzen bekannt zu geben und diese Bekanntmachungen zum Handelsregister einzureichen haben.

f) **Die Beendigung der Liquidation,** die erst nach öffentlicher Aufforderung der Gesellschaftsgläubiger (§ 297), Ablauf des sog. Sperrjahrs (§ 301), Abnahme der Schlußrechnung durch die Generalversammlung (§ 302 HGB.) eintritt, erfordert:

Die Anmeldung des Erlöschens der Firma zum Handelsregister durch die Liquidatoren unter Nachweis des Generalversammlungsbeschlusses, durch den Beendigung der Liquidation, Legung der Schlußrechnung oder Verzicht auf diese festgestellt ist; inhaltlich kann ein solcher Nachweis vor Ablauf des Sperrjahrs (§ 301 HGB.) nicht erbracht werden (streitig).

Die Eintragung und Veröffentlichung der Beendigung der Liquidation hat die aus der Beendigung der Liquidation sich ergebende Folge zu enthalten, daß die Firma der Aktiengesellschaft erloschen ist.

g) **Vier Auflösungsarten** sind hier noch zu erwähnen, von denen drei besonders ausgestaltet sind:

α) **Die Auflösung infolge Veräußerung des Vermögens der Aktiengesellschaft als Ganzes,** § 303. Der Veräußerungsvertrag bedarf der gerichtlichen oder notariellen Form gemäß § 311 BGB. und der Genehmigung der Generalversammlung mit qualifiziertem $^3/_4$-Mehrheitsbeschluß.

Die Rechtsfolge dieser Rechtsakte ist der Eintritt der Liquidation, wie im Falle der gewöhnlichen Auflösung.

Eine Abweichung von dem gewöhnlichen Liquidationsverfahren besteht lediglich darin, daß der Umfang der Vertretungsmacht der Liquidatoren erweitert ist; außer zu Liquidationsgeschäften sind sie zu allen Rechtsakten ermächtigt, welche die Ausführung der beschlossenen Maßregeln der Vermögens-Veräußerung erfordert.

Die handelsregisterlichen Folgen auch dieser Auflösung sind daher:

Anmeldung des Generalversammlungsbeschlusses und der ersten Liquidatoren durch den Vorstand (vorstehend d α S. 103).

Eintragung dieser Anmeldung.

Die Beendigung der Liquidation, die erst nach öffentlicher Aufforderung der Gesellschaftsgläubiger, Ablauf des Sperrjahrs, Abnahme der Schlußrechnung durch die Generalversammlung und Übertragung des Vermögens an die Erwerber eintritt, ist anzumelden und einzutragen.

β) **Die sog. Verstaatlichung:** Sie ist eine Veräußerung des Vermögens der Aktiengesellschaft als Ganzes, wie vorstehend unter α, und nur um deswillen besonders gestaltet, weil der Übernehmer des Vermögens das Reich, ein Bundesstaat, oder ein inländischer Kommunalverband ist und mit Rücksicht hierauf eine Liquidation ausgeschlossen werden kann, § 304.

a) **Ist Liquidation von der Generalversammlung nicht ausgeschlossen,** die die Verstaatlichung (auch hier mit qualifiziertem $^3/_4$-Mehrheitsbeschluß) zu beschließen hat, so ist die Rechtsgestaltung dieselbe wie in dem vorstehenden Falle unter α.

b) **Ist die Liquidation von der Generalversammlung ausgeschlossen,** so treten die rechtlichen Besonderheiten ein:

Die **Anmeldung** des Generalversammlungsbeschlusses unter Beifügung des Übernahmevertrags ist in Urschrift oder beglaubigter Abschrift von den Vorstandsmitgliedern sofort zum Handelsregister vorzunehmen.

Die **Eintragung** auf die Anmeldung ergeht dahin, daß die Auflösung der Gesellschaft durch Veräußerung des Vermögens als Ganzes an das Reich oder den Bundesstaat oder den inländischen Kommunalverband unter Ausschluß der Liquidation erfolgt ist.

Die **Rechtswirkung** der Eintragung ist eine doppelte:

Der Generalversammlungsbeschluß, der die Vermögensübertragung genehmigt, **wird** jetzt vollgültig.

Der Übergang des Gesellschaftsvermögens einschließlich der Schulden auf den Übernehmer tritt ein.

γ) **Die sog. Fusion:** Sie weicht von dem — vorstehend unter α bereits erörterten — Falle der Auflösung der Aktiengesellschaft infolge Veräußerung der Aktiengesellschaft als Ganzes nur darin ab: die Veräußerung geschieht an eine andere Aktiengesellschaft oder Aktienkommanditgesellschaft, und diese gewährt als Entgelt für den Erwerb (ganz oder zum Teil) Aktien; nur dieser Umstand begründet die besondere Gestaltung.

Die allgemeine Rechtswirkung einer Fusion ist somit für die das Vermögen veräußernde Gesellschaft eine andere wie für die das Vermögen erwerbende Gesellschaft; für die erstere bewirkt sie die Auflösung, für die letztere eine Kapitalserhöhung; und zwar kann jene Rechtswirkung erzielt werden durch:

Die 2 Arten der Fusion, die:

eine Fusion **ohne sofortige Verschmelzung** ist: wenn eine Liquidation des Vermögens der veräußernden Gesellschaft nicht ausgeschlossen ist;

eine Fusion **mit sofortiger Verschmelzung:** wenn eine Liquidation des Vermögens der aufgelösten Gesellschaft nicht stattfinden soll.

Die handelsregisterlichen Folgen:

a) **bei der Fusion ohne sofortige Verschmelzung** sind:

αα) **für die veräußernde Gesellschaft:** wie in dem vorstehenden Falle unter α.

ββ) **für die erwerbende Gesellschaft:**

Die durch die Vermögensübernahme der aufgelösten Gesellschaft veranlaßte Kapitalserhöhung ist anzumelden durch sämtliche Mitglieder des Vorstands und Aufsichtsrats und einzutragen, wie jede normale Kapitalserhöhung S. 98.

Die **Abweichung** von der letzteren, daß nicht durch Zeichnungen und Barzahlung die Kapitalserhöhung hier entsteht, hat aber zur Folge: der Anmeldung sind nur beizufügen der gerichtlich oder notariell (§ 311 BGB.) abgeschlossene Vertrag über die Vermögensübernahme mit der aufgelösten Gesellschaft und der jenen Vertrag genehmigende Generalversammlungsbeschluß der letzteren.

b) **bei der Fusion mit sofortiger Verschmelzung** sind:

$\alpha\alpha$) **für die veräußernde Gesellschaft** die handelsregisterlichen Folgen, wie in dem vorstehenden Falle unter β.

$\beta\beta$) **für die erwerbende Gesellschaft** wie vorstehend unter S. 106 a $\beta\beta$.

Die letztere hat aber trotz der Fusion das Vermögen der aufgelösten Gesellschaft getrennt zu verwalten; § 306 Abs. 2.

δ) **Die durch Umwandlung** in eine Gesellschaft mit beschränkter Haftung veranlaßte Auflösung der Aktiengesellschaft regeln die §§ 80, 81 des Gesetzes vom 20. V. 1898.

h) **Eine Beseitigung einer eingetretenen Auflösung** einer Aktiengesellschaft und Fortsetzung der letzteren gestattet § 307 durch einfachen Mehrheitsbeschluß der Generalversammlung, der von den Vorstandsmitgliedern anzumelden und einzutragen ist. Doch nur für die 2 Auflösungsfälle:

der Auflösung einer Gesellschaft zum Zwecke der Veräußerung ihres Vermögens im ganzen oder zum Zwecke der Umwandlung in eine andere Gesellschaft, wenn jener Zweck nicht erreicht wird;

der Auflösung durch Eröffnung des Konkursverfahrens, wenn dieser nach Abschluß eines Zwangsvergleiches aufgehoben (§ 290 KonkOrd., andernfalls tritt ja Liquidation ein), oder auf Antrag des Gemeinschuldners eingestellt ist (§ 202).

11. Die Zweigniederlassung der Aktiengesellschaften.

a) **Die Voraussetzungen des Entstehens** einer Zweigniederlassung sind hier dieselben wie bei der Zweigniederlassung der Firma eines Einzelkaufmannes, vgl. S. 39.

Hinzu kommt: die Befugnis zur Errichtung kann durch den Gesellschaftsvertrag dem Beschlusse der Generalversammlung oder des Aufsichtsrats vorbehalten sein (vgl. Johow 22, A 111).

Selbstverständlich kann eine Zweigniederlassung nicht einen selbständigen Vorstand haben. Die selbständige Leitung der Zweigniederlassung hat daher der Vorstand der Aktiengesellschaft durch Prokuristen oder Handlungsbevollmächtigte ausführen zu lassen.

b) **Die Arten der Zweigniederlassungen** sind gleichfalls hier dieselben, wie bei der Zweigniederlassung eines Einzelkaufmanns, vgl. S. 39.

Eine besondere, der Eintragung der Hauptniederlassung nachfolgende **Anmeldung und Eintragung** einer Zweigniederlassung auf besonderem Registerblatt erfolgt daher nur, wenn die Zweigniederlassung an einem Orte errichtet ist, der zu einem anderen Registergerichtsbezirke, als dem der Hauptniederlassung, gehört.

c) **Die Anmeldung der Zweigniederlassung** ist vorzunehmen:

Durch sämtliche Vorstandsmitglieder, die zugleich ihre Namensunterschrift bei dem Registergericht der Zweigniederlassung zu zeichnen haben.

Durch Überreichung:

einer Ausfertigung des Gesellschaftsvertrags;

einer beglaubigten Abschrift der Eintragung der Aktiengesellschaft im Handelsregister ihrer Hauptniederlassung;

einer beglaubigten Abschrift des Protokolls der Generalversammlung oder des Aufsichtsrats, wenn einem dieser Organe der Gesellschaftsvertrag die Einrichtung einer Zweigniederlassung vorbehält.

d) **Die Eintragung der Zweigniederlassung** stimmt inhaltlich mit der Eintragung der Hauptniederlassung überein, nur daß die Eintragung des Orts der Zweigniederlassung hinzukommt, vgl. S. 41, 44.

e) **Die Veröffentlichung der Eintragung** stimmt inhaltlich mit der Bekanntmachung der Eintragung der Hauptniederlassung überein, vgl. S. 96**a** und b.

Es fällt hier aber fort: die Bekanntgabe:

des Betrags, zu denen die Aktien ausgegeben sind;

des Namens, Standes und Wohnorts des Gründers, daher fällt auch die Angabe fort, ob diese sämtliche Aktien übernommen;

des Namens, Standes und Wohnorts der Mitglieder des ersten Aufsichtsrats;

der besonderen Festsetzungen im Gesellschaftsvertrag bei sog. qualifizierten Gründungen;

der Befugnis zur Einsicht der eingereichten Schriftstücke.

f) **Besonderes gilt:**

α) **Für die innerhalb der ersten zwei Jahre** nach Eintragung der Aktiengesellschaft erfolgenden Eintragungen von Zweigniederlassungen.

Solche sieht das Gesetz wie eine Art Nachgründung (S. 87, 101) an.

Die Besonderheiten bestehen darin:

Die Anmeldung (vorstehend c) der Zweigniederlassung hat noch als Anlage ein Exemplar der für den Sitz der Gesellschaft ergangenen gerichtlichen Bekanntmachung beizubringen.

Die Veröffentlichung der Eintragung (vorstehend e) hat inhaltlich genau so wie die der Eintragung der Aktiengesellschaft (S. 96 a u. b) zu erfolgen.

β) **Die Eintragung einer Zweigniederlassung einer ausländischen Aktiengesellschaft,** also einer Gesellschaft, deren Sitz sich im Auslande befindet:

Die Hauptvoraussetzung ist: der Nachweis der ausländischen Gesellschaft als Rechtsgebilde einer Aktiengesellschaft im Sinne des § 178 HGB. und zwar:

entweder Nachweis der Eintragung der ausländischen Gesellschaft in einem Register des Auslandes, sofern solche Eintragung außerhalb erfolgt ist; aber wenn dies selbst geschehen, ist doch noch der ergänzende Nachweis erforderlich, daß die eingetragene Gesellschaft die inländischen Wesensvoraussetzungen des § 178 HGB. erfüllt;

oder der vollständige Nachweis aller Voraussetzungen des § 178 HGB., sofern im Auslande eine Eintragung der Gesellschaft nicht geschieht.

Die Anmeldung hat inhaltlich nach § 201 Abs. 5 zu enthalten, und zwar in deutscher Sprache:

Firma, Sitz, Gegenstand und etwaige Zeitdauer der Gesellschaft.

Die Gesamtsumme des Grundkapitals, die Summe der einzelnen Aktien, ihre Arten und besonderen Berechtigungen und ihre etwaige Umwandlung (vgl. S. 85).

Den Tag der Feststellung des Gesellschaftsvertrags.

Die Form, in welcher die von der Gesellschaft ausgehenden Bekanntmachungen erfolgen.

Die Bestimmung der Bekanntmachungen der Gesellschaft im Reichsanzeiger, sowie in etwa noch bestimmten Blättern.

Die Art der Bestellung des Vorstands, seiner Mitglieder und ihrer Vertretungsbefugnis.

Die Anlagen der Anmeldung sind danach:

Die Ausfertigung des Gesellschaftsvertrags in öffentlich beglaubigter Abschrift und beglaubigter deutscher Übersetzung.

Die öffentlich beglaubigte Urkunde (vgl. S. 46) über die Eintragung der Gesellschaft im ausländischen Register.

Die öffentlich beglaubigte Urkunde über den Nachweis der begrifflichen Voraussetzungen der Gesellschaft als Aktiengesellschaft.

Die Verfügung des Ministers für Handel und Gewerbe über die Genehmigung des inländischen Gewerbebetriebs der Gesellschaft, § 12 der GewOrd.

Die Eintragung hat den S. 96 unter 3. aufgeführten Inhalt.

g) **Die Anmeldungen und Eintragungen zum Handelsregister der Zweigniederlassung, nach Eintragung der letzteren,** betreffen:

Die Änderungen des Vorstands, sowie seiner Vertretungsmacht (vgl. S. 97).

Die Statutenänderungen (vgl. S. 98), insbesondere die Erhöhung oder Herabsetzung des Grundkapitals (vgl. S. 98, 100).

Die Auflösung der Gesellschaft (vgl. S. 102).

Die Anmeldung der ersten Liquidatoren (vgl. S. 103).

Das Erlöschen der Gesellschaftsfirma (vgl. S. 104).

Eine etwaige ausnahmsweise Fortsetzung der Gesellschaft (vgl. S. 107).

Paragraph 6.

Die Kommanditgesellschaft auf Aktien.

1. Das Wesen der Kommanditgesellschaft auf Aktien.

a) **Allgemein charakterisiert:** ist sie ein Rechtsgebilde aus einer Verschmelzung und dadurch verursachten Änderung der Kommanditgesellschaft (S. 67) mit der Aktiengesellschaft (S. 81), wie letztere eine juristische Person (S. 83 3!)

b) **Die allgemeinen Voraussetzungen der Gesellschaft:**

Mindestens ein Gesellschafter muß für die Verbindlichkeiten der zu gründenden Gesellschaft den Gläubigern derselben unbeschränkt haften (persönlich haftender Gesellschafter oder sog. Komplementär; vgl. S. 67).

Die übrigen Gesellschafter, die sog. Kommanditisten, haben und müssen sich mit Einlagen bei der Gesellschaft beteiligen, jedoch in Form von Aktien, die das somit in Aktien zerfallende Grundkapital der Gesellschaft bilden.

In Abweichung von der Kommanditgesellschaft haften somit die Kommanditisten nicht unmittelbar mit und in Höhe ihrer Einlagen den Gesellschaftsgläubigern, sondern diesen haftet — außer und neben den Komplementären — nur das durch die Kommanditisten zusammengebrachte Aktienkapital.

Komplementäre können zugleich Kommanditisten sein, also sich mit Aktien beteiligen; sie haben aber dann als Kommanditisten kein Stimmrecht, § 327.

c) **Die Entstehung der Gesellschaft** ist auch hier, wie bei der Aktiengesellschaft, in der Form der Simultangründung und Sukzessivgründung möglich; vgl. S. 82.

Auch hier können beide Gründungen sog. qualifizierte oder nicht qualifizierte Gründungen sein (vgl. S. 83).

2. Die Entstehung der Kommanditgesellschaft auf Aktien als Simultangründung erfordert zu ihrer Eintragung:

I. Materiellrechtlich:

a) **Den Abschluß eines Gesellschaftsvertrags** von mindestens 5 Personen in gerichtlicher oder notarieller Form.

Die Komplementäre müssen diesen Vertrag schließen, und zwar mit den Kommanditisten, die Aktien übernehmen und die durch die von ersteren angenommene Zeichnung der Aktien dem Vertrage beitreten.

Der Vertrag stellt somit nicht nur — wie bei der Gründung der Aktiengesellschaft — die Bildung des Aktienkapitals, sondern zugleich Rechte und Pflichten der Komplementäre fest; §§ 321—325 HGB. Und da letztere die gesetzlichen Vertreter der Kommanditgesellschaft auf Aktien sind, so treten sie an die Stelle der Vorstandsmitglieder der Aktiengesellschaft.

Hiernach ergeben sich die einzelnen Punkte des Gesellschaftsvertrags und die einzelnen — nur wenigen — Abweichungen von dem Gesellschaftsvertrage der Aktiengesellschaft.

α) **Die Firma und der Sitz der Gesellschaft** ist festzusetzen.

Die Firma muß den unabgekürzten Zusatz Kommanditgesellschaft auf Aktien führen. Im übrigen gilt auch hier das S. 84 unter α Gesagte.

β) **Der Gegenstand des Unternehmens** ist wie bei der Aktiengesellschaft zu bestimmen; vgl. S. 84 unter β.

γ) **Die Höhe des Grundkapitals und der einzelnen Aktien** sind zu bestimmen, wie bei der Aktiengesellschaft, und daher ist hier nur auf S. 84 unter γ zu verweisen.

δ) **Die Namen, Vornamen, Stand und Wohnort jedes persönlich** haftenden Gesellschafters sind im Vertrage anzugeben.

Ein Vorstand — den die Aktiengesellschaft haben muß (vgl. S. 85 unter δ) — ist für die Kommanditgesellschaft auf Aktien nicht zu bestellen.

Die persönlich haftenden Gesellschafter haben vielmehr die im § 325 aufgeführten Befugnisse des Vorstands der Aktiengesellschaft, während im übrigen ihre Befugnis zur Geschäftsführung und zur Vertretung der Aktienkommanditgesellschaft, § 320 Abs. 2, die der Komplementäre der einfachen Kommanditgesellschaft ist, vgl. S. 68 (und §§ 125—127, 161 Abs. 2, § 170).

Der Gesellschaftsvertrag kann aber die gesetzliche Vertretungsbefugnis mehrerer Komplementäre ändern und insbesondere jene nur einem derselben übertragen (vgl. S. 68 und S. 89).

ε) **Die Form, in der die von der Gesellschaft ausgehenden Bekanntmachungen** erfolgen, ist vom Gesellschaftsvertrag gleichfalls wie bei der Aktiengesellschaft (S. 86) zu bestimmen.

ζ) **Die Form der Berufung der Generalversammlung** hat der Gesellschaftsvertrag, wie bei derjenigen der Aktiengesellschaft, zu bestimmen, wie dies S. 86 unter η dargelegt ist.

Die Generalversammlung der Aktionäre, also der Kommanditisten, ist hier aber nicht das Organ der Gesellschaft, sondern nur das Organ der Kommanditisten.

Die Gesellschaft als Ganzes erhält eine Änderung ihres rechtlichen Schicksals nur, wenn der einzelne Generalversammlungsbeschluß die Zustimmung der Komplementäre erhält.

ϑ) **Begriffsnotwendige Voraussetzung** des Abschlusses des Gesellschaftsvertrages ist auch hier die Übernahme aller Aktien durch die Gründer unter Angabe des Betrages der von jedem Beteiligten übernommenen Aktien. Auch hier gilt daher das S. 86 ζ Gesagte.

b) **Die Wahl des Aufsichtsrats und die gerichtliche oder notarielle Beurkundung** jener Wahl ist ferner die Voraussetzung der Eintragung der Aktiengesellschaft in das Handelsregister, wie dies S. 88 unter b näher dargelegt ist.

Die Befugnisse und Pflichten des Aufsichtsrats einer Kommanditaktiengesellschaft bestehen in:

α) Überwachung der Tätigkeit der persönlich haftenden Gesellschafter.

β) Ausführung der Generalversammlungsbeschlüsse der Kommanditisten.

γ) Da jene Beschlüsse die Zustimmung der Komplementäre erfordern, soweit der Bestand der Gesellschaft in Betracht kommt, so müssen z. B. Kündigungen von Komplementären (vgl. Ziff. 8 S. 119 b ϑ), Ausschließung derselben und ähnliche Willenserklärungen gegenüber wie von der Kommanditaktiengesellschaft von bzw. an Komplementäre und Aufsichtsrat erfolgen.

c) **Für sog. qualifizierte Gründung:** muß ferner die Festsetzung im Gesellschaftsvertrag getroffen sein, die bei Aktiengesellschaften vorzunehmen ist und S. 83 unter α erörtert ist.

Ein besonders qualifiziertes Gründungs-Vertragsmoment kann aber hier bei der Kommanditaktiengesellschaft noch eintreten und erfordert dann eine besondere Festsetzung im Gesellschaftsvertrag:

Der einzelne persönlich haftende Gesellschafter hat seine Tätigkeit der Gesellschaft zu widmen. Er kann ferner — wie bereits erwähnt — auch Aktien zeichnen, und ist dann insoweit Aktionär, wenn auch — da er eben auch Komplementär ist — ohne Stimmrecht (vgl. vorstehend S. 111 a u. § 327 Abs. 1 HGB.).

Der Komplementär kann aber endlich auch eine Vermögenseinlage der Gesellschaft machen, die nicht auf das Grundkapital erfolgt, also nicht durch Aktien entgolten wird.

Das gesetzliche Entgelt für solche Vermögenseinlage beträgt nach § 320 Abs. 3 in Verbindung mit § 168 HGB. 4% seines Kapitalanteils und einen dementsprechenden Anteil am Jahres-Geschäftsgewinn.

Jede Zusicherung eines von jenem gesetzlichen Entgelt abweichenden besonderen Vorteils für den Komplementär erfordert die Festsetzung im Gesellschaftsvertrag.

d) **Die ausnahmsweise erforderliche verwaltungsbehördliche oder Bundesrats-Genehmigung** ist selbstverständlich auch hier wie bei der Aktiengesellschaft erforderlich; vgl. S. 89.

II. Die formellrechtlichen Voraussetzungen der Eintragung.

Die Eintragung einer Kommanditgesellschaft auf Aktien, die eine Simultangründung ist, hat nach formellrechtlicher Seite die Voraussetzungen, die für die Aktiengesellschaft bestehen (S. 90), mit folgenden, wenigen Änderungen, nämlich:

a) **Die Anmeldung** zur Eintragung der Gesellschaft, sonach unter Bezeichnung ihrer Firma bei dem Gericht, in dessen Bezirk sie ihren Sitz (vgl. S. 90a) hat, durch sämtliche Gründer, Aufsichtsratsmitglieder und persönlich haftende Gesellschafter, die ja (s. vorstehend Seite 111) an der Stelle der Vorstandsmitglieder einer Aktiengesellschaft stehen.

b) **Die in die Anmeldung aufzunehmenden Angaben:** sind dieselben, welche die Anmeldung der Aktiengesellschaft enthalten muß und die S. 90 unter b aufgeführt sind.

Da statt der Vorstandsmitglieder die persönlich haftenden Gesellschafter hier stehen, so ist die Angabe über die Bareinzahlungen dahin zu fassen: daß der Barbetrag, dessen Einzahlung auf jede Aktie erfordert worden, bar eingezahlt und „im Besitze der persönlich haftenden Gesellschafter ist".

c) **Die Einreichung der Protokolle und Urkunden,** die S. 90 unter c für die Anmeldung der Aktiengesellschaft als erforderlich aufgezählt sind, hat auch hier zu erfolgen; jedoch:

in Fortfall kommt die gerichtliche oder notarielle Urkunde über die Bestellung des Vorstands, an dessen Stelle ja die persönlich haftenden Gesellschafter treten; und aus demselben Grunde ist

die Einreichung der Zeichnung der Namensunterschrift der persönlich haftenden Gesellschafter erforderlich, da eben Vorstandsmitglieder nicht vorhanden.

3. Die Entstehung der Kommanditgesellschaft auf Aktien als Sukzessivgründung erfordert zu ihrer Eintragung

im wesentlichen die Erfüllung derselben materiellrechtlichen und formellrechtlichen Voraussetzungen, die für die Aktiengesellschaft als Sukzessivgründung bestehen und S. 91 unter I, S. 94 unter II aufgeführt sind.

Geringe Abweichungen werden auch hier dadurch veranlaßt, daß:

die persönlich haftenden Gesellschafter mit den Kommanditisten den Gesellschaftsvertrag schließen, dieser somit durch die Vollzeichnung des Aktienkapitals noch nicht zustande kommt;

die persönlich haftenden Gesellschafter an die Stelle der — nur für Aktiengesellschaften — zu ernennenden Vorstandsmitglieder treten.

I. Die materiellen Voraussetzungen

sind:

a) **Abschluß des Gesellschaftsvertrags.**

α) **Ein Gesellschaftsvertrag:** der von mindestens 5 Gründern, zu denen stets die persönlich haftenden Gesellschafter gehören müssen, geschlossen wird, ohne daß zugleich das Aktienkapital der Kommanditisten von ihnen bereits voll übernommen ist. Es hat daher hinzuzukommen (vgl. S. 91 unter ab, 92b):

β) **Die Zeichnung** der von den Gründern nicht übernommenen Aktien in der Form der Zeichnungsscheine.

(Die Form der Zeichnungsscheine der Kommanditgesellschaft weicht von der der Zeichnungsscheine der Aktiengesellschaft insofern ab, als jene auch die Bezeichnung der persönlich haftenden Gesellschafter enthalten müssen § 323 HGB.).

b) **Die Wahl des Aufsichtsrats** hat zu erfolgen, wie S. 92 unter c dargestellt ist. Die Wahl eines Vorstands fällt dagegen fort.

c) **Für sog. qualifizierte Gründungen** müssen die Urkunden vorliegen, die S. 92 unter d aufgeführt sind.

d) **Die Anmeldung** zum Handelsregister zwecks Einberufung der konstituierenden Generalversammlung muß erfolgen, wie bei der Aktiengesellschaft, vgl. S. 93 fg, jedoch, wie bereits erwähnt, von sämtlichen Gründern, persönlich haftenden Gesellschaftern und Mitgliedern des Aufsichtsrats.

e) **Die sog. konstituierende Generalversammlung** hat dieselben Voraussetzungen und denselben Inhalt wie bei der Aktiengesellschaft, die Sukzessivgründung ist, s. S. 93 unter g, nur mit 2 Abweichungen:

Die **persönlich haftenden Gesellschafter** treten an die Stelle der Vorstandsmitglieder.

Die **Abstimmung** der Versammlung über die Gesellschaftserrichtung erfordert hier, wo es sich um die Errichtung einer Kommanditaktiengesellschaft handelt, wo also die persönlich haftenden Gesellschafter zwar an der Versammlung teilnehmen können, aber kein Stimmrecht haben, auch wenn sie zugleich Aktionäre sind (§§ 397, 326 Abs. 3, 327): Die der Gesellschaftserrichtung zustimmende Mehrheit muß ein Viertel der Kommanditisten darstellen und die Summe ihrer Anteile muß mindestens den vierten Teil des von den Kommanditisten übernommenen Grundkapitals betragen.

II. Die formellen Voraussetzungen der Eintragung der Kommanditgesellschaft auf Aktien

sind dieselben wie bei der Aktiengesellschaft.

Es sind daher die S. 94 unter II aufgeführten Urkunden einzureichen.

Es fällt aber fort: Da — wie schon mehrfach erwähnt — hier ein Vorstand nicht zu wählen, die Einreichung einer Urkunde über die Bestellung eines Vorstands, und anderseits ist:

Die Zeichnung der Namensunterschrift der persönlich haftenden Gesellschafter (statt der Namensunterschrift-Zeichnung der Vorstandsmitglieder einer Aktiengesellschaft) einzureichen.

4. Die Eintragung der Kommanditgesellschaft auf Aktien.

Der Inhalt der Eintragung in seinen Grundlagen und einzelnen Bestandteilen stimmt mit dem Eintragungsinhalt bei der Aktiengesellschaft, wie er S. 95 6. Ziff. 1—3 aufgeführt ist, mit den beiden Abweichungen zusammen:

Die persönlich haftenden Gesellschafter sind — an Stelle hier nicht zu bestellender Vorstandsmitglieder — einzutragen.

Die Befugnis der persönlich haftenden Gesellschafter oder etwaiger Liquidatoren ist einzutragen.

5. Die öffentliche Bekanntmachung der Kommanditgesellschaft auf Aktien.

Der Inhalt der Bekanntmachung in seinen einzelnen notwendigen und durch den Inhalt des Gesellschaftsvertrags nur bedingt notwendigen Teilen ist derselbe, wie er für die Aktiengesellschaft bestimmt und S. 96 unter 7 zusammengestellt ist.

Die einzige Abweichung ist wieder die, daß die persönlich haftenden Gesellschafter bekannt zu geben sind; selbstverständlich kann ferner, da eben

Vorstandsmitglieder hier nicht bestehen, eine Bekanntgabe über Art der Bestellung und Zusammensetzung des Vorstands hier nicht erfolgen.

6. Die Beziehungen der Kommanditgesellschaft auf Aktien zum Handelsregister, die Eintragungen veranlassen:

sind die gleichen wie bei der Aktiengesellschaft, die S. 97 unter 8 aufgeführt, allein:

2 Abweichungen treten hier, bedingt durch das Wesen der Kommanditgesellschaft, ein:

Die persönlich haftenden Gesellschafter, die sog. Komplementäre, sind ja (wie mehrfach schon erwähnt) nicht nur die gesetzlichen Vertreter der Gesellschaft, sondern ihr Vorhandensein ist, zusammen mit der Kommanditisten-Zahl, Lebensvoraussetzung der Gesellschaft, wie dies bei der einfachen Kommanditgesellschaft der Fall.

Die Austritts-Voraussetzungen und -Wirkungen der Komplementäre letztgenannter Gesellschaft greifen auch hier entsprechend ein, § 320 Abs. 2.

Während bei der Aktiengesellschaft der Wechsel der Vorstandsmitglieder den Bestand der Gesellschaft nicht berührt, bewirkt sonach bei der Kommandit-Aktiengesellschaft regelmäßig (s. das Folgende unter a und die folgende Ziff. 8) eine Änderung auf seiten der Komplementäre die Auflösung der Gesellschaft.

Die Änderungen des Gesellschaftsvertrags sind nicht nur — wie bei der Aktiengesellschaft — durch Generalversammlungsbeschluß vornehmbar, sondern zu letzterem muß die Zustimmung der Komplementäre hinzukommen. Diese muß nach § 327 Abs. 4 in dem gerichtlichen oder notariellen Protokoll über die Generalversammlung oder in einem Anhang zu jenem Protokoll protokolliert sein.

Hieraus ergibt sich:

a) **Änderungen in dem Bestande der persönlich haftenden Gesellschafter,** die wie bei der Kommanditgesellschaft teils freiwillige, teils unfreiwillige sein können (vgl. S. 97), sind regelmäßig Auflösungsgründe der Gesellschaft.

Eine einfache Anmeldung und Eintragung einer jener Änderungen ohne gleichzeitige Anmeldung und Eintragung der Auflösung der Gesellschaft wird nur möglich durch:

α) **Tod eines Komplementärs,** sofern der Gesellschaftsvertrag in diesem Falle den Fortbestand der Gesellschaft ohne den verstorbenen Komplementär festsetzt.

Den Erben des Komplementärs kann im Vertrage aber der Eintritt in die Gesellschaft als Komplementär gestattet sein (nicht aber auch, wie bei der Kommanditgesellschaft, der Eintritt als Kommanditist, vgl. § 139. Streitig, allein bei der Kommanditaktiengesellschaft ist ja das Aktiengrundkapital vertragsmäßig festgelegt).

β) **Die Eröffnung des Konkursverfahrens** über das Vermögen eines Komplementärs bewirkt dann nicht die Auflösung der Gesellschaft, sondern nur den Fortfall des bankbrüchigen Komplementärs, wenn der Gesellschaftsvertrag solches festsetzt und gestattet, §§ 330 Abs. 1, 161 Abs. 2, 138.

γ) **Die Kündigung eines Komplementärs,** die nach § 330 Abs. 4 nur zulässig ist, wenn sie der Gesellschaftsvertrag gestattet, kann durch den Vertrag zugleich als Folge der Kündigung nur den Fortfall des kündigenden persönlichen Gesellschafters festsetzen.

Der Fortbestand der Gesellschaft ist aber in diesem Falle selbstverständlich daran gebunden, daß wenigstens noch ein persönlich haftender Gesellschafter übrig bleibt; vgl. Johow 11. 29.

δ) **Die Kündigung der Gesellschaft** durch einen Gläubiger eines Komplementärs (die, vgl. vorstehend S. 112, dem Aufsichtsrat und persönlich haftenden Gesellschaftern zu erklären ist) kann durch eine Festsetzung des Gesellschaftsvertrags nur den Fortfall jenes Komplementärs zur Folge haben, §§ 330 Abs. 2, 141, 161 Abs. 2.

ε) **Die Ausschließung eines Komplementärs** durch gerichtliche Entscheidung auf Klage des Aufsichtsrats und der übrigen Komplementäre (§§ 320, 161, 140) kann schließlich nur den Austritt des ausgeschlossenen Komplementärs unter Fortbestand der Gesellschaft zur Folge haben (selbstverständlich auch hier nur, sofern mindestens ein Komplementär übrig bleibt).

b) **Jede Änderung des Gesellschaftsvertrags,** des sog. Statuts, ist anzumelden, einzutragen und bekannt zu machen, wie bei der Aktiengesellschaft — s. S. 98 unter b —, auch hier bestehen die Abweichungen nur darin:

Die Voraussetzungen jeder Änderung sind nicht nur (wie bei der Aktiengesellschaft) ein sie beschließender Generalversammlungsbeschluß der Aktionäre (also der Kommanditisten), sondern noch die Zustimmung sämtlicher persönlich haftenden Gesellschafter, also der sog. Komplementäre, zu jenem Generalversammlungsbeschluß, in dem Protokoll über die Verhandlung des letzteren, oder in einem Anhang jenes Protokolls.

c) **Die 2 besonderen Statutenänderungen** der Erhöhung des Aktiengrundkapitals und der Herabsetzung desselben sind — wie bei der Aktiengesellschaft — auch hier möglich und denselben Voraussetzungen, die S. 98 unter c beschrieben, unterstellt.

Selbstverständlich gehört zu jenen Statutenänderungen auch hier die Zustimmung der Komplementäre zu den jene Änderungen beschließenden Generalversammlungsbeschlüssen der Kommanditisten, in dem Protokoll über jene Beschlüsse oder in einem Anhange desselben.

Die Anmeldung

der Grundkapitals-Erhöhung: hat durch sämtliche persönlich haftende Gesellschafter und sämtliche Mitglieder des Aufsichtsrats zu erfolgen.

der Grundkapitals-Herabsetzung: hat durch sämtliche persönlich haftende Gesellschafter zu erfolgen.

d) **Die nur bei der Kommanditgesellschaft als solcher möglichen Statutenänderungen** bestehen z. B. in dem Hinzutritt neuer persönlich haftender Gesellschafter, oder in der Erhöhung von Vermögenseinlagen der bisherigen nicht persönlich haftenden Gesellschafter (s. S. 70 c).

Diese Rechtsakte sind inhaltlich Statutenänderungen, aber nicht besonderen Voraussetzungen, sondern nur denen der gewöhnlichen Statutenänderung, vorstehend unter b, unterstellt.

7. Die Beziehungen der eingetragenen Kommanditgesellschaft auf Aktien zum Handelsregister, die Eintragungen nicht veranlassen:

sind dieselben, wie bei der Aktiengesellschaft, welche die vorstehende S. 101 unter 9 aufzählt.

Statt — wie bei der Aktiengesellschaft — der Vorstandsmitglieder haben hier die persönlich haftenden Gesellschafter die S. 113 erwähnten Handlungen auszuführen.

8. Die Auflösung der Kommanditgesellschaft auf Aktien.

Die Kommanditaktiengesellschaft erfordert ihrem Begriffe (S. 110) gemäß das Vorhandensein mindestens eines persönlich haftenden Gesellschafters, des sog. Komplementärs, und das Vorhandensein von Aktionären der mit Aktien beteiligten Kommanditisten.

Die letzteren bringen durch Mehrheitsbeschlüsse ihrer Generalversammlungen ihre die Gesellschaft berührenden Willenserklärungen zum Ausdruck, aber erst die Zustimmung zu diesen von seiten der Komplementäre, in dem gerichtlichen oder notariellen Protokoll über die Generalversammlung oder in einem Anhang zu diesem (wie S. 116 erwähnt), erschaffen das rechtliche Schicksal der Gesellschaft. Hieraus ergaben sich die Ergänzungen bzw. Änderungen der Grundsätze über die Auflösung der Aktiengesellschaft — die S. 102 dargestellt — dahin:

a) **Die allgemeine Rechtswirkung** des Eintritts eines Auflösungsgrundes der Aktienkommanditgesellschaft ist hier die gleiche, wie bei der Aktiengesellschaft, s. S. 102 unter a.

b) **Die einzelnen Auflösungsgründe sind:**

α) Der Ablauf der im Gesellschaftsvertrag bestimmten Zeit.

β) Ein qualifizierter Mehrheitsbeschluß der Generalversammlung aus § 292 Ziff. 2, sofern dieser die Zustimmung sämtlicher Komplementäre erhält (s. auch Lobe, Z. XI. 493).

γ) Die im Verwaltungsstreitverfahren ergehende Entscheidung, wie S. 102 unter γ.

δ) Die Verlegung des Sitzes der Aktienkommanditgesellschaft in das Ausland.

ε) Die Eröffnung des Konkursverfahrens über das Vermögen der Gesellschaft, wie S. 102 unter ε.

Hierzu aber kommen durch die Rechtsnatur der Kommanditaktiengesellschaft hervorgerufen:

ζ) Der Tod eines Komplementärs.

η) Die Eröffnung des Konkursverfahrens über das Vermögen eines Komplementärs.

ϑ) Die Kündigung eines Komplementärs.

ι) Die Kündigung der Gesellschaft durch einen Gläubiger eines Komplementärs.

$\varkappa$) **Die Ausschließung** eines Komplementärs durch gerichtliche Entscheidung.

Diese Rechtsereignisse unter ζ—$\varkappa$ sind aber, wie S. 116 unter a α—δ näher schon dargestellt, Auflösungsgründe der Gesellschaft nur dann, wenn der Gesellschaftsvertrag nicht etwa trotz ihres Eintretens den Fortbestand der Gesellschaft feststellt, in diesem Falle enthalten und bewirken jene Ereignisse nur eine Änderung im Bestande der Komplementäre.

Die Rechtsereignisse unter ζ—$\varkappa$ sind aber unbedingte Auflösungsgründe, wenn nur ein Komplementär vorhanden, der von einem jener Ereignisse betroffen wird, vgl. Johow 11. 29.

c) **Die materiellrechtliche Folge** eines Auflösungsgrundes ist die gleiche, wie bei der Aktiengesellschaft, S. 102 unter c.

d) **Als handelsregisterliche Folgen** eines Auflösungsgrundes kommen auch hier in Betracht:

α) **Die Anmeldung** der Auflösung der Aktienkommanditgesellschaft zum Handelsregister hat zu erfolgen. Diese Anmeldung liegt hier unter Angabe des Auflösungsgrundes, vorstehend b α, β, δ, ζ—ι (also auch die Eröffnung des Konkursverfahrens über das Vermögen eines Komplementärs ist anzumelden) den persönlich haftenden Gesellschaftern ob.

Die Auflösungsgründe, vorstehend b γ, ε, sind von Amts wegen — ohne Anmeldung — vom Registerrichter einzutragen.

β) **Liquidatoren** treten für das Liquidationsverfahren an die Stelle der persönlich haftenden Gesellschafter.

Die Berufung der Liquidatoren geschieht:

durch das **Gesetz,** das im § 331 die persönlich haftenden Gesellschafter zu Liquidatoren beruft. Streitig aber ist, ob die Fassung des Gesetzes im § 331 unbedingt neben den Komplementären noch einen Liquidator beruft, dessen Persönlichkeit die Generalversammlung der Kommanditisten zu bezeichnen hat, oder ob nur die Ernennung eines Liquidators neben den Komplementären als Liquidatoren der Generalversammlung im § 331 gestattet ist. Ersteres ist zutreffend, da andernfalls das Gesetz im § 331 etwas Überflüssiges bestimmen würde: Denn — wie bei der Aktiengesellschaft, s. S. 103 unter d — können an Stelle des Gesetzes die Liquidatoren auch hier berufen werden durch:

den **Gesellschaftsvertrag,**

den **Beschluß der Generalversammlung,**

das **Registergericht** unter den Voraussetzungen des § 298, wie bei der Aktiengesellschaft (s. S. 103), aber auch schon auf Antrag eines Komplementärs, § 331.

Die Abberufung ist:

in der eben gedachten dreifachen Art wie bei der Aktiengesellschaft möglich; vgl. S. 103 unter β; aber auch schon auf Antrag eines Komplementärs, § 331.

Die Vertretungsmacht der Liquidatoren ist die gleiche wie bei der Aktiengesellschaft, s. S. 103.

γ) **Die Eintragung der Liquidatoren** erfolgt unter denselben Voraussetzungen wie die der Aktiengesellschaft auf Anmeldung, die aber hier den persönlich haftenden Gesellschaftern obliegt, von Amts wegen in den vorstehenden Auflösungsfällen b γ, ε, s. S. 103.

e) **Die Schwebezeit der Liquidation** bringt handelsregisterliche Beziehungen wie bei der Aktiengesellschaft, S. 104 unter e.

f) **Die Beendigung der Liquidation** vollzieht sich wie bei der Akteingesellschaft, s. S. 104 unter f.

g) **Die vier besonders gestalteten Auflösungsarten,** der Veräußerung des Gesellschaftsvermögens als Ganzes (S. 104 unter α), der Verstaatlichung (S. 105 unter β), der sog. Fusion (S. 106 unter γ) bestehen auch hier; und zwar kann die Fusion sowohl mit einer anderen Aktienkommanditgesellschaft wie mit einer Aktiengesellschaft erfolgen.

h) Und ferner ist wie bei der Aktiengesellschaft in 2 Auflösungsfällen ausnahmsweise eine Beseitigung der bereits eingetretenen Auflösung der Gesellschaft möglich (S. 107 unter h).

i) α) **Die Umwandlung einer Kommanditaktiengesellschaft** in eine andere Gesellschaft ist begriffsnotwendig nur durch Auflösung der ersteren mit der normalen Rechtsfolge ihrer Liquidation und durch Neugründung einer anderen Gesellschaft durch die bei der ersteren Beteiligten möglich.

Insbesondere ist die Umwandlung einer Kommanditaktiengesellschaft, die ja eine juristische Person ist (s. S. 110), in eine einfache Kommanditgesellschaft, die eine juristische Person nicht ist, sondern eben nur eine einfache Gesellschaft, nur unter den vorgedachten Momenten möglich. Gl. A. zweifellos rechtskonsequent Staub, Auflage 7, Anm. 7 § 334. A. M. ohne ausreichende Begründung das Kammergericht in Johow V, 36, auch VI, 12.

β) **Ausnahmsweise** ist die Umwandlung einer Kommanditaktiengesellschaft in eine Aktiengesellschaft durch die §§ 332—334 ohne Liquidation der ersteren und Neugründung der letzteren gestattet. Beide Gesellschaften sind zwar je eine besonders geartete juristische Person, aber in der Mehrzahl ihrer rechtlichen Voraussetzungen wesensgleich; um deswillen behandelt das Gesetz jene Umwandlung wie eine Veränderung der rechtlichen Physiognomie der Kommanditaktiengesellschaft durch Hinzufügen der besonderen rechtlichen Gesichtszüge der Aktiengesellschaft.

Diese rechtliche, eine Statutenänderung (§ 332 Abs. 2) enthaltende Umwandlung besteht in dem Fortfall der persönlich haftenden Gesellschafter und ihrer Ersetzung durch Vorstandsmitglieder der nunmehrigen Aktiengesellschaft.

Danach ergeben sich:

a) **Die Voraussetzungen der Umwandlung:**

$\alpha\alpha$) **Ein Generalversammlungsbeschluß** der Kommanditisten, mit dem qualifizierten Mehrheitsbeschluß der §§ 275 und 332 Abs. 2; also: die Anteile der der Umwandlung zustimmenden Kommanditisten müssen $^1/_4$ des ganzen Grundkapitals darstellen (wenn das Statut nicht anderes erfordert) und $^3/_4$ aller Anteile der bei der Beschlußfassung sich beteiligenden Kommanditisten ausmachen. Die Anteile der Komplementäre, die Aktionäre, zählen auch hierbei nicht mit.

$\beta\beta$) **Die Zustimmung der Komplementäre** zu dem Generalversammlungsbeschluß muß in dem gerichtlichen oder notariellen Protokoll über diesen oder in einem Anhang zu jenem Protokoll erteilt sein.

$\gamma\gamma$) **Eine Bilanz** der Gesellschaft, die zum Zwecke der Umwandlung vorschriftsmäßig (§ 261) aufgestellt und zwei

Wochen lang vor dem Tage der Generalversammlung in dem Geschäftsraum der Gesellschaft (§ 263 Abs. 1) zur Einsicht der Aktionäre ausgelegen, muß vorliegen.

$\delta\delta$) **Die Genehmigung** der Bilanz durch Generalversammlung und Komplementäre muß erfolgen. (Dies ist streitig, ergibt sich aber aus der Anführung des § 264 im § 333, wonach sogar zum Zwecke jener Genehmigung der Generalversammlungsbeschluß vertagbar ist.)

$\varepsilon\varepsilon$) **Die Maßnahmen,** unter denen die Umwandlung zu vollziehen, müssen, als begriffsnotwendige Voraussetzung ihrer Perfektion, durch den Generalversammlungsbeschluß und die Zustimmung der Komplementäre festgesetzt sein; insbesondere sind hier etwaige Anteile der letzteren an dem Gesellschaftsvermögen festzustellen und abzufinden.

$\zeta\zeta$) **Die Art der Bestellung und Zusammensetzung** des Vorstandes muß festgestellt, die Mitglieder des Vorstandes bestellt werden. Die Feststellungen, vorstehend unter $\delta\delta$, $\varepsilon\varepsilon$ und $\zeta\zeta$ können in dem Protokoll über den Generalversammlungsbeschluß und seinem Anhang (vorstehend $\beta\beta$) oder in besonderen gerichtlichen oder notariellen Protokollen erfolgen.

$\eta\eta$) **Die Umwandlung der Firma** in die einer Aktiengesellschaft (vgl. S. 84a) ist die letzte Voraussetzung der Umwandlung.

b) **Die Anmeldung der Umwandlung** hat zu erfolgen durch: die persönlich haftenden Gesellschafter unter Bezeichnung der bestellten Vorstandsmitglieder.

Die bestellten Vorstandsmitglieder haben insofern mitzuwirken, als sie ihre Unterschrift zu zeichnen haben, §§ 234, 333.

Die Urkunden mit den vorstehend unter a $\alpha\alpha$—$\eta\eta$ aufgeführten Feststellungen sind zu überreichen.

c) **Die Eintragung der Anmeldung** muß selbstverständlich den Eintragungsinhalt einer Aktiengesellschaft (§ 198, s. S. 96) erfüllen und daher dementsprechend die bisherige Eintragung der Kommanditgesellschaft ändern; demgemäß sind die Firma der Aktiengesellschaft, die Mitglieder des Vorstands, der Tag des Protokolls über den Umwandlungsbeschluß der Kommanditaktiengesellschaft in eine Aktiengesellschaft und der dadurch veranlaßte Fortfall der persönlich haftenden Gesellschafter einzutragen. Die Eintragungspflicht der letztgedachten Tatsache ist streitig; freilich ist sie eine gesetzliche Folge der

Umwandlung (§ 333 Abs. 3); allein das Handelsregister muß klar und deutlich die Existenz der Aktiengesellschaft erkennen lassen, dazu gehört die Beseitigung jeder mit ihr unvereinbaren noch eingetragenen Tatsache.

d) **Die Bekanntmachung** hat die eingetragenen Tatsachen unter c wiederzugeben.

e) **Das Befriedigungsverfahren** der bisherigen Gläubiger der früheren Kommanditaktiengesellschaft, das gemäß § 334 „unverzüglich" nach der Eintragung der Umwandlung von dem Vorstand vorzunehmen ist, steht außer jeder Beziehung zum Handelsregistergericht.

Paragraph 7.

Die Gesellschaft mit beschränkter Haftung.

A. Die Vorschriften, welche die Voraussetzungen und den Inhalt der handelsregisterlichen Eintragung einer Gesellschaft mit beschränkter Haftung bedingen.

1. Das Entstehen einer Gesellschaft m. b. H.

a) **Der wirtschaftliche Anlaß** zur Gründung einer Gesellschaft m. b. H. — die in fortgesetzt steigender Anzahl auftritt — liegt in den Bestrebungen: einerseits das Risiko zu vermeiden, welches eine offene Handelsgesellschaft mit der unbeschränkten Haftung ihrer Gesellschafter für die Gesellschaftsschulden bringt, anderseits in der Umständlichkeit und in der, vielfach als unerwünscht empfundenen, Offenbarung der Geschäftsverhältnisse, welche einer Aktiengesellschaft gesetzlich eigentümlich.

b) **Die allgemeine Voraussetzung** einer Gesellschaft m. b. H. ist aber, wie bei der Aktiengesellschaft, das Zusammenbringen eines Kapitals, das hier nicht Grundkapital, sondern **Stammkapital** (§ 3[3]) heißt, durch Einlagen, die das Gesetz **Stammeinlagen** nennt (§ 3[5]), sofern die Erschaffung jenes Kapitals unter Erfüllung der Voraussetzungen des Gesetzes vom 20. IV. 1892 in der Fassung vom 20. V. 1898 sich vollzieht.

Die einzelnen, die durch ihre Stammeinlagen das Stammkapital gebildet, sind die Gesellschafter der Gesellschaft m. b. H. Diese ist als solche, wie die Aktiengesellschaft (vgl. S. 83), eine sog. juristische Person, also eine fingierte selbständige Rechtspersönlichkeit, die, mit dem Stammkapital arbeitend, mit diesem den Gesellschaftsgläubigern haftet, nicht aber haften letzteren die Gesellschafter.

Die Gesellschafter als Erzeuger der Gesellschaft m. b. H. mittels Leistung der Stammeinlage erwerben aus diesem Vorgang **die einzelnen Geschäftsanteile,** also den Kreis von Rechten und Pflichten, die das Gesetz für die Gesellschafter einer G. m. b. H. feststellt.

Der Geschäftsanteil tritt an die Stelle der Aktie, jedoch mit rechtlichen Verschiedenheiten.

Der **Aktie gleich** stellt der Geschäftsanteil die Beteiligung des einzelnen Gesellschafters an der Gesellschaft dar und zwar zu dem Quotenbetrag, den die Summe der Stammeinlage zum Stammkapital bildet (§ 14).

Von der Aktie verschieden: — die zugleich die Bescheinigung über ein Beteiligungsrecht am Grundkapital der Aktiengesellschaft darstellt — ist für den Geschäftsanteil eine solche Bescheinigung nicht gesetzlich zu erteilen; wenn auch der Gesellschaftsvertrag die Ausstellung von Geschäftsanteilsbescheinigungen, sog. Anteilscheine, vorsehen kann, die aber nur gewöhnliche Urkunden im Sinne der §§ 126, 127, 402 BGB. sind.

Bei Errichtung der Aktiengesellschaft kann ein Gesellschafter (Aktionär) mehrere Aktien, also mehrere Geschäftsanteile, erwerben.

Bei Errichtung der Gesellschaft m. b. H. kann ein Gesellschafter stets nur eine Stammeinlage machen, und daher nur einen Geschäftsanteil erwerben (wohl aber kann eine Stammeinlage von mehreren Gesellschaftern übernommen werden).

Erst nach Errichtung der Gesellschaft können mehrere — selbst alle — Geschäftsanteile von einem Gesellschafter erworben werden, §§ 15, 16.

Die Übertragung des Geschäftsanteils:

Die **Aktie** ist (von der Ausnahme der sog. vinkulierten Aktie, s. S. 85, abgesehen) formlos übertragbar und mit der formlosen Übertragung der Aktie wird ihr Erwerber ohne weiteres Aktionär, also Gesellschafter.

Der **Geschäftsanteil** kann — es sei ganz oder, was zulässig, RGE. 43, 136, zum Teil — nur in gerichtlicher oder notarieller Form abgetreten werden und kann die Abtretung durch den Gesellschaftsvertrag sogar an die Genehmigung der Gesellschaft gebunden sein (§ 15 Abs. 5).

Zum Gesellschafter der Gesellschaft gegenüber aber macht erst der Nachweis jenes Erwerbs verbunden mit der Anmeldung bei der Gesellschaft, die indessen schriftlich wie mündlich durch den Erwerber wie den Veräußerer des Geschäftsanteils erfolgen kann.

c) **Die Entstehung der Gesellschaft mit beschränkter Haftung als solcher,** mithin als juristischer Person, vollzieht sich mit der Eintragung der Gesellschaft in das Handelsregister desjenigen Gerichts, in dessen Bezirk sich der Sitz der Gesellschaft befindet.

Die Rechtsform, welche die Gesellschaft in dem Zeitraum zwischen dem Abschluß des Gesellschaftsvertrags bis zu dem Zeitpunkt der Eintragung in das Handelsregister hat, ist vollständig streitig; materiell begründet erscheint hier die von Staub, Anm. 2 zu § 11, bereits vertretene Ansicht: Die Gesellschaft ist bis zu jenem Zeitpunkt eine Gesellschaft im Sinne der §§ 705f. BGB.

Mit der Eintragung wandelt diese Gesellschaft ohne weiteres ihre Rechtsnatur in die der Gesellschaft m. b. H., wie „der Embryo in das Kind sich wandelt".

Streitig ist auch die rein **materiellrechtliche** Frage — die als solche hier nur zu erwähnen ist — des Inhalts der Vorschrift im § 11 Abs. 2: „Ist vor der Eintragung im Namen der Gesellschaft gehandelt, so haften die Handelnden persönlich und solidarisch."

Im „Namen der Gesellschaft" ist nach dem Zwecke der Gesellschaft auch gehandelt, wenn das Handeln nur im Ausbau des Gründungsvorganges besteht (sehr streitig).

d) **Die allgemeine Rechtsnatur der Gesellschaft m. b. H.** läßt sich als rechtlicher Bastard zwischen Aktiengesellschaft und offener Handelsgesellschaft bezeichnen. Gegenüber der letzteren hat die G. m. b. H. den **Vorteil** des Ausschlusses der unbeschränkten Schuldenhaftung der Gesellschafter. Gegenüber der Aktiengesellschaft hat die G. m. b. H. den Vorteil leichteren rechtlichen Lebens: Die Wahl eines Aufsichtsrats ist nicht erforderlich. Die Gesellschafter selbst können die Geschäftsführer sein. Die Gesellschafterversammlung ist einfach durch Einschreibebrief berufbar; ihre Verhandlungen bedürfen keiner Beurkundung; einfache mündliche Beschlußfassung kann der Gesellschaftsvertrag als rechtsgültig feststellen; die Abstimmung durch Majoritätsbeschlüsse ist die einfache des § 47, wonach je 100 Mark eines Geschäftsanteils eine Stimme gewähren; ja es bedarf nicht einmal einer Abstimmung, wenn sämtliche Gesellschafter schriftlich einen Beschluß fassen, § 48; nur Statutenänderungen müssen gerichtlich oder notariell beurkundet und mit $^3/_4$-Mehrheit der abgegebenen Stimmen beschlossen werden, § 53 (s. S. 139).

2. Die Art der Gründung einer Gesellschaft m. b. H.

a) **In Abweichung von der Aktiengesellschaft:** ist die Unterscheidung zwischen einer Simultangründung und einer Sukzessivgründung (s. S. 82) hier nach den Vorschriften des Gesetzes vom $\frac{20.\,\text{IV}.\,1892}{20.\,\text{V}.\,1898}$ nicht gemacht.

b) **In teilweiser besonders gestalteter Anlehnung an die Aktiengesellschaft** ist aber auch hier (vgl. S. 83) zwischen einer **sog. qualifizierten und einer einfachen** Gründung zu unterscheiden.

Eine qualifizierte Gründung liegt nach §§ 5 Abs. 4, 3 Abs. 2 vor:

einmal: wenn Gesellschafter, also die Gründer, die von ihnen zu leistende Stammeinlage nicht durch Geldzahlung, es sei ganz oder zum Teil, sondern durch eine Hingabe eines anderen Vermögensgegenstandes (z. B. eines Grundstücks, auch einer Firma, oder der Kundschaft eines bisherigen Geschäfts, oder eines Patents) in Höhe ihres Geldwerts machen.

ferner: wenn Gesellschafter, also Gründer, der zu bildenden, aber erst mit der Eintragung entstehenden (vorstehend S. 121) Gesellschaft, mithin im Gründungsstadium, Wertgegenstände in Anrechnung auf die Summe der Stammeinlage oder auch gegen eine von der Gesellschaft zu zahlende Vergütung gewähren.

Für die durch solche Akte gegebene qualifizierte Gründung einer Gesellschaft m. b. H. erfordern die §§ 5 Abs. 4, 3 Abs. 2 die Festsetzung der Person des Gründers, mit dem die gedachten Akte vorgenommen werden.

Unzulässig nach dem Schutzzwecke der §§ 3 Abs. 2, 5 Abs. 4 ist die Übernahme von Anlagen oder sonstigen Gegenständen durch die Gesellschaft von dritten Personen — die also nicht Gründer sind — im Gründungsstadium, also bis zu dem Zeitpunkt der Eintragung. Gl. A. Staub, Anm. 11 zu § 5. Doch ist das streitig.

Für die Aktien- und Aktienkommanditgesellschaft sind die letztgedachten Akte im Gründungsstadium zulässig und bilden für diese Gesellschaften mit die Voraussetzungen einer qualifizierten Gründung, vgl. § 186 HGB. u. S. 83; um deswillen sind aber auch für jene Gesellschaften als qualifizierte Gründungen die besonderen Schutzvorschriften der §§ 191, 192, 193 HGB. gegeben, die für die Gesellschaft m. b. H. nicht bestehen. Für diese enthalten die §§ 3 Abs. 2, 5 Abs. 4 die allein zulässigen Bedingungen einer qualifizierten Gründung.

c) **Zwei besondere Arten der Gründung der Gesellschaft m. b. H.** sind durch die §§ 26—28 geschaffen: Nach diesen kann der Gesellschaftsvertrag bestimmen, daß durch Gesellschaftsbeschluß die Einforderung von „weiteren Einzahlungen über den Betrag der Stammeinlagen hinaus", also von sog. Nachschüssen, erfolgen kann, die nach Verhältnis seines Geschäftsanteils der einzelne Gesellschafter zu zahlen hat (wenn er nicht abandonnieren, d. h. seinen Geschäftsanteil der Gesellschaft zur Verfügung stellen will). Je nachdem diese Nachschüsse auf einen bestimmten oder einen unbestimmten Betrag bestimmt werden, liegt:

eine Gesellschaft m. b. H. und mit unbeschränkter Nachschußpflicht oder eine Gesellschaft m. b. H. und mit beschänkter Nachschußpflicht vor.

3. Die materiellen und formellen Voraussetzungen der Eintragung einer Gesellschaft mit beschränkter Haftung.

I. Die materiellen Voraussetzungen der Eintragung

sind:

a) **Der Abschluß eines Gesellschaftsvertrags:** Dieser ist von mindestens 2 Gesellschaftern in gerichtlicher oder notarieller Form zu unterzeichnen und muß die unbedingten und uneingeschränkten, auf Gründung der Gesellschaft mit beschränkter Haftung gerichteten übereinstimmenden Willenserklärungen enthalten. Streitig ist, ob eine nachträgliche Unterfertigung — die jedenfalls auch gerichtlicher oder notarieller Beurkundung, nicht nur Beglaubigung, bedarf — des Vertrags statthaft, doch ist dies nach allgemeinen Rechtsgrundsätzen zu bejahen (s. auch S. 136 3d).

Die Gesellschafter können physische wie juristische Personen, also auch Aktiengesellschaften, sein. Einzelkaufleute können unter ihrem kaufmännischen Namen Gesellschafter sein, wie die Praxis mit Recht annimmt, in der Literatur streitig ist.

Geschäftsunfähige Gesellschafter werden durch ihre gesetzlichen Vertreter bei dem Vertragsabschluß vertreten, die nach §§ 1822 Ziff. 3, 1643 BGB. der Genehmigung des Vormundschaftsgerichts bedürfen (streitig; aber zu Unrecht wird hier das Vorliegen der Voraussetzung des § 1822 Ziff. 3 geleugnet).

Bevollmächtigte können an Stelle der Gesellschafter mit gerichtlich oder notariell aufgenommener oder beglaubigter, die Ermächtigung zum Abschluß eines Vertrags über Gründung einer Gesellschaft m. b. H. enthaltender Vollmacht, den Vertrag abschließen und unterzeichnen.

b) **Der Gesellschaftsvertrag muß inhaltlich folgende Bestimmungen enthalten:**

α) **Die Firma und der Sitz** der Gesellschaft ist festzusetzen, §§ 3[1], 4.

Die Firma kann auch hier (vgl. S. 19. 21) eine doppelartige sein: eine ursprüngliche oder eine abgeleitete.

Die Wahl der letzteren ist nur zulässig, wenn ein Geschäft mit einer Firma bei der Gründung der Gesellschaft erworben wird.

Die ursprüngliche Firma kann:

eine **Sachfirma** sein, also von dem Gegenstand des Unternehmens (s. das Nachfolgende) entnommen sein, aber auch nur von dem Gegenstand, den der Gesellschaftsvertrag festsetzt.

ferner eine **Personenfirma** sein; diese darf nur die Namen der Gründer, nicht auch Dritter, aufnehmen, doch genügt einerseits einer der Namen, anderseits muß in diesem

Falle ein ein Gesellschaftsverhältnis andeutender Zusatz hinzugefügt werden.

Endlich ist eine **gemischte Firma** (S. 20) wählbar, also eine aus dem Gegenstand des Unternehmens und den Namen der Gründer oder eines Gründers mit Andeutung eines Gesellschaftsverhältnisses gebildete.

Die abgeleitete Firma (S. 21) braucht nur die bisher geführte Firma des erworbenen Geschäfts zu enthalten, mit oder ohne den Zusatz eines Nachfolgerzusatzes; weder der Name der Gründer noch ein das Gesellschaftsverhältnis andeutender Zusatz ist hier erforderlich.

Für beide Arten der Firma zwingend geboten ist aber der voll auszuschreibende Zusatz „mit beschränkter Haftung".

Andere Zusätze sind auch hier nach der allgemeinen Regel des § 18 HGB., s. S. 20, zulässig; s. auch Johow-Ring 19. 15. 23. 208.

Die **ursprüngliche** Firma kann daher lauten:

Medizinisches Warenhaus, Gesellschaft mit beschränkter Haftung.

August Schulze u. Co.
medizinisches Warenhaus, Gesellschaft mit beschränkter Haftung.

Die **abgeleitete** Firma kann lauten:

August Schulze, Gesellschaft mit beschränkter Haftung.

Der Sitz der Gesellschaft, der angegeben werden muß, ist der deutsche Ort, wo die Zentralleitung des Unternehmens liegt, sofern nicht der Vertrag ausdrücklich einen anderen Ort als Sitz bezeichnet.

β) **Der Gegenstand des Unternehmens**, der anzugeben ist, braucht nicht ein Handelsgewerbe zu sein, muß aber bestimmt charakterisiert sein (streitig); die Wahl des Gegenstands ist frei; nur ausnahmsweise ist das Unternehmen von einer staatlichen Genehmigung (§§ 6, 117 des Gesetzes über die privaten Versicherungsunternehmungen vom 12. V. 1901) und einer Konzession abhängig.

γ) **Der Betrag des Stammkapitals**, also des Kapitals der Gesellschaft, das durch die Stammeinlagen der Gesellschafter zu bilden ist (vgl. S. 123), muß im Gesellschaftsvertrag bestimmt sein. Sein Mindestbetrag wird durch § 5 Abs. 1 auf mindestens 20000 Mark beziffert.

Das Stammkapital braucht aber nicht in barem Gelde zu bestehen, kann vielmehr auch durch Wertgegenstände im Mindestwerte von 20000 Mark gebildet werden, wie ja auch die Stammeinlagen nicht in barem Gelde zu bestehen brauchen, da ja sog. qualifizierte Gründungen statthaft sind (vgl. S. 128). Eine Gesellschaft m. b. H. ist sonach ohne jedes bare Geld gründbar und entstehbar.

δ) **Der Betrag der Stammeinlage,** also der von jedem Gesellschafter auf das Stammkapital zu leistenden Einlage, ist im Gesellschaftsvertrag zu bestimmen.

Diese Einlage kann, wie soeben unter γ erwähnt, nur in Geld oder in Wertgegenständen, oder in beiden Kapitalsarten bestehen.

Der Mindestbetrag der Einlage muß in Geld oder Geldeswert nach § 5 Abs. 1 mindestens 500 Mark betragen.

Es ergibt sich somit, daß — wenn auch 2 Gesellschafter schon eine Gesellschaft m. b. H. gründen können —, sofern der Gesellschaftsvertrag die Stammeinlage auf den Mindestbetrag von 500 Mark nur festsetzt, mindestens 40 Gesellschafter die Gründung der Gesellschaft m. b. H. vornehmen müssen, da nur dann der gesetzliche Mindestbetrag ihres Stammkapitals von 20000 Mark geschaffen wird.

Die Beträge der einzelnen Stammeinlagen müssen:

durch hundert teilbar sein, § 5 Abs. 3.

zusammen den durch den Gesellschaftsvertrag festgesetzten Betrag des Stammkapitals ergeben.

brauchen nicht:

gleich groß zu sein; es können somit z. B. Stammeinlagen von je 10000 Mark und daneben Stammeinlagen von je 100 oder auch nur 500 Mark festgesetzt sein.

Streitig ist, ob mit der Übernahme einer einzelnen Stammeinlage die Verpflichtung zur Zahlung eines sog. Agios an die Gesellschaft verbunden werden kann, also z. B. auf eine Stammeinlage von 1000 Mark nicht nur 1000 Mark, sondern noch 100 Mark an die Gesellschaft zu zahlen sind; dies ist nach § 3 letzt. Abs. zu bejahen.

Mehrere Stammeinlagen können von einem Gesellschafter „**bei**" der Gründung der Gesellschaft nicht erworben werden.

Nach der Gründung aber kann ein Gesellschafter mehrere der nunmehr in Geschäftsanteile verwandelten (s. S. 124 u. folgendes) Stammanteile, ja sogar alle erwerben (§ 15 Abs. 2).

Eine Stammeinlage kann anderseits von mehreren Personen gemeinsam geleistet werden. Diese erwerben dadurch dann das gemeinsame Recht an einem Geschäftsanteil; § 18.

Die Funktion der Stammeinlage ist die: zusammen mit den anderen Stammeinlagen das Stammkapital, also das zur Gründung erforderliche Gesellschaftsvermögen zu bilden und dadurch zugleich den Quotenanteil des Stammeinlage-Zahlers an der Gesellschaft, also den Rechten- und Pflichtenkreis des Stammeinlage-Zahlers als Gesellschafter zu erzeugen.

Der Zweck des gebildeten Gesellschaftsvermögens ist, den Gesellschaftsgläubigern zu haften. Bei dieser Haftung mehrt oder mindert sich das Gesellschaftsvermögen, je nachdem die Gesellschaft mit Über- oder Unterbilanz arbeitet, und daher ändert sich der ursprüngliche Wert der jenes Vermögen erzeugenden Stammeinlagen; d. h. sie werden zu Geschäftsanteilen und zwar sogleich mit ihrer Einzahlung.

Der **Nennbetrag** des Geschäftsanteils ist zwar gemäß § 14 gleich dem Betrage der ihn erzeugenden Stammeinlage, dieser bestimmt somit den Quotenbetrag, der auf den Geschäftsanteil z. B. am Gesellschaftsvermögen, bei der Gewinn- oder Verlustberechnung fällt (sofern hier der Gesellschaftsvertrag nicht anderes festsetzt, §§ 29, 45, 47, 72). Der **tatsächliche Wertbetrag** des Geschäftsanteils ist oder kann aber vom Zeitpunkt des Gesellschaftsbeginns bis zum Zeitpunkt der Gesellschaftsauflösung verschieden sein.

Die Leistungen auf die Stammeinlagen müssen, um die Eintragung und damit die Entstehung der Gesellschaft zu erzielen, mindestens zu $^1/_4$ auf die Geldeinlagen bewirkt, die Sacheinlagen müssen voll bewirkt sein; s. das Nachfolgende unter e, S. 33.

Die — übersteigenden Geldbeträge der einzelnen Geldeinlagen sind einzuzahlen, sobald die Gesellschafter es beschließen.

Der Gesellschaftsvertrag darf die Vollzahlungen der Stammgeldeinlagen nicht etwa ausschließen, §§ 19—25.

ε) **Eine Beschränkung des Gründungsunternehmens „auf eine gewisse Zeit"** bedarf ferner der Festsetzung im Gesellschaftsvertrag.

„Eine gewisse Zeit"-Beschränkung ist kalendermäßig, z. B. bis zum 1. I. 1920, oder durch Bezeichnung eines Ereignisses, z. B. bis zur Betriebseröffnung einer Kleinbahn Brandenburg-Kleinkreutz, möglich.

Die Wirkung der Beschränkung auf gewisse Zeit ist:

Die mit Eintritt ihres Zeitpunktes eintretende Auflösung der Gesellschaft ohne Auflösungsbeschluß des § 60 Ziff. 2.

Die Notwendigkeit einer Änderung der Statuten, falls die in ihnen gesetzte Zeitbeschränkung vermehrt oder aufgehoben werden soll.

Unzulässig ist eine Zeitbeschränkung, die das erste oder ein folgendes Geschäftsjahr auf eine kürzere als eine einjährige Frist festsetzte, § 39 Abs. 2 HGB.

ζ) **Verpflichtungen neben derjenigen zur Einzahlung der Stammeinlagen** bedürfen gleichfalls der Festsetzung im Gesellschaftsvertrag.

Diese Verpflichtungen können Leistungen, Geldzahlungen, Sachen zum Gegenstand haben (vgl. S. 129), allen oder nur einzelnen Gesellschaftern auferlegt sein; entgeltlicher oder unentgeltlicher Natur sein, im ersten Falle müssen selbstverständlich Art und Betrag des Entgelts auch festgesetzt sein.

Eine Veräußerung seines Geschäftsanteils (vgl. S. 129) entbindet den einzelnen Gesellschafter von einer Verpflichtung der gedachten Art nach § 16 Abs. 3 nur bei Zustimmung der Gesellschaft unter der Form des Rechtsaktes einer Schuldübernahme gemäß §§ 414, 415 BGB.

η) **Nicht erforderlich** — und hierin liegen die Gründung erleichternde Abweichungen von der Aktiengesellschaftsgründung — aber zulässig sind **Vertrags**festsetzungen, betreffend:

Die **Art der Bestellung der Geschäftsführer** (s. nachfolgend unter c), die, falls der Gesellschaftsvertrag jene nicht feststellt, gemäß §§ 6, 45 Abs. 2, 46 Ziff. 5 von den Gesellschaftern nachträglich vorzunehmen ist; s. aber Nachfolgendes unter c.

Die **Form der Berufung der Gesellschafterversammlung,** die beim Mangel einer Vertragsbestimmung der gesetzlichen Vorschriften des § 51 gemäß mittels Einschreibebriefs zu erfolgen hat.

Vor allem aber ist nach Abs. 3 § 5 bei Verletzung der gesetzlichen oder etwa statutarisch bestimmter Berufungsform, doch stets ein Gesellschafterversammlungs-Beschluß gültig möglich, wenn alle Gesellschafter anwesend sind.

Die **Form, in welcher die von der Gesellschaft ausgehenden Bekanntmachungen** erfolgen, kann der Gesellschaftsvertrag bestimmen, braucht es aber nicht.

In solchen Fällen ergehen öffentliche Bekanntmachungen:

die im geschäftlichen Verkehr der Gesellschaft erforderlich werden, in jeder üblichen Art;

die vereinzelt im Gesetz vorgeschriebenen öffentlichen Bekanntmachungen (siehe §§ 30 Abs. 2, 41 Abs. 4, 81 Abs. 3) sind in den öffentlichen Blättern vorzunehmen, die das Handelsregistergericht, in dem die Gesellschaft eingetragen, für seine öffentlichen Bekanntmachungen bestimmt hat; s. S. 16.

c) **Die Bestellung mindestens eines Geschäftsführers** der Gesellschaft — deren Rechte und Pflichten die §§ 35—44 d. Ges. regeln — ist die fernere Voraussetzung der Eintragung der Gesellschaft m. b. H.

Die Bestellung ist nach § 38 jederzeit widerrufbar, wenn der Gesellschaftsvertrag nicht anderes bestimmt; aus wichtigem Grunde (§ 626 BGB.) kann jede längere Bestellung gekündigt werden; wird eine solche ohne Grund gekündigt, so entsteht ein Schadensersatzanspruch des Geschäftsführers. Ist die Bestellung im Gesellschaftsvertrage nicht erfolgt, so haben die Gesellschafter die Bestellung der Geschäftsführer gemäß § 46 Ziff. 5 vorzunehmen.

α) **Die Zahl** der Geschäftsführer kann beliebig bestimmt werden, wie erwähnt, braucht nur ein Geschäftsführer bestellt zu werden.

β) **Die Person** der Geschäftsführer kann aus den Gesellschaftern oder Nichtgesellschaftern gewählt werden.

Die Bestellung ist vorzunehmen:

durch den Mehrheitsbeschluß der Gesellschaften, oder:

durch diejenigen, denen der Gesellschaftsvertrag die Bestellung überträgt; jene können sein:

der Aufsichtsrat,
ein Dritter,
die Geschäftsführer nach ihrer ersten Bestellung selbst, sog. Kooptationsrecht.

γ) **Die Form** der Bestellung bedarf, wenn sie nicht im Gesellschaftsvertrage erfolgt (abweichend von der Wahl der Vorstandsmitglieder der Aktiengesellschaft), nicht der gerichtlichen oder notariellen Protokollform, vielmehr genügt schriftliche Ernennung durch sämtliche Gesellschafter. Ist Einstimmigkeit der Gesellschafter über die Wahl eines Geschäftsführers nicht zu erzielen, so bedarf es zwar eines Majoritätsbeschlusses; dieser erfordert aber zu seiner Gültigkeit keiner Beurkundung; indessen würden die gewählten Geschäftsführer, um als solche die Anmeldung und Eintragung zum Handelsregister zu erzielen, in einer geeigneten, dem Einzelfalle zu entnehmenden Art ihre Wahl — meist nicht leicht — darzutun zu haben; s. folgende S. 135.

Eine Bestellung von Geschäftsführern, nach Austritt der ersten, muß dagegen stets urkundlich erfolgen, § 39 Abs. 2.

δ) **Die Vertretungsmacht** ist gesetzlich die der Kollektivvertretungsmacht; der Gesellschaftsvertrag kann aber Einzelvertretungsmacht oder Mitwirkung eines Prokuristen bestimmen, und zwar (nach richtiger, wenn auch streitiger Ansicht) derart, daß bei Kollektivvertretung mehrerer Geschäftsführer noch die Vertretungsmacht eines oder mehrerer derselben mit einem Prokuristen zulässig ist. Bei Bestellung nur **eines** Geschäftsführers ist aber dessen gesetzliche Vertretungsmacht nicht durch eine Anordnung der Mitvertretung eines Prokuristen statthaft.

Weitere Beschränkungen der Vertretungsmacht der Geschäftsführer sind, etwa nach Art der Geschäfte oder auf Zeit oder nur auf die Vertretung einer Zweigniederlassung, nach außen unzulässig, § 37 Abs. 2.

ε) **Die Form** der Willenserklärungen der Geschäftsführer kann der Gesellschaftsvertrag besonders regeln.

ζ) **Die Zeichnung** der Geschäftsführer für die Gesellschaft geschieht durch Beifügung ihrer Namensunterschrift zu der Firma der Gesellschaft.

Hierbei seien 2 besondere gesetzliche Vorschriften erwähnt: Willenserklärungen **gegenüber** der Gesellschaft sind auch bei Kollektivvertretung mehrerer Geschäftsführer jedem einzelnen gegenüber rechtsgültig vornehmbar. Eine Kündigung z. B. ist gültig, wenn sie auch nur an einen mehrerer kollektivberechtigter Geschäftsführer erfolgt, § 35 Abs. 2.

Die Bestimmung sämtlicher Gesellschafter zu Geschäftsführern, die im Gesellschaftsvertrag getroffen, beruft nur die Gründer zu Geschäftsführern, nicht auch etwa später eintretende Gesellschafter.

Die weiteren materiellrechtlichen Befugnisse der Geschäftsführer, die hier nicht zu erwähnen sind, enthalten die §§ 36—44, 64, 66, 75, 78, 80—81.

Stellvertretende Geschäftsführer brauchen nicht bestellt zu werden.

Sind Stellvertreter bestellt, so treten sie mit den Rechten, Pflichten und zulässigen (vorstehend δ) Beschränkungen der zu vertretenden Geschäftsführer an deren Stelle.

Sind Stellvertreter von Geschäftsführern nicht ernannt, aber eine Vertretung der letzteren erforderlich, so kann diese erfolgen:

durch ein Aufsichtsratsmitglied, falls ein Aufsichtsrat bestellt ist (vgl. folgendes unter **g**), s. § 52 d. Ges. in Verbindung mit § 248 HGB.;

durch die Persönlichkeit, die die Gesellschaft gemäß § 46 Ziff. 8 d. Ges. ernennt oder auf Antrag eines Gesellschafters das Amtsgericht gemäß § 29 BGB. ernennt.

d) **Für qualifizierte Gründungen** (s. S. 125 unter 2) müssen die Feststellungen der §§ 3 Abs. 2, 5 Abs. 4 im Gesellschaftsvertrage aufgeführt sein, die S. 126 dargelegt sind.

e) **Die Einlagen müssen bewirkt und in der freien Verfügung der Geschäftsführer sein,** und zwar:

Die Geldeinlagen (s. S. 128) zu $1/_4$ mindestens mit 250 Mark bewirkt sein; streitig ist, ob statt Barzahlung auch Leistung durch Scheck (RGE. 41. 122), durch Girobuchung statthaft; soweit der Eingang der dadurch festgestellten Geldzahlung kaufmännisch sichergestellt erscheint, können jene Akte als verkehrsübliche Ersatzleistungen einer Barzahlung genügen.

Die Sacheinlagen (s. S. 126, 128) müssen vollständig bewirkt sein.

Gemischte Einlagen, also teils Sach- teils Geldeinlagen, müssen, soweit sie Sacheinlagen sind, vollständig, soweit sie Geldeinlagen sind, zu $^1/_4$, mindestens in Höhe von 250 Mark, bewirkt sein. (Diese Unterscheidung ist auch streitig, gegen die Sicherungsabsicht des Gesetzes wird das $^1/_4$ von dem Geldwert der ganzen gemischten Einlage berechnet.)

Alle Einlagen müssen, wie bereits erwähnt, „in freier Verfügung" (nicht also nur wie bei der Aktiengesellschaft, „im Besitze", s. S. 90) der Geschäftsführer sein; letztere müssen mithin für den Zeitpunkt der demnächst vorzunehmenden Anmeldung der Gesellschaft m. b. H. zum Handelsregister, namens der Gesellschaft, das Eigentum an den Sacheinlagen haben, bei Geldeinlagen also das unbeschränkte eigentümliche Verfügungsrecht über die Barsummen haben.

f) **Ausnahmsweise müssen erteilt sein:** eine staatliche Genehmigung, s. §§ 6 und 117 des Gesetzes über die privaten Versicherungsunternehmungen vom 12. V. 1901 und die Konzessionsurkunde, wenn das Unternehmen konzessionspflichtig ist.

g) **Nicht erforderlich** ist die Wahl eines Aufsichtsrats, sondern durch § 52 den Gesellschaftern überlassen, im Gesellschaftsvertrage die Bestellung eines Aufsichtsrats vorzunehmen.

Ein bestellter Aufsichtsrat untersteht, was die Zahl seiner Mitglieder, seine Änderungen, seine Vergütung, seine Überwachungs-Berechtigung und Verpflichtung gegenüber der Geschäftsführung der Geschäftsführer betrifft, den Vorschriften der §§ 243 Abs. 1, 24, 244—248, 249 Abs 1, 2 des HGB.

In allen genannten Punkten kann aber der Gesellschaftsvertrag eine abweichende Bestimmung vornehmen, insbesondere die Wahl des Aufsichtsrats einem oder einzelnen Gesellschaftern — nicht aber, nach dem Berufszwecke des Aufsichtsrats als Aufsichtsinstanz über den Geschäftsführer, diesen — übertragen.

Ein ähnliches Organ aber wie der Aufsichtsrat kann — wie Staub, Anm. 2 § 52 mit Recht aus der Strafvorschrift des § 82 Ziff. 3 folgert — an Stelle des letzteren oder neben diesem durch den Gesellschaftsvertrag eingerichtet werden. Ein solches Organ ist, sobald ihm die Überwachung der Geschäftsführer nicht übertragen, eben ein „anderes" Verwaltungsorgan, andernfalls ist es trotz abweichender Bezeichnung ein Aufsichtsrat.

II. **Die formellen Voraussetzungen der Eintragung der Gesellschaft mit beschränkter Haftung in das Handelsregister,** § 8 d. Ges. sind:

a) **Die Anmeldung** zur Eintragung der Gesellschaft m. b. H., sonach unter Bezeichnung ihrer Firma, bei dem Gericht, in dessen Bezirk sie ihren

Sitz (vgl. S. 128) hat, durch sämtliche Geschäftsführer und, sofern Stellvertreter der letzteren bestellt sind, auch durch diese (§ 44).

Streitig ist, ob die Geschäftsführer und ihre Vertreter persönlich oder auch durch Bevollmächtigte die Anmeldung vornehmen können, was zu bejahen ist; die Erklärungen der letzteren machen ja erstere haftbar (selbstverständlich muß aber die — nachstehend unter b η erwähnte — Zeichnung der eigenen Unterschrift der Geschäftsführer und Geschäftsführer-Vertreter in beglaubigter Form stets vorliegen).

b) **Die Einreichung:**

α) **Der gerichtlichen oder notariellen Verhandlung,** welche den von den Gesellschaftern unterschriebenen Gesellschaftsvertrag mit den vorstehend unter I b α—ζ (S. 127—130) aufgeführten Punkten enthält.

β) **Der gerichtlichen oder notariell errichteten oder beglaubigten Vollmacht** der Vertreter der Gesellschafter, wenn diese nicht selbst, sondern durch Vertreter den Gesellschaftsvertrag geschlossen und unterschrieben haben.

Die Legitimation der gesetzlichen Vertreter der Geselschafter, die für diese den Vertrag schließen, muß im Vertrage selbst festgestellt sein. An Stelle der Urschrift einer Vollmacht ist eine beglaubigte Abschrift einzureichen (ob die Beglaubigung von jeder Urkundsperson, nicht nur von Gericht oder Notar zu erfolgen hat, ist in der Praxis zweifelhaft; letzteres ist zutreffend s. S. 11.

γ) **Der Legitimation der Geschäftsführer,** sofern ihre Bestellung nicht im Gesellschaftsvertrag erfolgt ist; s. vorstehend I 3 c S. 132.

Der § 8 Abs. 1 spricht hier von „beifügen". Ist jene Bestellung erst nach dem Abschluß des Gesellschaftsvertrags erfolgt und gestattet letzterer einen formlosen Gesellschafterbeschluß (s. vorstehend d S. 125), so entsteht hier die Schwierigkeit, wie die durch formlosen Gesellschafterbeschluß bestellten Geschäftsführer sich als solche zu legitimieren haben.

Die ausdrückliche besondere Erklärung der Geschäftsführer, ein Gesellschafterbeschluß habe sie bestellt, führt dann ihre Legitimation.

Wird letztere vom Registergericht nicht als ausreichend erachtet, so hat es bezügliche Ermittelungen gemäß § 12 des FreiwGerGes. anzustellen.

δ) **Der Liste der Gesellschafter:** dieselbe hat Name, Vornamen, Stand und Wohnort der Gesellschafter, sowie den Betrag der von jedem Gesellschafter übernommenen Stammeinlage (s. S. 123, 129) ersichtlich zu machen.

Selbstverständlich müssen jene Namen mit den Unterschriften des Vertrags übereinstimmen und der Gesamtbetrag der in der Liste aufgeführten Stammeinlage-Beträge der einzelnen Gesellschafter muß die Ziffer des Stammkapitals (s. S. 123, 128) der Gesellschaft ergeben.

ε) **Der Urkunde über die ausnahmsweise erforderliche staatliche Genehmigung,** s. vorstehend unter I f S. 134.

ζ) **Der Versicherung,** daß die Stammeinlagen (vgl. S. 128), soweit sie Sacheinlagen sind, vollständig bewirkt, soweit sie Geldeinlagen sind, zu $^1/_4$ ihres Betrages, mindestens in Höhe von 250 Mark, bewirkt und beide Einlagen in freier Verfügung der Geschäftsführer sich befinden; s. vorstehend unter I e S. 133.

η) **Der Einreichung** (oder protokollarischen Ausführung vor dem Gerichtsschreiber des Registergerichts) der Zeichnung der Unterschrift der Geschäftsführer sowie etwa für sie bestellter Vertreter.

c) **Nicht erforderlich** ist die Anmeldung oder Einreichung der Urkunde der Bestellung eines Aufsichtsrats, falls der Gesellschaftsvertrag die — gesetzlich nicht gebotene sondern nur gestattete — Wahl eines Aufsichtsrats (s. vorstehend I g S. 134) vorgenommen hat.

4. Die Eintragung der Gesellschaft mit beschränkter Haftung.

1. **Der Inhalt der Eintragung** weicht von dem Inhalt der Bekanntmachung (s. folgende Ziff. 5) ab, und wird durch § 10 Abs. 1 u. 2 des Gesetzes und § 130 d. FreiwGerGes. bestimmt.
2. **Die Grundlagen** für die Eintragung sind von dem Registerrichter aus dem Gesellschaftsvertrage und den einzureichenden Urkunden (vorstehende S. 134 unter II) zu entnehmen.
3. **Im einzelnen** sind einzutragen:

unbedingt:

a) **Die Firma und der Sitz** der Gesellschaft, vorstehende S. 127 unter b α.

b) **Der Gegenstand des Unternehmens,** vorstehende S. 128 unter b β.

c) **Die Höhe des Stammkapitals,** vorstehende S. 128 unter b γ.

d) **Der Tag des Abschlusses des Gesellschaftsvertrags.** Ist der Gesellschaftsvertrag von den Gesellschaftern nicht in gleichzeitiger Anwesenheit aller bei der gerichtlichen oder notariellen Beurkundung unterschrieben, mehrere solcher Beurkundungen vielmehr gemäß §§ 128, 152 BGB. vorzunehmen gewesen, so bestimmt das Datum der letzten erst den Abschluß-Tag des Gesellschaftsvertrags.

e) **Die Personen der Geschäftsführer** und etwa bestellter Vertreter der letzteren, vorstehende S. 131 c **u. 135**, Verkehrsüblich — nach der herrschenden Ansicht — erfolgt die Bezeichnung einer Person durch Aufführen von Vor- und Zunamen und Wohnort.

bedingt: nämlich, falls eine Feststellung darüber im Gesellschaftsvertrage enthalten, sind ferner einzutragen:

f) **Die Beschränkung der Gesellschaftsdauer** auf eine bestimmte Zeit, vorstehende S. 130 unter b ε. Ein Vertragspassus, der die Gesellschaftsdauer auf unbestimmte Zeit festsetzt, enthält die Feststellung einer irdisch selbstverständlichen Tatsache, die als solche eine Eintragung nicht erfordert.

Die **Bestimmung der Vertretungsmacht** der Geschäftsführer, ihrer Vertreter und Liquidatoren, falls jene von der gesetzlichen der Kollektivvertretung, vorstehende S. 132 unter c δ, abweicht. Die ausdrückliche Festsetzung der letzteren im Gesellschaftsvertrag ist die Erwähnung einer gesetzlichen Vorschrift, die als solche einer Eintragung nicht bedarf.

g) **Der Tag der Eintragung** der Gesellschaft mit der Unterschrift des Registerführers.

5. Die öffentliche Bekanntmachung der Gesellschaft mit beschränkter Haftung.

1. **Der Inhalt der Bekanntmachung** umfaßt außer dem Inhalt der vorstehend unter 4 aufgeführten Eintragungspunkte noch die ferneren, im § 10 im Abs. 3 aufgeführten Punkte.

2. **Im einzelnen** enthält danach die Bekanntmachung:

a) **außer:** Firma, Sitz der Gesellschaft, Gegenstand des Unternehmens, Höhe des Stammkapitals, Tag des Abschlusses des Gesellschaftsvertrags, Personen der Geschäftsführer, besonderen Vertragsbestimmungen über Beschränkung der Gesellschaftsdauer und Vertretungsmacht der Geschäftsführer, Vertreter derselben und Liquidatoren.

b) **ferner:**

sobald eine qualifizierte Gründung vorliegt: — vorstehende S. 126 unter b — die jene Gründungsart im Einzelfall erzeugenden Festsetzungen.

Es sind mithin bekannt zu machen:

α) Die Namen der Gründer, die eine Stammeinlage ganz oder zum Teil nicht in Geld machen, die Vermögensgegenstände, die sie statt der Geldzahlung auf die Stammeinlage machen, der Geldwert dieser Vermögensgegenstände.

β) Die Namen der Gründer (nur solche, nicht auch Dritte, können hier richtiger Ansicht nach, s. S. 126 unter b, in Betracht kommen), die jetzt, also im Gründungsstadium vor der Eintragung der Gesellschaft, dieser gegen eine von ihr zu zahlende Vergütung Wertgegenstände übertragen.

Diese übertragenen Wertgegenstände.

Die für die Wertgegenstände gewährte Vergütung.

sobald eine bestimmte Form für öffentliche Bekanntmachungen der Gesellschaft im Vertrage festgesetzt ist, ist dies bekannt zu geben.

Diese Festsetzung ist — s. S. 125 u. 131 — im Vertrage nicht erforderlich, ist sie aber getroffen, so muß sie bekannt gemacht werden.

6. Die Beziehungen der eingetragenen Gesellschaft mit beschränkter Haftung zum Handelsregister, die Eintragungen veranlassen.

a) **Jede Änderung in den Personen der Geschäftsführer, sowie die Änderung oder Beendigung ihrer Vertretungsbefugnis** ist zur Eintragung in das Handelsregister anzumelden.

Es zählen hierher somit die Veränderungen in dem Personenkreis der Geschäftsführer, z. B. Tod oder Kündigung, wie die Veränderung ihrer Vertretungsmacht, s. S. 131 unter c. Diese Änderungen sind aber zugleich Statutenänderungen und nach § 54 des Gesetzes, s. folgendes unter b, zu behandeln, wenn die bisherige Vertretungsbefugnisart durch den Gesellschaftsvertrag — es sei ausdrücklich, also in Abänderung der gesetzlichen Kollektivvertretungsbefugnis, oder stillschweigend, indem es bei der soeben gedachten gesetzlichen Vertretungsart eben einfach verblieben — festgesetzt war.

Die Abberufung der im Gesellschaftsvertrag zum Geschäftsführer bestellten Persönlichkeit und ihre Ersetzung durch eine andere Person ist aber keine Statutenänderung, sondern nur eine einfache „Änderung der Person des Geschäftsführers", s. RGE. 44. 95, auch Rechtspr. d. OG. 3. 56.

Die Anmeldung ist:

vorzunehmen: von den Geschäftsführern, jedoch nicht stets von ihnen insgesamt, sondern in der für ihre Vertretungsbefugnis vorgeschriebenen Zahl, mithin dann nicht von allen, wenn der Gesellschaftsvertrag die gesetzliche Kollektivvertretungsmacht abgeändert hat.

Ein ausscheidender Geschäftsführer hat nicht mitzuwirken.

hat beizufügen: eine einfache Abschrift der Urkunde, aus welcher die angemeldete Änderung hervorgeht. Die Urkunde hat somit zu enthalten:

entweder: einen Majoritätsbeschluß der Gesellschafter (bei dem ein etwa zum Geschäftsführer zu bestellender Gesellschafter richtiger, wenn auch streitiger, Ansicht nach mitzustimmen berechtigt ist, da § 47 Abs. 4 d. Ges. jenen reinen Geschäftsleitungsakt nicht betrifft. Gl. A. Staub A. 20 § 47. A. M. Liebmann, Anm. 7);

oder: einen Aufsichtsratsbeschluß, wenn diesem der Gesellschaftsvertrag die Bestellung der Geschäftsführer überträgt (s. S. 132), womit richtiger Ansicht nach auch die Abberufung bestellter Geschäftsführer übertragen ist (vgl. Johow 30 A 133);

oder: die Willenserklärung eines Dritten, s. S. 132;

oder: die Willenserklärung sämtlicher Geschäftsführer, wenn diesen das sog. Kooptationsrecht eingeräumt ist, s. S. 132.

Andere Urkunden sind nicht erforderlich, insbesondere nicht eine Sterbeurkunde, wenn der Tod eines Geschäftsführers die Änderung veranlaßte (streitig).

Die Zeichnung der Unterschrift seitens des neu bestellten Geschäftsführers ist endlich ein Bestandteil der Anmeldung und ihrer Eintragung.

b) **Jede Änderung des Gesellschaftsvertrags**, also des sog. Statuts, die erst mit der Eintragung in das Handelsregister rechtsgültig wird, ist anzumelden, §§ 53, 54.

Die Voraussetzung einer Statutenänderung ist ein gerichtlich oder notariell zu beurkundender Beschluß der Gesellschafterversammlung, die selbstverständlich statutengemäß oder gesetzmäßig (s. S. 125—131) berufen sein muß.

Dieser **Beschluß** ist zu fassen:

unbedingt: mit einer $^3/_4$-Mehrheit aller abgegebenen Stimmen (vgl. S. 132 und § 47 Abs. 2; sind alle Geschäftsanteile in der Hand einer Person, so ist die statutenändernde Willenserklärung derselben eben ein Beschluß); eine höhere Stimmenmehrheit als $^3/_4$ kann der Gesellschaftsvertrag bestimmen. Als gesetzlich notwendige Folge des Wesens der Gesellschaft (vgl. S. 123) ist jede Statutenänderung ausgeschlossen, die die notwendigen Gesetzesvoraussetzungen der G. m. b. H. antastete.

bedingt erforderlich ist:

die Zustimmung derjenigen Gesellschafter, deren im Gesellschaftsvertrag eingeräumte Sonderrechte von der in Aussicht genommenen Statutenänderung betroffen werden;

die Zustimmung aller Gesellschafter, es sei vor oder nach der Abstimmung, § 182 BGB., wenn die nach dem Statut den Gesellschaftern auferlegten Leistungen vergrößert oder neue Leistungen auferlegt werden sollen.

Die Anmeldung ist:

vorzunehmen von den Geschäftsführern, jedoch nicht stets von ihnen insgesamt, sondern in der für ihre Vertretungsbefugnis vorgeschriebenen Zahl, mithin dann nicht von allen, wenn der Gesellschaftsvertrag die gesetzliche Vertretungsmacht abgeändert hat.

beizufügen sind der Anmeldung:

die Urschrift oder Ausfertigung oder beglaubigte Abschrift des gerichtlichen oder notariellen Protokolls über den Gesellschafterbeschluß;

die ausnahmsweise (vgl. S. 134) erforderliche Genehmigungsurkunde.

Die Eintragung

hat vollständig die Statutenänderungen wiederzugeben, die den Inhalt der ursprünglichen Eintragung, S. 136 unter 4, also z. B. die Firma, abändern.

kann in einer Bezugnahme auf die eingereichte Urkunde bestehen, wenn die Statutenänderung die einzelnen Punkte der ursprünglichen Eintragung, S. 136 unter 4, nicht betrifft.

Die Bekanntmachung hat nur rücksichtlich derjenigen Statutenänderungen zu erfolgen, die den Inhalt der ursprünglichen Bekanntmachung, S. 137 unter 5 betreffen.

c) **Zwei Änderungen des Gesellschaftsvertrags sind besonders geregelt:** nämlich die Erhöhung und die Herabsetzung des Stammkapitals.

a) **Die Erhöhung des Stammkapitals.**

α) **Der Zeipunkt** einer Erhöhung des bisherigen Stammkapitals durch Bildung und Übernahme neuer Stammeinlagen kann **vor** wie nach der Volleinzahlung der Kapitalsummen der bisherigen Stammeinlagen liegen.

Eine im erstgedachten Zeitpunkt aber bereits erfolgende Stammkapitalserhöhung hat aber zweifache Rechtsfolgen:

Die Übernehmer der **neuen** Stammanteile haften gemäß § 24 mit den übrigen Gesellschaftern für den Fehlbetrag, falls von einem Gesellschafter die noch nicht gezahlten Restbeträge seiner Stammeinlage bzw. seines Geschäftsanteils nicht zu erlangen sind.

Die Übernehmer (oder ihre Rechtsnachfolger) der **ursprünglichen** Stammeinlagen, also die bisherigen geschäftsanteilsberechtigten (vgl. S. 124) Gesellschafter, werden gleichfalls gemäß § 24 weiter auch dafür haftbar, wenn

Fehlbeträge bei der Einzahlung der neuen Geschäftsanteile sich ergeben.

Diese **beiden Rechtsfolgen bei der Kapitalserhöhung** vor Volleinzahlungen der ursprünglichen Stammeinlagen haben zwei weitere Rechtsfolgen:

einmal für den Inhalt der Übernahmeerklärungen rücksichtlich der neuen Stammeinlagen, s. nachfolgend S. 142 unter $\beta\beta$.

ferner für die Abstimmungsvoraussetzung rücksichtlich des Kapitalserhöhungsbeschlusses der Gesellschafter, s. nachfolgend S. 142.

β) **Die Voraussetzungen** der Kapitalserhöhung sind:

$\alpha\alpha$) **Ein Gesellschafterbeschluß**, der gerichtlich oder notariell zu beurkunden ist, der die Kapitalserhöhung beschließt, letztere mithin beziffert.

Diese **Bezifferung** kann beschlossen werden:

„auf" eine bestimmte Summe, deren Nichterreichung das Nichtzustandekommen der Kapitalserhöhung und damit das Hinfälligwerden des gefaßten Kapitalserhöhungsbeschlusses nach sich zieht;

„bis" zu einer bestimmten Summe innerhalb einer bezeichneten Höchstsumme, also z. B. bis zu 100000, mindestens aber 50000 Mark. Die Erreichung der Mindestsumme bewirkt dann, daß mit dieser Summe eine Kapitalserhöhung zustande kommt;

„bis zu einem Zeitpunkt" in beiden Fällen; in diesem ist die Kapitalserhöhung nur dann geglückt, wenn die Summe oder die Mindestsumme der Kapitalserhöhung gezeichnet und das innerhalb des bestimmten Zeitraums geschehen ist.

Anmelde- und eintragungsfähig ist jedenfalls nur eine fest und klar bezifferte und den beschlußmäßigen Bedingungen voll entsprechende Kapitalserhöhung; vgl. Johow 29 A 102 u. 266. Der gesetzlich zulässige Mindestbetrag einer Kapitalserhöhung beträgt 500 Mark, wie sich aus dem unter $\beta\beta$ Nachfolgenden ergibt.

Außer der Bezifferung der Summe der Kapitalserhöhung und der Summe der einzelnen neuen Stammeinlagen (s. S. 129) hat der Beschluß, sofern die Stammeinlagen nicht Geld-, sondern Sacheinlagen sind, die sie leistenden Personen, den Gegenstand, den Geldwert der Sacheinlagen, sowie die Vergütung für diese festzusetzen; denn eine qualifizierte Stammkapitalserhöhung (vgl. S. 126) ist insofern zulässig, als statt Geld eben Sachen zu einem bestimmten Geldwert auf die Einlagen geleistet werden können.

Als ein qualifizierter Mehrheitsbeschluß muß sich der Gesellschafterabschluß auf Kapitalserhöhung, da er eine Statutenänderung enthält, darstellen:

regelmäßig muß sonach eine $^3/_4$-Mehrheit aller abgegebenen Stimmen die Erhöhung beschlossen haben;

ausnahmsweise müssen alle Gesellschafter zugestimmt haben, wenn die Kapitalserhöhung vor Vollzahlung der bisherigen Stammeinlagen erfolgt, da in diesem Falle gemäß § 24 die den bisherigen Gesellschaftern auferlegten Leistungen vergrößert werden (s. vorstehend S. 140 unter c α u. S. 139 unter b).

$\beta\beta$) **Die Übernahmeerklärungen** der neuen Stammeinlagen müssen in gerichtlich oder notariell aufgenommenen oder beglaubigten Erklärungen vorliegen.

Diese schon vor einer in Aussicht genommenen Kapitalserhöhung wie nach dieser abgegebenen Stammeinlagen-Übernahmen sind ganz den Voraussetzungen der ursprünglichen bei der Gründung unterstellt.

Sie **müssen** mithin mindestens, auf 500 Mark lautend, durch 100 teilbar sein, zu $^1/_4$, mindestens zu 250 Mark, eingezahlt sein, und nur **eine** neue Stammeinlage kann übernommen werden, anderseits können die einzelnen Stammeinlagen von verschiedener Summenhöhe sein; vgl. S. 129.

Die **vor Vollzahlung der bisherigen Stammeinlagen** ergehenden Übernahmeerklärungen neuer Stammeinlagen haben ferner die Haftung der neuen Gesellschafter aus § 24 d. Ges. festzustellen; s. vorstehend c α S. 140.

Ferner müssen die Übernahmeerklärungen die, neben den Leistungen von Geld- oder Sacheinlagen auf die Stammeinlagen, gemäß § 3 Abs. 2 d. Ges. den neuen Gesellschaftern auferlegten Verpflichtungen aufführen, z. B. die Zahlung eines Agios (vgl. S. 129), was meistens bei Kapitalserhöhungen blühender Gesellschaften m. b. H. geschieht, bei denen die Geschäftsanteile der Gesellschaft weit über der Summe ihrer einstigen Stammeinlagen (aus denen ja die Geschäftsanteile anteile entstehen, vgl. S. 124) im Börsenverkehr verkäuflich sind.

Zweckmäßig wird in der Übernahmeerklärung schon der Zeitpunkt anzuführen sein, von dem ab die neuen Gesellschafter an Gewinn und Verlust der Gesellschaft beteiligt sind.

γ) **Die Anmeldung der Kapitalserhöhung** ist von sämtlichen Geschäftsführern vorzunehmen (vgl. S. 135 unter II a).

Die Anlagen, die der Anmeldung beizufügen, sind:

die gerichtliche oder notarielle **Verhandlung,** die den Beschluß über die Stammkapitals-Erhöhung enthält, in Ausfertigung oder beglaubigter Abschrift (vorstehend β *aa* S. 141).

die gerichtlich oder notariell aufgenommenen oder beglaubigten **Erklärungen** derjenigen, die Stammeinlagen auf das erhöhte Stammkapital übernommen haben (vorstehend $\beta\beta$ S. 142).

die von den Geschäftsführern unterschriebene **Liste** der Personen, die die eben gedachten Stammeinlagen übernommen haben; die Summen der einzelnen Stammeinlagen, die somit der Geldeinlagesumme oder dem Geldwert der Sacheinlage (vgl. vorstehend unter *aa* S. 141) entspricht, sind einzeln aufzuführen.

Die Urkunde über die ausnahmsweise erforderliche **staatliche Genehmigung** (s. S. 134, 140), die wie bei der Gründung der Gesellschaft m. b. H. auch bei ihren Stammkapitalserhöhungen zu erteilen ist.

Die Versicherung der Geschäftsführer — die in der Anmeldung abzugeben ist —:

daß die neuen Stammeinlagen, soweit sie Sacheinlagen sind, vollständig bewirkt, soweit sie Geldeinlagen sind, zu $^1/_4$ ihres Betrages, mindestens in Höhe von 250 Mark, bewirkt, und beide Einlagen in der Verfügung der Geschäftsführer sich befinden (vgl. S. 133 unter I e u. 136 ζ)

bildet die letzte Voraussetzung der Anmeldung und damit der Eintragung.

δ) **Die Eintragung und Bekanntmachung** hat den Gesellschafterbeschluß und die Summe des Stammkapitals zum Inhalt.

Die Tatsache, daß Sacheinlagen auf neue Stammeinlagen geleistet sind (vorstehend S. 141 unter *aa*), braucht weder eingetragen noch bekannt gemacht zu werden.

b) **Die Herabsetzung des Stammkapitals.**

α) **Der wirtschaftliche Grund** kann ein verschiedener sein; Einschränkung des Betriebsumfangs, insbesondere bei nicht lohnendem Betrieb im bisherigen Umfang, oder teilweise Erreichung des wirtschaftlichen Zwecks, für den allein die Gründung der Gesellschaft erfolgte; endlich die Notwendigkeit, eine Unterbilanz der Gesellschaft zu decken.

Die Stammkapitalsherabsetzung untersteht besonderen rechtlichen — nachfolgend S. 145γ erwähnten — Voraussetzungen.

β) **Der rechtliche Begriff** der Kapitalsherabsetzung, die stets eine Minderung oder Beseitigung der Geschäftsanteile zur Folge hat, ergibt sich klar bei einem Vergleich mit den Begriffen der Kaduzierung, dem Erwerb eigener Geschäftsanteile und der Einziehung von Geschäftsanteilen.

Die **Kaduzierung** besteht in der Fortnahme eines Geschäftsanteils von der Person seines bisherigen Berechtigten, insbesondere wegen Nichterfüllung seiner Verpflichtungen gegenüber der Gesellschaft; hierüber bestimmen die §§ 21—25, 27 des Gesetzes.

Der Geschäftsanteil mit seinen Rechten und Pflichten bleibt erhalten, die Gesellschaft erwirbt den Anteil vorübergehend, um ihn an eine andere Person zu übertragen.

Der **Erwerb eigener Geschäftsanteile** durch die Gesellschaft, der nach § 33 des Gesetzes nur nach Vollzahlung der Stammeinlagen gestattet, überträgt den Anteil in das Eigentum der Gesellschaft. Dieser Erwerb ist nur und nur in so weit statthaft, als das Vermögen der Gesellschaft, aus dem er erfolgt, den Betrag des Stammkapitals überschreitet; es müssen also die Aktiva nach Abzug der Passiva die Summe des Stammkapitals übersteigen.

Der erworbene Geschäftsanteil wird Bestand der Gesellschaftsaktiva, wie eine Kapitalsforderung (deren Zins oder Dividendenbetrag die Gesellschaft aber natürlich nicht an sich selbst zu zahlen hat).

Die Einziehung oder sog. Amortisation, die § 34 des Gesetzes regelt, ist eine durch den Gesellschaftsvertrag unter bestimmten Voraussetzungen gestattete Einziehung von Geschäftsanteilen, um diese zu vernichten.

Diese Amortisation darf gleichfalls nur aus dem Reinvermögen der Gesellschaft erfolgen, also nur dann, wenn trotz der Amortisation die Ziffer des Stammkapitals unberührt bleibt, z. B. das Stammkapital betrug 30000 Mark, die Gesellschaft hat an Werten 10000 Mark hinzuerworben, die Passiva betragen 5000 Mark, dann kann die Gesellschaft Geschäftsanteile im Betrage von 5000 Mark amortisieren.

Die Herabsetzung des Stammkapitals, die § 58 des Gesetzes regelt, aber besteht in einer Einziehung von Geschäftsanteilen nicht aus dem Reingewinn der Gesellschaft, sondern unter Änderung ihres Stammkapitals und damit unter Gefährdung der Gesellschaftsgläubiger.

γ) **Einzelvoraussetzungen der Kapitalsherabsetzung.** Diese sind:

$\alpha\alpha$) **Ein Beschluß der Gesellschaftsversammlung,** der, da er eine Statutenänderung enthält, gerichtlich oder notariell zu beurkunden ist.

Dieser **Beschluß** ist auch hier — vgl. vorstehend S. 39 unter b —

unbedingt mit Mehrheit=$^3/_4$ aller abgegebenen Stimmen zu fassen, wenn der Gesellschaftsvertrag nicht noch eine erhöhte Mehrheit erfordert;

bedingt erforderlich ist die Zustimmung derjenigen Gesellschafter, deren im Gesellschaftsvertrag eingeräumte Sonderrechte von der in Aussicht genommenen Einziehung bestimmter Geschäftsanteile betroffen werden, oder wenn infolge jener Einziehung die statutenmäßig auferlegten Verpflichtungen vermehrt werden.

Der **Inhalt** des Beschlusses hat anzugeben:

die **Summe** der Kapitalsherabsetzung,

die **Art** der Herabsetzung, ob sie durch Einziehung einzelner Geschäftsanteile, oder Herabsetzung des Nennbetrags aller Geschäftsanteile zu erfolgen hat. Streitig, nach den Motiven aber nur zu verneinen, ist die Zulässigkeit der Herabsetzungsart durch Zusammenlegen von Geschäftsanteilen.

Der **Zweck** der Herabsetzung ist ferner von dem Beschlusse zu bestimmen. Das folgt aus § 58 Abs. 3 ganz zweifellos. Denn:

Eine **Grenze** der Herabsetzung ist endlich von dem Beschluß innezuhalten: und zwar in doppelter Richtung:

Der Betrag des Stammkapitals darf infolge der Herabsetzung nicht unter 20000 Mark heruntergehen;

Der Betrag der Geschäftsanteile muß trotz der Herabsetzung mindestens 500 Mark betragen, und durch 100 teilbar sein (vgl. S. 129).

Ausnahmsweise braucht die letztgedachte Beschränkung nicht innegehalten zu werden, wenn die Kapitalsherabsetzung zum Zwecke der Tilgung von Gesellschafts=Passiven erfolgt.

$\beta\beta$) **Die dreimalige öffentliche Bekanntmachung des Beschlusses** ist eine fernere Voraussetzung der Kapitalsherabsetzung. Jene Bekanntmachung hat durch die Geschäftsführer dreimal in den vom Statut bestimmten Blättern (vgl. S. 131) oder, falls solche nicht bestimmt, in den für die handelsregisterlichen Bekanntmachungen bestimmten Blättern zu erfolgen, verbunden:

mit der Aufforderung in jener Bekanntmachung an die Gesellschaftsgläubiger, sich zu melden;

mit der besonderen privaten Aufforderung an bekannte Gläubiger, sich zu melden.

$\gamma\gamma$) **Die Befriedigung oder Sicherstellung der sich meldenden, der Herabsetzung nicht zustimmenden Gläubiger** ist eine weitere Herabsetzungsvoraussetzung; und endlich ist eine solche:

$\delta\delta$) **Die Anmeldung** der Herabsetzung durch sämtliche Geschäftsführer.

Zeitlich hat sie erst 1 Jahr nach der letzten dritten öffentlichen Bekanntmachung des Herabsetzungsbeschlusses zu erfolgen (vorstehend $\beta\beta$).

Nicht erforderlich bei der Herabsetzung durch Einziehung von Geschäftsanteilen ist, daß diese bereits tatsächlich erfolgt oder gar nachgewiesen ist. Wäre dies vom Gesetzgeber gefordert, so würde es im § 58 zum Ausdruck gelangt sein. A. M. Staub, Anm. 25 u. a.

Inhaltlich hat die Anmeldung die Kapitalsherabsetzung dem Herabsetzungsbeschluß gemäß zu bezeichnen und die Versicherung der Geschäftsführer zu enthalten, daß die Gläubiger, welche sich bei der Gesellschaft gemeldet und der Herabsetzung nicht zugestimmt haben, befriedigt oder sichergestellt sind.

Als Anlage der Anmeldung sind die Belagsstücke über die dreimalige öffentliche Bekanntmachung des Herabsetzungsbeschlusses beizufügen.

$\varepsilon\varepsilon$) **Die Eintragung und Bekanntmachung derselben** hat den Beschluß der Stammkapitalsherabsetzung und die Summe der letzteren zu enthalten.

7. Die Beziehungen der eingetragenen Gesellschaft mit beschränkter Haftung zum Handelsregister, die Eintragungen nicht erfordern.

a) **Eine Liste der Gesellschafter**, aus welcher Name, Vorname, Stand und Wohnort der Gesellschafter, sowie ihre Stammeinlagen hervorgehen, haben die Geschäftsführer, und zwar nicht stets insgesamt, sondern, wenn statt der gesetzlichen Kollektivvertretung zur Gesellschaftsvertretung eine geringere Anzahl der Geschäftsführer bestimmt ist, in dieser, alljährlich im Januar bis spätestens ultimo zum Handelsregister einzureichen.

Eine sog. Vakatanzeige genügt, wenn Veränderungen weder in der Person der Gesellschafter noch in dem Umfang ihrer Beteiligung eingetreten sind.

Letzteres ist aber der Fall, wenn die Gesellschaft Geschäftsanteile erworben (§§ 27, 33, s. oben S. 124) oder eingezogen (§ 39, S. 144) hat.

Ein Unterschreiben der Liste seitens der Geschäftsführer ist im § 40 d. Ges. nicht vorgeschrieben, wird aber vielfach in der Praxis gefordert.

b) **Die Veränderungen der Mitglieder des Aufsichtsrats** erfordern folgendes:

Ordnet der Gesellschaftsvertrag die Bestellung eines Aufsichtsrats an (vgl. S. 134), so ist zwar die Wahl des ersten Aufsichtsrats nicht zum Handelsregister anzumelden, auch sind die ersten Aufsichtsratsmitglieder nicht bekannt zu machen.

Treten aber nach Eintragung der Gesellschaft Veränderungen in den Personen der Aufsichtsratsmitglieder ein, so haben diese die Geschäftsführer in den Gesellschaftsblättern (vgl. S. 131) bekannt zu machen.

Ein Belagsblatt, das jene Bekanntmachung enthält, ist von den Geschäftsführern zum Handelsregister einzureichen. Dies folgt aus § 52 d. Ges. in Verbindung mit § 244 HGB.

Diese gesetzlichen Vorschriften kann aber der Gesellschaftsvertrag teilweise oder ganz beseitigen, also jene Bekanntmachung ausschließen.

c) **Die Bilanz der Gesellschaft,** und zwar nach den Vorschriften des § 40 HGB., § 42 d. Ges., müssen die Geschäftsführer zwar stets aufstellen und zwar in den ersten 3 Wochen des Geschäftsjahrs, welche Frist der Gesellschaftsvertrag auf 6 Monate verlängern kann, § 41.

Eine Bekanntmachung der Bilanz in den Gesellschaftsblättern (vgl. S. 150) hat aber in den gedachten Fristen nur dann zu erfolgen, wenn der Gegenstand des Unternehmens im Betriebe von Bankgeschäften besteht.

In diesem Ausnahmefall haben die Geschäftsführer ein Belagsblatt, das jene Bekanntmachung enthält, zum Handelsregister einzureichen.

8. Die Auflösung der Gesellschaft mit beschränkter Haftung.

a) **Die allgemeine Rechtswirkung** des Eintritts eines Auflösungsgrundes der Gesellschaft m. b. H. ist, wie hier aus § 69 d. Ges. sich klar (vgl. S. 102) ergibt: Die Auflösung beseitigt die Gesellschaft mit beschränkter Haftung als solche noch nicht, solange das Vermögen der letzteren noch nicht verteilt ist. Ein eingetretener Auflösungsgrund bewirkt vielmehr nur, daß der Betrieb der Gesellschaft m. b. H. auf die Liquidations-Geschäfte und -Zwecke sich beschränkt.

Es können daher auch im Liquidationsstadium noch Statutenänderungen vorgenommen werden, sofern und soweit solche durch die Liquidations-Geschäfte und -Zwecke geboten erscheinen. Zu diesem Zwecke können unbedingt Stammkapitalserhöhungen beschlossen werden, nicht aber Stammkapitalsherabsetzungen; soweit solche zwecks Rückzahlung der Einlagen erfolgen sollen, werden sie schon durch § 73 untersagt, aber auch soweit sie andere Zwecke verfolgen, sind sie mit dem Zwecke des Liquidationsverfahrens unvereinbar. (Streitig.)

Anderseits aber bewirkt der Eintritt eines Auflösungsgrundes das rechtliche Ableben der Gesellschaft m. b. H. nach stattgehabter Liquidation derart, daß die Fortdauer der Gesellschaft, von einem einzigen Ausnahmefall, folgende S. 151 unter h, abgesehen, von den Gesellschaftern nicht beschließbar ist.

Wollen diese ein bisheriges Unternehmen fortführen, so bleibt nur die Neugründung einer Gesellschaft m. b. H. übrig.

b) **Die einzelnen Auflösungsgründe** sind, § 60 d. Ges.:

α) **Der Ablauf der Zeit,** die im Gesellschaftsvertrag bestimmt ist. Nur ein vor Ablauf dieses Zeitpunktes gefaßter Gesellschafterbeschluß, der unter Änderung der Statutenbestimmung über den Endpunkt der Gesellschaft diesen ändert, beseitigt den Eintritt jenes Auflösungsgrundes.

β) **Ein qualifizierter $^3/_4$-Mehrheitsbeschluß** der Gesellschafter. Derselbe bedarf der gerichtlichen oder notariellen Beurkundung, die § 53 vorschreibt, nicht. Der Beschluß kann bedingt oder betagt gefaßt sein, mithin durch Fortfall der Bedingung auch ganz hinfällig werden.

γ) **Ein gerichtliches Urteil.** Ein solches auf Auflösung der Gesellschaft lautendes Urteil kann durch die Klage von Gesellschaftern, deren Geschäftsanteile zusammen mindestens $^1/_{10}$ des Stammkapitals ausmachen, gegen die Gesellschaft erzielt werden, wenn die Erreichung des Gesellschaftszwecks unmöglich, oder andere wichtige Gründe in den Verhältnissen der Gesellschaft liegen; §§ 60³, 61 d. Ges.

δ) **Eine im Verwaltungsverfahren** ergehende Entscheidung, welche die Auflösung der Gesellschaft wegen Gefährdung des Gemeinwohls gemäß §§ 60³, 62 d. Ges. auflöst.

ε) **Die Eröffnung des Konkursverfahrens** über das Vermögen der Gesellschaft, die nach § 63 nicht nur im Falle der Zahlungsunfähigkeit, sondern auch in dem Falle der Überschuldung zu erfolgen hat.

ζ) **Die Verlegung des Sitzes** der Gesellschaft in das Ausland wird von dem Gesetz nicht ausdrücklich als Auflösungsgrund bezeichnet, ist ein solcher aber aus den rechtlichen Gesichtspunkten, die das Reichsgericht in der E. 7. 70 im Aktienrecht (S. 102) darlegt.

η) **Auflösungsgründe** sind endlich diejenigen, die der Gesellschaftsvertrag zu den gesetzlichen Auflösungsgründen hinzufügt.

c) **Die materiellrechtliche Folge** eines Auflösungsgrundes ist der Eintritt der Liquidation. Nur die Eröffnung des Konkursverfahrens bewirkt keine Liquidation, eine solche vollzieht sich ja in der Abwicklung des Konkursverfahrens.

d) **Als handelsregisterliche Folgen** eines Auflösungsgrundes kommen in Betracht:

α) **Die Anmeldung** der Auflösung der Gesellschaft zum Handelsregister hat zu erfolgen, und zwar von den Geschäftsführern, und zwar nicht stets von sämtlichen, sondern nur so vielen, als zur Vertretung der Gesellschaft statutenmäßig erforderlich, unter Angabe der Auflösungsgründe; nur der Auflösungsgrund des Konkursverfahrens ist nicht anzumelden, hat vielmehr von Amts wegen zur Eintragung zu gelangen.

β) **Die Liquidatoren** treten für das Liquidationsverfahren an die Stelle der Geschäftsführer.

Die **Berufung** der Liquidatoren, deren Anmeldung meist mit der Anmeldung der Auflösung der Gesellschaft in der Praxis erfolgt, geschieht:

durch das **Gesetz**: das im § 66 die Geschäftsführer zu Liquidatoren beruft; an Stelle des Gesetzes können aber berufen:

der Gesellschaftsvertrag,

der Beschluß der Gesellschafterversammlung,

das Registergericht: dieses kann aus § 66 Abs. 2 d. Ges. auf Antrag von Gesellschaftern, deren Geschäftsanteile mindestens dem zehnten Teile des Stammkapitals entsprechen, aus wichtigen Gründen die Liquidatoren ernennen; in Eilfällen kann eine solche gerichtliche Ernennung auch aus §§ 29, 48 BGB. erfolgen;

die Liquidatoren berufen.

Die Abberufung der Liquidatoren ist gleichfalls in der eben gedachten dreifachen Art möglich. Die vom Gericht bestellten Liquidatoren können aber nur von jenem abberufen werden.

Die Vertretungsmacht der Liquidatoren ist gesetzlich die der sog. Kollektivvertretung, § 68 d. Ges.; Gesellschaftsvertrag, Gesellschafterbeschluß und Registergericht können aber den von ihnen ernannten

Liquidatoren Einzelvertretungsbefugnis gewähren; weitere Beschränkungen sind unzulässig.

Der **Umfang** der Vertretungsmacht wird durch den Liquidationszweck bestimmt und ist daher nur im Einzelfall feststellbar, vgl. Johow 21. 256; 34. 125. § 70 d. Ges.

γ) **Die Eintragung der ersten Liquidatoren** im Handelsregister hat zu erfolgen, und zwar:

αα) **Auf Anmeldung** sämtlicher Geschäftsführer, und zwar in allen Fällen mit Ausnahme der zwei nachfolgend unter *ββ* erwähnten Fällen.

Als Anlage hat die Anmeldung die Urkunde über die Bestellung der Liquidatoren in öffentlich beglaubigter Form zu enthalten.

ββ) **Von Amts wegen,** falls das Gericht die Liquidatoren bestellt oder die Eröffnung des Konkursverfahrens Auflösungsgrund ist; im letzteren Falle ist aber nicht ein Liquidator sondern der ernannte Konkursverwalter einzutragen.

Die Eintragungen der Veränderungen in der Person der ersten Liquidatoren oder die Beendigung ihrer (oder ihrer Nachfolger) Vertretungsbefugnis sind vorzunehmen:

auf **Anmeldung** der Liquidatoren;

von **Amts wegen,** falls jene Veränderungen die vom Gericht bestellten oder nach Abberufung der ersten Liquidatoren gerichtsseitig anderweit bestellte Liquidatoren betrifft, oder falls deren Vertretungsbefugnis gerichtsseitig geändert ist.

δ) **Die Veröffentlichung** der Eintragung der Liquidatoren ist gemäß § 10 HGB. vorzunehmen.

e) **Die Schwebezeit der Liquidation** bringt die Liquidatoren (über die Möglichkeit von Ausnahmefällen s. Johow B. 34. 125) nur in einem Sonderfalle in Beziehung zum Handelsregister.

Die Liquidatoren haben nach § 71 d. Ges. eine sog. Liquidations-Eröffnungsbilanz und sodann eine sog. Geschäftsjahresbilanz aufzustellen (für die letztere ist streitig, ob das Geschäftsjahr vom Zeitpunkte der Liquidation an gerechnet ist, oder ob es das bisherige Geschäftsjahr ist, letzteres ist nach der Fassung des § 71 anzunehmen.)

Die Eröffnungsbilanz ist nicht, dagegen ist die Geschäftsjahresbilanz der Gesellschafterversammlung vorzulegen.

Allein auch im Liquidationsstadium ist eine Veröffentlichung nur der Geschäftsjahresbilanz und auch nur dann vorzunehmen, wenn der Gegenstand des Unternehmens im Betriebe von Bankgeschäften besteht, § 41.

In diesem Falle allein haben die Liquidatoren das Belagsblatt über die gedachte Bilanzbekanntmachung zum Handelsregister einzureichen.

f) **Die Beendigung der Liquidation,** die erst nach dreimaliger öffentlicher Aufforderung der Gesellschaftsgläubiger, Ablauf des sog. Sperrjahres, Befriedigung oder Sicherstellung der Gläubiger, Verteilung des Gesellschaftsvermögens unter die Gesellschafter, § 71, § 72, eintritt, erfordert:

Die Anmeldung des Erlöschens der Firma zum Handelsregister durch die Liquidatoren. In der Literatur (Cohn S. 511, Brandt 314) wird eine Anmeldung der Beendigung ihrer Vertretungsbefugnis seitens der Liquidatoren für erforderlich erachtet und zwar unter Bezugnahme auf § 67 d. Ges. Weder der Inhalt noch die Stellung dieses § 67 im System des Gesetzes rechtfertigen jene Annahme.

Die Eintragung und Veröffentlichung der Liquidation hat die aus der Beendigung der Liquidation sich ergebende Folge zu enthalten, daß die Firma der Gesellschaft erloschen ist.

g) **Die für die Aktiengesellschaft als besonders gestaltete Auflösungsgründe gesetzlich geregelten Rechtsakte** (s. S. 104—107) der Fusion, der Veräußerung des Gesellschaftsvermögens als Ganzes sind für die Gesellschaft m. b. H. keine Auflösungsgründe.

Die Vornahme jener Rechtsakte kann, wenn nicht der Gesellschaftsvertrag anderes bestimmt, im Rahmen der Vertretungsmacht der Geschäftsführer liegen.

Der Entgelt für jene Rechtsakte bildet dann das Vermögen der trotz jener Rechtsakte in ihrer bisherigen rechtlichen Existenz unverändert fortbestehenden Gesellschaft.

h) **Eine ausnahmsweise Beseitigung einer bereits eingetretenen** Auflösung einer Gesellschaft m. b. H. gestattet § 60 Ziff. 4 d. Ges. aber nur in dem Falle, daß der Auflösungsgrund in der Eröffnung des Konkursverfahrens über das Vermögen der Gesellschaft besteht.

In diesem Falle kann, wenn das Verfahren nach Abschluß eines Zwangsvergleichs aufgehoben oder auf Antrag des Gemeinschuldners eingestellt ist (202 KonkOrd.) die Fortsetzung der Gesellschaft durch einfachen, formlosen Beschluß der Gesellschafter beschlossen werden.

Der Beschluß ist von den, mit seiner Fassung wieder zur Vertretung der Gesellschaft berufenen, bisherigen Geschäftsführern zum Handelsregister anzumelden und gemäß § 63 d. Ges. einzutragen und bekannt zu machen.

9. Die Zweigniederlassung der Gesellschaft mit beschränkter Haftung.

a) **Die Voraussetzungen des Entstehens** einer Zweigniederlassung sind hier dieselben, wie bei der Zweigniederlassung der Firma eines Einzelkaufmanns, vgl. S. 40.

Hinzu kommt: die Befugnis zur Errichtung kann durch den Gesellschaftsvertrag dem Beschlusse der Gesellschafterversammlung oder des Aufsichtsrats vorbehalten sein.

Selbstverständlich kann eine Zweigniederlassung nicht selbständige Geschäftsführer haben. Die selbständige Leitung der Zweigniederlassung haben daher die Geschäftsführer durch Prokuristen oder Handlungsbevollmächtigte ausführen zu lassen.

Hat die Firma der Zweigniederlassung einen Zusatz erhalten, der sie als solche bezeichnet, z. B. Zweiggeschäft, so kann nach der allgemeinen Vorschrift des § 50 Abs. 3 HGB. (vgl. S. 154 u. nachfolgend unter b) ein Prokurist nur für die Zweigniederlassung bestellt werden.

b) **Die Arten der Zweigniederlassung** sind gleichfalls hier dieselben, wie bei der Zweigniederlassung eines Einzelkaufmanns, vgl. S. 39.

Eine besondere, der Eintragung der Hauptniederlassung nachfolgende Anmeldung und Eintragung einer Zweigniederlassung auf besonderem Registerblatt erfolgt daher nur, wenn die Zweigniederlassung an einem Orte errichtet ist, der zu einem anderen Registergerichtsbezirke, als dem der Hauptniederlassung gehört.

c) **Die Anmeldung der Zweigniederlassung** — die gemäß § 14 HGB. erzwingbar ist, trotzdem aber nicht die rechtliche Existenz der Zweigniederlassung begründet (anders bei der Hauptniederlassung, die ja erst mit der Eintragung eine Gesellschaft m. b. H. wird) — ist vorzunehmen:

Inhaltlich durch Bezeichnung der Gesellschaft mit beschränkter Haftung nach ihrer Firma und ihrem Sitz und Angabe der einzutragenden Zweigniederlassung derselben mit ihrem Ort, wo sie betrieben, und ihrem Firmazusatz, falls ein solcher für die Zweigniederlassung gewählt ist.

Ein weiteres hat die Anmeldung inhaltlich nach § 12 d. Ges. nicht anzugeben (streitig), die zu erfolgen hat:

Durch sämtliche Geschäftsführer, § 78 d. Ges., die zugleich ihre Namensunterschriften bei dem Registergericht der Zweigniederlassung zur Aufbewahrung zu zeichnen haben.

Unter Überreichung folgender 3 von dem Registergericht der Hauptniederlassung, und zwar nur von diesem, beglaubigten Abschriften, nämlich je einer solchen Abschrift:

des **Gesellschaftsvertrags**, § 12 Abs. 1 d. Ges ;
der **Liste der Gesellschafter;** erfolgt die Anmeldung der Zweigniederlassung erst nach dem Januar des, der Eintragung der Hauptniederlassung nachfolgenden Jahres (vgl. S. 146), so ist die beglaubigte Abschrift der letzteingereichten Gesellschafterliste einzureichen, § 12 Abs. 1 d. Ges.;
des **Auszugs** über die Eintragung der Gesellschaft im Hauptregister gemäß § 12 HGB.

d) **Die Eintragung der Zweigniederlassung** stimmt inhaltlich mit der Eintragung der Hauptniederlassung überein, nur daß die Eintragung des Ortes der Zweigniederlassung hinzukommt, s. S. 136.

e) **Die Veröffentlichung der Eintragung** stimmt inhaltlich mit der Bekanntmachung der Eintragung der Hauptniederlassung überein, vgl. S. 137 unter 5.

Es fällt hier aber fort: Die Bekanntgabe der besonderen Festsetzungen der sog. qualifizierten Gründungen, s. S. 137.

Nur dann sind auch diese Festsetzungen bekannt zu machen, wenn die Eintragung der Zweigniederlassung innerhalb der ersten zwei Jahre nach der Eintragung der Gesellschaft in das Register der Hauptniederlassung, also ihres Sitzes, erfolgt.

Paragraph 8.

Die Prokura.

1. Das rechtliche Wesen der Prokura

zeigt, daß diese eine durch die §§ 49, 50 HGB. umfanglich besonders und weit ausgestaltete Handlungsvollmacht ist.

Nach jenen §§ 49, 50 ist kraft seiner Prokura der Prokurist „zu allen Arten von gerichtlichen und außergerichtlichen Geschäften und Rechtshandlungen ermächtigt, die der Betrieb eines Handelsgewerbes mit sich bringt".

Hierzu zählen aber die Veräußerung und Belastungen von Grundstücken nicht, doch gestattet § 49 Abs. 2 auch die Ermächtigung zu jenen zwei Rechtshandlungen, freilich besonders, dem Prokuristen zu erteilen.

Der Umfang der Ermächtigung des Prokuristen, also seine Befugnis, seinen Prinzipal Dritten gegenüber rechtsbeständig zu verpflichten, ist danach sehr groß; denn — im geschäftlichen Leben vielfach unbekannt — zu den Akten, die der Handelsgewerbe-Betrieb mit sich bringen kann und die daher der Prokurist vornehmen darf, zählen auch: Die Prozeßführungen, die Darlehnsaufnahmen, die Übernahme von Wechselverpflichtungen, das Engagement, wie die Entlassung von Handlungsgehilfen, und kann selbst der Erwerb (da er eben nicht Veräußerung und Belastung ist) von Grundstücken ohne besondere Ermächtigung des Prinzipals gehören.

Nicht ermächtigt ist der Prokurist als solcher zum Verkauf des Handelsunternehmens als Ganzen, daher auch nicht zur Löschung seiner Firma, denn diese Akte bezwecken nicht „den Betrieb", sondern die Auflösung des Handelsgewerbes.

Nicht ermächtigt ist ferner der Prokurist zu den mit der Person des Handelsunternehmers untrennbaren Akten, wie der Aufnahme eines stillen Gesellschafters oder der Erteilung einer Prokura.

2. Die Beschränkbarkeit der Prokura:

a) **Mit Rechtswirksamkeit Dritten gegenüber** ist nur nach zwei Seiten, einer objektiven und einer subjektiven, gesetzlich statthaft:

objektiv:

Der Geschäftsinhaber mehrerer Geschäfte mit einer Firma (vgl. S. 39) oder eines Geschäfts mit Zweigniederlassung macht mit Erteilung einer Prokura den Prokuristen gesetzlich vertretungsberechtigt für jedes der mehreren Geschäfte, wie für die Haupt- und die Zweigniederlassung.

Eine **Ausnahme** hiervon ist aber statthaft:

wenn die **mehreren Geschäfte** unter verschiedenen Firmen betrieben werden, dann ist auch nur für eines jener Geschäfte ein Prokurist bestellbar; ferner

wenn eine **Zweigniederlassung** — die als solche ja stets dieselbe Firma wie die Hauptniederlassung haben muß (vgl. S. 40) — einen Zusatz erhält, der sie als Firma der Zweigniederlassung bezeichnet, dann ist nur für eine solche Zweigniederlassung ein Prokurist bestellbar; oder nur für die Hauptniederlassung.

Ein solcher Zusatz liegt schon in einem Worte wie Zweiggeschäft.

subjektiv:

ist eine Beschränkung der Prokura gesetzlich zulässig:

einmal durch Erteilung der Prokura als Gesamtprokura oder sog. Kollektivprokura. Diese liegt vor, wenn mehrere Prokuristen mit der Beschränkung bestellt werden, daß sie nur unter gemeinschaftlichem Handeln Geschäfte und

Rechtshandlungen rechtsverbindlich für den Chef vornehmen können.

Gemeinschaftliches Handeln erfordert aber nicht unbedingt gleichzeitiges Handeln, vielmehr kann ein Gesamtprokurist die Handlungen des andern vor- wie nachträglich ihren Vertragsgegnern gegenüber genehmigen, §§ 183, 184 BGB.

Anderseits können Willenserklärungen Dritter, wie z. B. Kündigung, rechtswirksam auch nur einem Gesamtprokuristen gegenüber abgegeben werden (streitig).

Ferner kann ein einzelner Prokurist als vertretungsberechtigt nur gemeinsam mit einem Gesellschafter (§ 125 Abs. 3), einem Vorstandsmitglied einer Aktiengesellschaft (§§ 232 Abs. 2, 320 HGB.), mit mehreren (nicht nur einem) Geschäftsführer einer Gesellschaft mit beschränkter Haftung (s. S. 132) bestellt werden.

Unzulässig ist jede andere Beschränkung der Prokura, insbesondere für gewisse Geschäfte, oder Arten von Geschäften, oder für gewisse Zeit oder gewisse Orte.

b) **Mit Rechtswirksamkeit zwischen Prokuristen und Geschäftsinhaber** sind aber ersterem alle möglichen Beschränkungen seiner Vertretungsmacht auferlegbar, jedoch nur mit der Rechtswirkung, daß der Prokurist aus der Überschreitung seiner Vertretungsmacht seinem Chef verantwortlich, also insbesondere schadensersatzpflichtig, wird. Denn

c) **Die Kenntnis Dritter** von Beschränkungen, die dem Prokuristen von seinem Chef auferlegt sind, machen die Rechtshandlungen des ersteren nicht rechtsungültig.

Nur in dem schwer nachweisbaren Falle, wo der Prokurist unter Überschreitung seiner Vertretungsabreden mit dem Chef absichtlich zum Nachteil seines Chefs gehandelt und beide Tatsachen sein Vertragsgegner gewußt, ist das Geschäft aus § 138 Abs. 1 oder §§ 823, 826 BGB. nichtig.

3. Die Erteilung der Prokura

hat zu Voraussetzungen:

a) **auf seiten des Geschäftsinhabers:**

Die Eigenschaft als **Vollkaufmann** (vgl. S. 8), Minderkaufleute und Handwerker können einen Prokuristen nicht bestellen, § 4 HGB. Die Eintragung als Kaufmann im Handelsregister ist aber nicht Voraussetzung der Erteilung einer Prokura, wie vielfach im Verkehr angenommen wird. Die letztere ist auch ohne jene Eintragung rechtswirksam erteilt; s. nachfolgendes unter c S. 156.

Die **Geschäftsfähigkeit** des Geschäftsinhabers.

Der gesetzliche Vertreter eines geschäftsunfähigen Inhabers kann aber für diesen jedoch nur mit Genehmigung des Vormundschaftsgerichts §§ 1643, 1822 II BGB.) die Prokura erteilen.

Die **gesetzlichen Vertreter** der Aktiengesellschaft, Kommanditaktiengesellschafter der Gesellschaft mit beschränkter Haftung, können meist statutenmäßig mit Genehmigung des Aufsichtsrats nur einen Prokuristen bestellen, die Geschäftsführer der letztgedachten Gesellschaft m. b. H. mangels statutarischer Bestimmung nur mit Zustimmung sämtlicher Gesellschafter, § 46 Ziff. 7 d. Ges. vom 20. IV. 1892.

Offene Handelsgesellschaften und **Kommandit**gesellschaften nur durch sämtliche persönlich haftenden Gesellschafter.

b) **Auf seiten des Prokuristen:**

Geschäftsfähige, wie nur beschränkt geschäftsfähige (§ 165 und [§ 106] § 113 BGB.) Personen können Prokura erhalten; selbstverständlich auch weibliche, unverheiratete wie verheiratete Personen; unbedenklich auch der Kommanditist, nicht aber der von der Vertretung ausgeschlossene Gesellschafter (vgl. S. 48), denn dieser ist Mitchef (streitig).

c) **Die Form der Prokura-Erteilung** erfordert:

Inhaltlich eine ausdrückliche Erklärung; diese ist nicht nur wörtlich durch „Erteilung der Prokura" möglich, sondern, wie vielfach geschieht, auch dann abgegeben, wenn sie die Zeichnung per procura gestattet. Die Prokuraerteilung ist dem Prokuristen gegenüber regelmäßig zu erklären, für ein einzelnes Geschäft mit einem bestimmten Dritten aber auch durch Abgabe jener Erklärung diesem gegenüber gemäß §§ 167, 174 BGB. erteilbar.

Das fortgesetzte Geschehenlassen der Zeichnung per procura durch einen Dritten enthält eine stillschweigend erklärte Vollmacht zur Vornahme der also gezeichneten Willenserklärung, nicht aber eine Prokura-Erteilung, da diese eben eine „ausdrückliche" Erklärung erfordert.

Die Eintragung der Prokura im Handelsregister ist, obwohl sie der Registerrichter erzwingen kann, trotzdem **nicht** erforderlich, sie erzeugt nur die allgemeine Rechtswirkung der handelsregisterlichen Eintragung nach § 15 HGB.

Die Rechtsgültigkeit der Prokuraerteilung ist aber von einer solchen Eintragung nicht abhängig, da ja — wie bereits erwähnt — auch nicht im Register eingetragene Geschäftsinhaber, sofern sie nur Vollkaufleute sind, Prokura erteilen können.

4. Die Anmeldung, die Eintragung und die Bekanntmachung der Prokuraerteilung

erfordert:

a) **Anmeldung durch den Geschäftsinhaber** in beglaubigter Form oder zu Protokoll des Gerichtsschreibers des Registergerichts (vgl. S. 11) oder durch einen Bevollmächtigten des Geschäftsinhabers (s. S. 11), der aber nicht der Prokurist sein darf; sie ist mithin auszuführen von dem Inhaber einer Einzelfirma, von den Gesellschaftern einer offenen Handelsgesellschaft, jedoch nicht von allen, sondern nur von den zur Vertretung berechtigten in der hierzu erforderlichen Zahl (s. S. 48), von den persönlich haftenden Gesellschaftern einer Kommanditgesellschaft, sofern und insoweit sie zur Vertretung der Gesellschaft berechtigt (S. 48), von den Geschäftsführern der Aktien-, Aktienkommandit-Gesellschaft, der Gesellschaft mit beschränkter Haftung, und zwar allen jenen Geschäftsführern gemeinsam; ist aber ihre gesetzliche Kollektiv-Vertretungsmacht durch die Statuten geändert, in der von letzteren zur Vertretung vorgeschriebenen Zahl.

Streitig ist, ob die Genehmigung des Aufsichtsrats der Aktien- und Kommanditaktiengesellschaft, die Genehmigung der Gesellschafter der Gesellschaft m. b. H., sofern solche nach dem Statut erforderlich, der Anmeldung urkundlich beizufügen ist; dies ist nach der Fassung des § 53 und der äußeren Rechtsstellung jener gesetzlichen Vertreter zu verneinen. A. M. das Kammergericht i. d. E. Johow 22. 111.

Der Inhalt der Anmeldung besteht:

α) in Angabe des Vor- und Zunamens des Einzelkaufmanns, des Geschäfts, der Firma und des Sitzes einer Gesellschaft, wenn diese die Prokura erteilt;

β) in Angabe der Firma der Hauptniederlassung mit ihren Zweigniederlassungen, für welche der Prokurist angemeldet wird, unter Bezeichnung der Nummer des Handelsregisters, unter der die Firma eingetragen ist (s. aber S. 154);

γ) in Angabe des Vor- und Zunamens, Stand und Wohnorts des Prokuristen und ihrer etwaigen, nach S. 154 2a zulässigen Beschränkungen.

b) **Die Zeichnung der Firma nebst seiner Namensunterschrift** durch den Prokuristen ist der Anmeldung beizufügen, es sei zu Protokoll des Gerichtsschreibers des Registergerichts oder durch Einreichung in beglaubigter Form.

Die Art jener Zeichnung, die begriffinhaltlich die Anfügung eines Prokurenzusatzes erfordert, geschieht meist dahin, daß zwischen Firma und Namen seitlich oder untereinander pp. oder per procura gestellt wird:

(Wilhelm Schulze pp. Gottfried Krüger

oder:

Wilhelm Schulze per procura Gottfried Krüger.)

c) **Die Anmeldung wie die Zeichnung** haben bei dem Register der Hauptniederlassung wie dem der Zweigniederlassung (s. S. 40. 154) zu geschehen;

in dem Ausnahmefalle — vorstehend 2a S. 154 — aber, wo die Prokura nur für eine Zweigniederlassung erteilt ist, haben Anmeldung und Zeichnung nur bei dem Registergericht des letzteren zu erfolgen;

in dem Ausnahmefalle — vorstehend 2a S. 154 — wo die Prokura nur für eine Hauptniederlassung erteilbar und erteilt ist, haben Anmeldung und Zeichnung nur bei dem Register der Hauptniederlassung zu erfolgen.

d) **Die Eintragung** hat den vorstehend unter a γ erwähnten Teil der Anmeldung zu enthalten (s. das amtliche Beispiel S. 6, Nr. 6, Spalte 4).

e) **Die Bekanntmachung** hat den unter a $\alpha-\gamma$ vorerwähnten Inhalt der Anmeldung ganz zu enthalten.

5. Die Übertragbarkeit der Prokura

ist ausgeschlossen, § 52 Abs. 2, und zwar:

auf seiten des Prokuristen. Dieser kann die ihm erteilte Prokura nicht auf einen Dritten übertragen, und auch sein Prinzipal kann **die** (!) einem Prokuristen erteilte Prokura nicht auf einen anderen übertragen. Der geschäftswirtschaftliche Zweck einer solchen Übertragung ist rechtlich nur in der Form möglich, daß die bisherige Prokura widerrufen und im Handelsregister gelöscht, eine Prokura einem neuen Prokuristen erteilt und dieses im Handelsregister eingetragen wird.

auch auf seiten des Geschäftsinhabers ist die Prokura nicht übertragbar. Die Veräußerung des Geschäfts eines Einzelkaufmannes an einen anderen oder die Umwandlung jenes Geschäfts in eine Handelsgesellschaft, wodurch eben ein anderer Gesellschaftsinhaber entsteht, gestattet nicht die Übertragung der bisherigen Prokuraerteilung von dem früheren Geschäftsinhaber auf den neuen (Rechtspr. d. OG. XI. 378).

Im Handelsverkehr wird dies ganz allgemein angenommen, auch in der Literatur vertreten, rechtlich ist jenes aber nach der Grundnatur der Prokura als einer Vollmacht unzulässig.

Jener geschäftswirtschaftliche Erfolg ist vielmehr in der Art regelbar, daß der bisherige Geschäftsinhaber die Prokura seines bisherigen Prokuristen widerruft und im Register löschen läßt, der neue Geschäftsinhaber dem bisherigen Prokuristen des Geschäfts eine Prokura neu erteilt und eintragen läßt.

6. Das Erlöschen der Prokura

tritt ein infolge:

Widerrufs seitens des Prinzipals, der dem Prokuristen gegenüber zu erklären ist, § 168 BGB., jederzeit erfolgen kann, freilich im Falle unbegründeter, in dem Widerruf enthaltener, Kündigung des mit dem Prokuristen geschlossenen Engagementsvertrags letzteren schadensersatzberechtigt macht.

Der Widerruf der eingetragenen Prokura wird Dritten gegenüber nur nach dem allgemeinen Grundsatze des § 15 HGB. wirksam.

Einstellung des Gewerbebetriebs, da mit diesem auch das Geschäft wie die Firma erlischt; aber auch, wenn letzteres nicht geschieht, wie im Falle des Konkurses (vgl. S. 22), der nur den Gewerbebetrieb vorübergehend sistiert, oder im Falle der Geschäftsveräußerung (vorstehend S. 158 unter c), erlischt die Prokura.

Tod des Prokuristen, § 52 Abs. 3 HGB.

streitig ist:

ob die Kündigung des Prokuristen, wenn sie zeitlich vertragsmäßig **ausgeschlossen**, die Prokura erlöschen läßt; nach § 168 BGB. und allgemeinen Rechtsgrundsätzen über den Schadensersatz ist jenes zu bejahen, der Prokurist wird aber schadensersatzpflichtig;

ob der Eintritt der Geschäftsunfähigkeit des Prinzipals das Erlöschen der Prokura bewirkt, ist zweifelhaft, in der Praxis streitig; nach der rechtsanalogen Lage, die § 52 Abs. 3 HGB. entscheidet, aber zu verneinen.

Nicht eintritt: ein Erlöschen der Prokura im Falle des Todes des Inhabers des Handelsgeschäfts § 52 Abs. 3 HGB.; das Gegenteil kann aber der Engagementsvertrag feststellen.

7. Die Anmeldung und die Eintragung des Erlöschens der Prokura

zum Handelsregister hat von denjenigen zu erfolgen, die die Anmeldung der Erteilung der Prokura vorzunehmen haben, und, sofern der bisherige Prinzipal verstorben, von seinen Erben.

Die Mitwirkung des entlassenen Prokuristen sowie eine Angabe des Grundes des Erlöschens der Prokura ist nicht erforderlich, da letztere eben frei widerruflich ist.

Das Erlöschen der Prokura ist im Handelsregister einzutragen und bekannt zu machen (s. die amtlichen Beispiele S. 6, Nr. 7, Spalte 4 und S. 8, Nr. 6, Spalte 6).

Schluß-Paragraph 9.

Die Versicherungsvereine auf Gegenseitigkeit. Die neben dem Handelsregister bestehenden Register.

A. Die Versicherungsvereine auf Gegenseitigkeit.

1. Allgemeines.

1. **Der Gegenstand und Zweck der Vorschriften** des Gesetzes vom 12. V. 1901 sind im Geschäfts- wie Rechtsverkehr nicht immer klarliegend.

Voran ist hier festzustellen:

Nur die privaten Versicherungsunternehmungen unterliegen dem Gesetze.

Die öffentlichen Versicherungsanstalten, insbesondere also die öffentlichen Feuer- und Hagel-Versicherungsanstalten, sowie die öffentlichen Anstalten der Arbeiterversicherung unterstehen nicht dem Gesetze vom 12. V. 1901, sondern besonderen Vorschriften, vgl. die Bekanntmachung in Nr. 264 des Reichsanzeigers vom 13. VII. 1901.

Die privaten Versicherungsunternehmungen jedoch sind — von den Ausnahmen im § 116 abgesehen — jenen Gesetzesvorschriften unterstellt, aber in verschiedenem Umfange.

Die privaten Versicherungsunternehmen, die **nicht Versicherungsvereine auf Gegenseitigkeit** sind, bedürfen zwar nach § 4 der Konzession der Aufsichtsbehörde, also der Zulassung zum Geschäftsbetriebe, unterliegen auch in ihrem Geschäftsbetriebe der Beaufsichtigung durch die Aufsichtsbehörde nach §§ 64—84 d. Ges.

Ob und unter welchen Bedingungen solche Versicherungsunternehmungen aber bestimmte rechtsgültig entstandene Rechtsgebilde sind, insbesondere rechtsfähige, juristische Personen werden oder sind, richtet sich nach anderen Vorschriften, als denen des Gesetzes vom 12. V. 1901. Die Aktiengesellschaften z. B., die private Versicherungsunternehmen sind, und für die als solche § 8 des Gesetzes vom 12. V. 1901 eine besondere Vorschrift bringt, werden doch rechtsfähig, also juristische Personen **erst** mit der Eintragung in das Handelsregister.

Die privaten Versicherungsunternehmen aber, **die Versicherungsvereine auf Gegenseitigkeit** sind, unterstehen nicht nur der Konzessionspflicht und Beaufsichtigung durch die Aufsichtsbehörden, sondern erhalten erst durch die Zulassung ihres Geschäftsbetriebs von seiten der letzteren Rechtsfähigkeit, ihre besondere, lediglich in den §§ 15—53 des Gesetzes vom 12. V. 1901 ausgestaltete juristische Persönlichkeit.

2. **Der Begriff der Versicherungsvereine auf Gegenseitigkeit** wird durch den begrifflichen Sinn dieser Worte in Verbindung mit den §§ 6 und 15 d. Ges. dahin gegeben, daß sie:

Personenvereinigungen sind: zum Zwecke des fortgesetzten Abschlusses von Versicherungsverträgen mit der ungeschlossenen Zahl ihrer Mitglieder; sofern deren Versicherung:

Auf Gegenseitigkeit geschieht: also mittels Beiträge der Mitglieder behufs Deckung der Schadensfälle des einzelnen Mitglieds, mithin nicht durch feste Prämien (s. aber folgende Ziff. 3 β).

Diese Vereine sind nach ausdrücklicher Vorschrift des § 16 **nicht Kaufleute,** sondern juristische Personen, trotzdem finden, von den §§ 1—7 des HGB. abgesehen, die Vorschriften des letzteren auf sie Anwendung; sie haben mithin Handelsbücher zu führen und können Prokuristen bestellen.

3. **Die Art der Versicherungsvereine auf Gegenseitigkeit** ist nach § 53 d. Ges. eine zweifache:

nicht kleine Vereine und kleine Vereine:

Die letzteren sind die sachlich oder örtlich oder hinsichtlich des Personenkreises in ihrem Wirkungskreis eng begrenzten Vereine.

Die Bestimmung, ob ein nicht kleiner oder ein kleiner Verein vorliegt, ist ausschließlich von der Aufsichtsbehörde zu treffen.

Der **Unterschied** zwischen jenen 2 Arten besteht gleichfalls nach zweifacher Richtung hin:

α) Die **nicht kleinen** Vereine sind zum Handelsregister anzumelden und einzutragen.

Die **kleinen** Vereine sind von der handelsregisterlichen Eintragung befreit.

β) Die **nicht kleinen** Vereine können durch ihre Satzung neben der Versicherung ihrer Mitglieder auf Gegenseitigkeit noch die Versicherung von Nichtmitgliedern gegen feste Prämie zulassen.

Mit einer solchen Satzungsbestimmung bleibt der Verein zwar als privates Versicherungsunternehmen noch der Konzession seines Geschäftsbetriebes und der Aufsicht seitens der Aufsichtsbehörde unterstellt, aber er wird Kaufmann. Seine rechtliche Existenzentstehung richtet sich ausschließlich nach den Vorschriften des Handelsgesetzbuchs. Derartige Versicherungsvereine auf Gegenseitigkeit sind sog. gemischte Vereine.

γ) Die **kleinen** Vereine können niemals sog. gemischte Vereine werden, dürfen also niemals auch Nichtmitgliedern Versicherungen gegen feste Prämien gewähren, § 83.

4. **Versicherungsvereine auf Gegenseitigkeit sind nicht:** die zahlreichen Vereinigungen, die im Gebiete der öffentlichen Wohlfahrtspflege ihren Mitgliedern oder deren Erben in bestimmten Fällen Geld geben oder andere Unterstützungen, z. B. bei Unfällen, gewähren, ohne jenen einen erzwingbaren Anspruch zuzugestehen.

5. **Die Aufsichtsbehörde,** die den Versicherungsvereinen auf Gegenseitigkeit (wie den übrigen privaten Versicherungsunternehmen) die Zulassung zum Geschäftsbetrieb gewährt, die Geschäftsaufsicht über sie ausübt, ist:

Das **kaiserliche Aufsichtsamt** für Privatversicherung (§§ 2, 70 f. d. Ges.), sofern der Geschäftsbetrieb eines Vereins durch die Satzung oder die sonstigen Geschäftsunterlagen auf das Gebiet eines Bundesstaats nicht beschränkt ist.

Die **Landesbehörde,** u. zw. im preußischen Rechtsgebiet der Regierungspräsident, für Berlin der Polizeipräsident (VO. vom 30. VI. 1901; GesSamml. 141), wenn jener Geschäftsbetrieb auf das Gebiet eines Bundesstaats beschränkt ist.

Eine kaiserliche Verordnung oder eine Reichskanzlerverfügung kann aber, obschon die gedachten Voraussetzungen nicht vorliegen, ausnahmsweise die Aufsicht der Reichsbehörde statt der Landesbehörde und umgekehrt übertragen, § 3 d. Ges.

Die Aufsichtsbehörde für einen bereits bestehenden Verein kann wechseln, wenn dieser seinen ursprünglich auf ein Bundesstaatsgebiet beschränkten Geschäftsbetrieb über letzteren erweitert. Die Satzungsänderung unterliegt dann der Genehmigung des kaiserlichen Aufsichtsamtes, §§ 4, 96 d. Ges.

2. Die Entstehungsvoraussetzungen des Versicherungsvereins auf Gegenseitigkeit.

1. **Im allgemeinen** sind die Voraussetzungen, unter denen der Versicherungsverein entsteht, für nicht kleine Vereine (s. vorstehende Ziff. 1[3]), obschon nur diese im Handelsregister einzutragen sind, dieselben wie für kleine Vereine:

Für beide Arten ist erforderlich: Die Einrichtung des Versicherungsunternehmens. Die Feststellung einer Satzung; die Bildung der Vereinsorgane (§ 29), das Gesuch um Zulassung des Vereins zum Geschäftsbetrieb an die Aufsichtsbehörde; die Erteilung dieser Zulassung durch die Behörde, also der sog. Konzession.

2. **Im besonderen** sind die Einzelvoraussetzungen für nicht kleine und kleine Vereine verschiedene.

3. **Die einzelnen Voraussetzungen des Entstehens eines Vereins** sind folgende:

a) **Die Abfassung der Satzung** hat für nicht kleine Vereine in gerichtlicher oder notarieller Beurkundung zu erfolgen, für kleine Vereine genügt einfache privatschriftliche Form, §§ 17 Abs. 2, 53.

Mit der Satzung, aber auch in dieser, § 9 vorletzt. Abs. d. Ges., sind die allgemeinen Versicherungsbedingungen festzustellen.

Durch die Satzung ist zu bestimmen:

α) Der Name des Vereins, als **Firma**, und zwar für nicht kleine Vereine die inhaltliche oder zusätzliche Festsetzung, daß die Versicherung auf Gegenseitigkeit betrieben wird; diese Inhaltsangabe ist für die Firma des kleinen Vereins nicht notwendig, §§ 18 Abs. 1, 2 und 53.

β) Der **Sitz** des Vereins; er sei ein nicht kleiner oder ein kleiner. Die Kenntlichmachung des Sitzes wird zwar im § 18 nur mit „soll erkennen lassen" vorgeschrieben; trotz dieser Fassung ist aber die Sitzbezeichnung notwendig; „soll" hat im Sprachgebrauch des Gesetzes vom 12. V. 1901 nicht nur einen instruktionellen Sinn. (A. M. Alexander-Katz, Anm. 1.)

γ) Die Bildung eines **Gründungsfonds**, der zur Deckung der Kosten der Errichtung des Vereins, als Garantiefonds, also insbesondere die Ansprüche der Versicherten decken soll, und als Betriebsfonds gelten und dienen soll.

Die Bedingungen, unter denen er dem Verein zur Verfügung steht und die Rückzahlung des Gründungsfonds sollen gleichfalls bestimmt werden. Die Rückzahlung kann aber nur aus den Jahreseinnahmen und nur, sofern ein Reservefonds gebildet (nachfolgend unter δ), erfolgen.

Diese Festsetzungen eines Gründungsfonds sind für nicht kleine wie für kleine Vereine zu bilden; beiden aber kann die Aufsichtsbehörde die Bildung eines Gründungsfonds erlassen, §§ 23, 53.

δ) Die Bildung eines **Reservefonds**, der zur Deckung außergewöhnlicher Geschäftsbetriebs-Verluste zu dienen hat, § 37; gewöhnliche wie kleine Vereine haben einen Reservefonds zu bilden. Beiden kann die Aufsichtsbehörde die Bildung eines Reservefonds erlassen, § 37.

ε) Die Art und Weise, in der die **Deckung der Ausgaben** des Vereins — und zwar des nicht kleinen, wie kleinen — durch dessen Mitglieder zu erfolgen hat.

Die Deckungsart

wird durch § 21 d. Ges. dahin bestimmt, daß die Beiträge und Leistungen aller Mitglieder gleich sein müssen, aber nur „bei gleichen Voraussetzungen". Es können daher verschiedene Gruppen von Mitgliedern in der Satzung gebildet und für solche auch verschiedene Rechte und Pflichten gebildet werden. (Gl. A. Alexander-Katz A 1 § 21.)

Die Deckungsweise

der Ausgaben ist im Statut verschieden bestimmbar:

den Mitgliedern können **Voraus-Leistungen** auferlegt werden und zwar einmalige oder wiederkehrende.

Für beide Arten der Leistungen können Nachschüsse vorbehalten oder ausgeschlossen werden.

Neben allen somit vierfach feststellbaren Pränumerando-Leistungen ist die Bedingung feststellbar, daß, soweit durch jene Leistungen die Ausgaben nicht deckbar sind, entstandene Versicherungsansprüche einer Kürzung unterliegen sollen; anderseits kann eine solche Kürzung auch in der Satzung ausgeschlossen werden.

Den Mitgliedern können aber auch nur sog. **Umlage-Leistungen** anstatt der Vorausleistungen in der Satzung auferlegt werden; jene postnumerando zu zahlenden Ausgabenbeiträge sind somit für das einzelne Jahr verschieden, da die Jahresausgaben ihre Höhe bestimmen. Für alle nachträglichen Beiträge, also der Nachschüsse und der Umlagen, hat die Satzung die Voraussetzungen ihrer Feststellung, Erhebung und Einforderung festzustellen, § 27.

ζ) Die **Bildung der Vereinsorgane:** Diese hat für nicht kleine und kleine Vereine verschieden zu erfolgen.

Nicht kleine Vereine haben die Bildung von 3 Organen in der Satzung zu bestimmen.

Das **oberste Organ** ist die Versammlung der Mitglieder; seine Befugnisse und Beschlußfassungen sind nach § 36 d. Ges. die der Generalversammlung der Aktionäre.

An Stelle derselben oder auch neben derselben kann aber auch nur die Versammlung von Mitglieder-Vertretern in der Satzung bestimmt werden und ihr die Ausübung aller oder einzelner Befugnisse des obersten Organs übertragen werden.

Das oberste Organ — dessen Berufung die Satzung bestimmt, aber auch die Aufsichtsbehörde, § 65 Abs. 3 d. Ges., anordnen kann — oder die jenes Organ vertretende Versammlung bestimmen wie die Generalversammlung der Aktionäre der Aktiengesellschaft, § 36 d. Ges., und beaufsichtigen die ihnen unterstellten 2 anderen Organe, nämlich:

Den **Vorstand: Er ist,** wie der Vorstand der Aktiengesellschaft von der Versammlung der Aktionäre, nach § 34 d. Ges. von dem obersten Organ oder dessen Vertretern auch aus Nichtvereinsgliedern zu wählen. Er hat die Befugnisse des Aktiengesellschafts-Vorstands nach Maßgabe des § 34 d. Ges., mithin mangels abweichender Satzungsbestimmungen gesetzliche Gesamtvertretungsbefugnis (s. auch S. 166 b).

Den **Aufsichtsrat: Er** ist von dem obersten Organ oder dessen Vertretern auch aus Nichtvereinsgliedern wählbar und hat die Befugnisse und Pflichten des Aufsichtsrats der Aktiengesellschaft nach Maßgabe des § 35 d. Ges.

Kleine Vereine haben, wie die eingetragenen Vereine der §§ 24—53 BGB., die Mitgliederversammlung zum obersten Organ, und einen Vorstand wie jene Vereine, und deshalb dessen Bestellung zu bestimmen. Ein Aufsichtsrat braucht von kleinen Vereinen nicht bestellt zu werden, die Satzung kann es aber vorschreiben. Ein satzungsgemäß bestellter Aufsichtsrat hat aber die Befugnisse, die einem Aufsichtsrat in den §§ 36 Abs. 3, 37—40, 41 Abs. 1, 2, 4 des Gesetzes betr. die Erwerbs- und Wirtschaftsgenossenschaften vom 1. V. 1889, Fass. vom 20. V. 1898 beigelegt ist, § 53 d. Ges.

η) **Die Form, in der die Bekanntmachungen** des Vereins zu erfolgen haben, ist durch die Satzung zu bestimmen.

a) Nicht kleine Vereine haben für öffentliche Bekanntmachungen den Reichsanzeiger zu wählen; geht ihr Geschäftsbetrieb nicht über ein Bundesstaatsgebiet hinaus, kann von der Landeszentralbehörde ein anderes Blatt bestimmt werden.

b) Kleine Vereine brauchen jene Blätter nicht zu wählen.

ϑ) **Die Form, in der die Berufung des obersten Organs** erfolgt, muß endlich in der Satzung bestimmt sein, wie Cohn S. 531 zutreffend aus § 31^5 d. Ges. folgert.

b) **Die Urkunden,** welche die satzungsgemäße Bestellung des Vorstands und Aufsichtsrats beurkunden, sind aufzustellen. Jene Urkunden können jedoch in einfach schriftlicher Form aufgestellt sein; gesetzlich genügen ein Vorstandsmitglied, drei Aufsichtsratsmitglieder. Sie sind jetzt schon erforderlich, um die Personen, die die Konzession (s. folgendes unter d) für den entstehenden Verein nachsuchen, zu dem Antrag ausreichend zu legitimieren.

c) **Der Geschäftsplan ist aufzustellen,** § 4 d. Ges., der den in diesem § 4 erwähnten Inhalt haben muß.

d) **Der Antrag** auf Erteilung der Erlaubnis zum Geschäftsbetrieb an die Aufsichtsbehörde (s. S. 162 unter 5) muß gestellt und mit der Satzung, den Urkunden, vorstehend unter b, und dem Geschäftsplan an die Aufsichtsbehörde eingesandt werden.

e) **Die Erlaubnis zum Geschäftsbetrieb** muß von der Aufsichtsbehörde erteilt werden; das Verfahren über Erteilung oder Versagung der Erlaubnis regeln die §§ 73—80, 82, 84 d. Ges.

Die Erteilung jener Erlaubnis verleiht — wie bereits erwähnt — Rechtsfähigkeit dem Verein und macht ihn dadurch zu einer juristischen Person.

3. Die Anmeldung des Versicherungsvereins auf Gegenseitigkeit zum Handelsregister und die Eintragung.

a) **Die Voraussetzungen** der Anmeldung und Eintragung sind:

formell: die amtliche Mitteilung der Aufsichtsbehörde aus § 30 Abs. 2 d. Ges. an den Handelsregisterrichter, daß die Erlaubnis zum Geschäftsbetrieb erteilt ist;

materiell: das Vorliegen eines nicht kleinen Vereins; kleine Vereine sind nicht anmelde- und daher nicht eintragungspflichtig; wie bereits erwähnt, ist die Entscheidung, ob ein kleiner Verein vorliegt, lediglich von der Aufsichtsbehörde, § 53 d. Ges., zu treffen.

b) **Die Anmeldung,** §§ 30—32 d. Ges.

α) **Anmeldungspflichtig** sind sämtliche Mitglieder des Vorstands und des Aufsichtsrats, § 34 d. Ges. (streitig. A. M. Koenige, S. 77).

β) **Der Inhalt der Anmeldung** muß enthalten: Firma und Sitz des Vereins (S. 163), die Versicherungszweige, auf welche sich der Betrieb erstrecken soll, die Höhe des Gründungsfonds (S. 163), den Tag, an dem die Erlaubnis zum Geschäftsbetrieb erteilt ist (wenn auch dieser

Tag schon in der Mitteilung der Aufsichtsbehörde enthalten; vorstehend a) und die Mitglieder des Vorstands.

γ) **Die Anlagen**, die der Anmeldung beizufügen, sind:

Die Urkunde über die Erlaubnis zum Geschäftsbetriebe (trotz der vorstehend unter a erwähnten amtlichen Mitteilung der Aufsichtsbehörde an den Registerrichter).

Die Satzung in gerichtlicher oder notarieller Beurkundung (s. S. 163 unter 3 a).

Die Urkunden über die Bestellung des Vorstands und des Aufsichtsrats, die einfach schriftliche Urkunden sein können (s. S. 166 unter b).

Die Urkunden über die Bestellung des Gründungsfonds, wenn die Aufsichtsbehörde nicht den Verein von Bestellung eines Gründungsfonds befreit hat (S. 163γ); dies ist nachzuweisen, sofern es nicht aus der amtlichen Mitteilung der Aufsichtsbehörde (vorstehend a) hervorgeht.

Die — einfach schriftliche — Erklärung des Vorstands und (!) des Aufsichtsrats, inwieweit der Gründungsfonds durch Barzahlung gedeckt und in ihrem Besitz ist.

Die Zeichnung der Namensunterschrift der Vorstandsmitglieder in unterschriftlich gerichtlich oder notariell beglaubigter Form, doch kann jene auch hier bei der Anmeldung zu Protokoll des Registerführers erfolgen.

c) **Die registergerichtliche Prüfung der Anmeldung hat:**

nicht sich zu erstrecken auf die Gesetzmäßigkeit der Satzung, die lediglich der Prüfung der Aufsichtsbehörde untersteht; **vielmehr** nur festzustellen: ob die Anmeldung inhaltlich vollständig (vorstehend β), die Urkunden (vorstehend γ) vollzählig überreicht, die Vorstands- und Aufsichtsratsmitglieder gesetz- oder satzungsgemäß bestellt (vorstehend S. 166 unter b), danach sämtliche Vorstands- und Aufsichtsratsmitglieder die Anmeldung vorgenommen, die Namensunterschrift-Zeichnung der Vorstandsmitglieder in beglaubigter Form erfolgt ist.

d) **Die Eintragung** hat die im § 32 d. Ges., die öffentliche **Bekanntmachung** (§ 10 HGB., § 16 d. Ges.) die im § 30 d. Ges. vorgeschriebenen Angaben zu enthalten.

4. Die Beziehungen des eingetragenen Versicherungsvereins zum Handelsregistergericht, die Eintragungen erfordern:

sind:

a) **Die Änderungen:** des Vorstands und seiner Vertretungsmacht sind — sofern die gesetzliche Gesamtvertretungsbefugnis satzungsmäßig nicht geändert (S. 165) — von sämtlichen Vorstandsmitgliedern (nicht auch von einem ausgeschiedenen), andernfalls von den zur Vertretung satzungsgemäß ausreichenden Mitgliedern anzumelden und einzutragen.

Ein neu hinzugetretenes Vorstandsmitglied hat stets bei der Anmeldung mitzuwirken und seine Namensunterschrift zu zeichnen, § 34 d. Ges., im übrigen s. S. 167.

b) **Die Änderungen der Satzungen,** die bestehende Versicherungsverhältnisse ohne Zustimmung der Berechtigten nicht ändern können, § 41 d. Ges., und zu denen auch die Änderungen der festgesetzten allgemeinen Versicherungsbedingungen gehören, § 41 d. Ges. (s. auch S. 163 unter 3 a), sind anzumelden und einzutragen; und zwar von den Vorstandsmitgliedern, § 34 d. Ges., in der zur Vertretung des Vereins erforderlichen Zahl. (Gl. A. Brand § 110.)

Die **Voraussetzungen** einer Satzungsänderung sind:

Ein Beschluß des obersten Organs in gerichtlicher oder notarieller Beurkundung, § 36 d. Ges., § 259 HGB., mit dem satzungsmäßigen oder gesetzlich (§ 39 Abs. 4 d. Ges.) vorgeschriebenen qualifizierten Mehrheitsbeschluß. Nur ausnahmsweise kann hier nur ein Aufsichtsratsbeschluß (§ 39 Abs. 1, 2, § 41 Abs. 2 d. Ges.) genügen.

Die Genehmigung durch die Aufsichtsbehörde.

Die Eintragung in das Handelsregister, die die Satzungsänderung rechtsgültig macht, § 40 Abs. 3 d. Ges.

Die **Prüfung des Registerrichters** hat nicht die Gesetzmäßigkeit der Statutenänderung, die die Aufsichtsbehörde festzustellen hat, zu betreffen, sondern nur das Vorliegen der Anmeldung des Vorstands, des Protokolls über den Beschluß des obersten Organs, der Genehmigungsurkunde der Aufsichtsbehörde festzustellen.

Der **Inhalt der Eintragung und der Bekanntmachung** wird durch § 40 d. Ges. bestimmt.

5. Die Beziehungen des eingetragenen Versicherungsvereins zum Handelsregistergericht, die Eintragungen nicht erfordern:

Die Ermächtigung zur Berufung des obersten Organs an eine Minderheit der Vereinsmitglieder nach Maßgabe der §§ 36 Abs. 2, 254 HGB. ist dem Handelsregistergericht übertragen.

Der Vorstand hat **die Bekanntmachung der Bilanz,** der Gewinn- und Verlustrechnung zum Handelsregister mit dem Bericht des Aufsichtsrats einzureichen. Jene Urkunden sind von dem Vorstand zuvor dem obersten Organ zur Genehmigung vorzulegen, § 36 d. Ges., § 265 HGB. Die Einreichung der Bekanntmachung ist vom Registergericht nicht **erzwingbar;** GlA. Cohn S. 543, da § 319 Abs. 1 HGB. im Gesetz hier fehlt.

Der Vorstand hat **die Bekanntmachung** über Änderungen der Aufsichtsratsglieder einzureichen § 35 d. Ges. s. S. 101.

Der Bericht der, gemäß § 26 Abs. 1 d. Ges., § 266 HGB. vom obersten Organ bestellten Revisoren ist von letzteren zum Handelsregister einzureichen, § 36 d. Ges., § 267 HGB.

Die **Bestellung von Prozeßvertretern** nach § 36 d. Ges., § 268 HGB. liegt dem Handelsregistergericht ob.

6. Die Auflösung.

1. **Die Auflösungsgründe** des Versicherungsvereins auf Gegenseitigkeit sind für nicht kleine wie kleine Versicherungsvereine:

a) Die **Untersagung** des Geschäftsbetriebs durch die Aufsichtsbehörde aus den im § 67 d. Ges. aufgeführten Gründen.

b) Der **Beschluß** des obersten Organs, der ein qualifizierter Mehrheitsbeschluß (§ 43 Abs. 2) sein muß, auch wie bei der Aktiengesellschaft in der Form einer sog. Fusion (s. S. 106) die Auflösung beschließen kann, §§ 14, 44 d. Ges.; stets bedarf ein Auflösungsbeschluß der Genehmigung der Aufsichtsbehörde, § 43 Abs. 3 d. Ges.

c) Der **Ablauf** der in der Satzung bestimmten Zeit, § 42 d. Ges.

Der Beschluß kann von Mitgliedern durch Anfechtungsklage gemäß § 36 d. Ges. in Verbindung mit § 271 HGB., der behördliche Genehmigungsbeschluß durch Rekurs aus § 74 d. Ges. angefochten werden; s. Alexander-Katz, Anm. 1 § 43.

Die herrschende Ansicht, Alexander-Katz, Anm. 1 § 42, Cohn S. 544, stellt dem Zeitablauf „auch andere in der Satzung vorgesehene Gründe", z. B. das Herabsinken der versicherten Mitglieder unter den satzungsgemäßen Mindestbestand, gleich.

In diesen Tatumständen sind zwei verschiedene Tatbestände zusammengefaßt, die rechtlich verschiedenartig, nach der Fassung des Gesetzes in den §§ 42, 43 verschieden zu beurteilen sind. Satzungsmäßig ausdrücklich festgesetzte Auflösungsgründe können, so wie § 42 lautet, nur jedes Mitglied berechtigen, einen Auflösungsbeschluß zu erfordern, nötigenfalls durch Klage zu erzwingen.

Satzungsmäßig nicht ausdrücklich (!) als Auflösungsgründe vorgesehene Tatumstände, wie z. B. das Herabsinken der satzungsmäßigen Zahl der Mitglieder, sind im Sinne des § 67 d. Ges. satzungswidrige Umstände, mithin „Mißstände", die einen Grund zur Untersagung des Geschäftsbetriebs durch die Aufsichtsbehörde enthalten.

d) Die Eröffnung des Konkursverfahrens über das Vermögen des Versicherungsvereins.

2. **Die rechtliche Wirkung** des Eintritts von Auflösungsgründen ist:
   a) **Der Versicherungsverein** bleibt, so lange noch unverteiltes Vermögen vorhanden, juristische Person, deren Geschäftstätigkeit aber nur noch Liquidationszwecken zu dienen hat (vgl. S. 102), § 46 Abs. 2; neue Versicherungen dürfen nicht mehr übernommen, bestehende nicht erhöht oder verlängert werden, § 46 Abs. 3.
   b) **Die bestehenden Versicherungsverhältnisse** zwischen einem Verein, der seine Auflösung beschlossen, und seinen Mitgliedern erlöschen frühestens 4 Wochen für nicht kleine Vereine nach Eintragung des Auflösungsbeschlusses in das Handelsregister, für kleine Vereine, die ja nicht in das Handelsregister eingetragen werden (vgl. S. 161) frühestens 4 Wochen und 2 Tage nach der gemäß § 50 BGB. von den Liquidatoren vorgenommenen öffentlichen Blätterbekanntgabe der Auflösung (streitig, zutreffend begründet Alexander-Katz, Anm. 2 und 3, § 43).

      Die Rechtsverhältnisse zwischen einem Verein und seinen Mitgliedern aus **Lebensversicherungen** der letzteren erlöschen aber infolge der Auflösung nicht, § 43 Abs. 5.
   c) **Der Eintritt der Liquidation,** die jedoch unterbleibt, wenn Auflösungsgrund die Eröffnung des Konkursverfahrens ist, in diesem erfolgt ja eine Liquidation.

3. **Die handelsregisterliche Eintragung und Bekanntmachung** der Auflösung, unter Angabe des Auflösungsgrundes, erfolgt:

   Von Amts wegen:

   im Falle zu 1 a vorstehend auf Grund der Anzeige der Aufsichtsbehörde über die Untersagung des Geschäftsbetriebs, § 67 Abs. 3 d. Ges.

   im Falle zu 1 d vorstehend auf Grund der Mitteilung der Formel des Eröffnungsbeschlusses durch den Gerichtsschreiber des Konkursgerichts gemäß § 112 KonkOrd.; in diesem Falle unterbleibt aber die Bekanntmachung der Eintragung.

   Auf Anmeldung:

   in den Fällen zu 1 b c vorstehend durch die Vorstandsmitglieder unter Angabe des Auflösungsgrundes.

4. **Die Liquidatoren**, die die Liquidation vorzunehmen haben, werden:

   Berufen (wie die Liquidatoren der Aktiengesellschaft) durch das **Gesetz**, das sämtliche Vorstandsmitglieder zu Liquidatoren beruft; oder durch die **Satzung** oder den **Beschluß** des obersten Organs, die andere als die gesetzlichen Liquidatoren ernennen können, oder durch das **Handelsregistergericht** unter den Voraussetzungen des § 47 d. Ges.

Die beiden letzterwähnten Organe können die Liquidatoren auch abberufen.

Anzumelden sind die ersten Liquidatoren durch die bisherigen Vorstandsmitglieder, die späteren im Falle einer Veränderung der Zahl oder der Vertretungsmacht der ursprünglichen Liquidatoren durch die vorhandenen.

Vertretungsberechtigt sind die Liquidatoren gesetzlich nur in der Form der Gesamtvertretung, die Satzung wie der Beschluß des obersten Organs können dies ändern (wie S. 103!).

Bekannt zu machen sind Vor- und Zuname, Stand und Wohnort der Liquidatoren, sowie alle sie betreffenden Änderungen, wie dies bei den Liquidatoren der Aktiengesellschaft geschieht, s. S. 104.

5. **Die Beendigung der Liquidation,** die für nicht kleine Vereine zur Voraussetzung den Abschluß des Schuldenberichtigungs- und Verteilungsverfahrens wie bei der Aktiengesellschaft hat, § 48 d. Ges., s. S. 104, für kleine Vereine nach §§ 45, 51 BGB., § 53 Abs. 2 d. Ges. sich abgewickelt haben muß,

bedingt (für erstere) Anmeldung, Eintragung und Bekanntmachung wie bei der beendeten Liquidation einer Aktiengesellschaft, s. S. 104.

Ausnahmsweise ist, trotz beendeter Liquidation, wie bei der Aktiengesellschaft (S. 107) zulässig:

eine Erneuerung einer Liquidation unter den Voraussetzungen des § 47 Abs. 1 d. Ges., § 302 Abs. 4 HGB.

eine Fortsetzung des Vereins, falls die eingetretene Auflösung ihren Grund in Eröffnung des Konkursverfahrens hatte, nach Maßgabe des § 49 d. Ges. Streitig ist, ob in diesem Falle eine Erlaubnis zum Geschäftsbetrieb durch die Aufsichtsbehörde aus § 4 d. Ges. erforderlich ist; Alexander-Katz, Anm. 1 § 49, bejaht dies, weil er den Fortsetzungsbeschluß einer Neugründung gleichstellt; wäre dies zutreffend, so wäre die Vorschrift des § 49 überflüssig

7. Zweiggeschäfte und ausländische Versicherungsunternehmungen.

a) **Zweigniederlassungen** inländischer Versicherungsvereine auf Gegenseitigkeit können eingerichtet werden, wenn die Satzung ihre Einrichtung vorsieht, und die Aufsichtsbehörde diese Art des satzungsmäßigen Geschäftsbetriebs genehmigt.

Die Einrichtung selbst kann durch die Satzung dem Beschluß des obersten Organs oder der Anordnung des Vorstands unterstellt sein.

Die Anmeldung und Eintragung der Zweigniederlassung auf Antrag des Vorstands untersteht den allgemeinen Vorschriften, s. S. 39.

b) **Ausländische** Versicherungsunternehmungen sind den Sondervorschriften der §§ 85—91 d. Ges. unterstellt.

B. Die neben dem Handelsregister noch bestehenden Register

sind, nach dem Zwecke dieses Buchs und der Verschiedenartigkeit der Zwecke, denen jene Register dienen, hier nur kurz zu erörtern:

1. **Das Genossenschaftsregister:** Es beurkundet die Rechtsverhältnisse der Genossenschaften, also der Gesellschaften von nicht geschlossener Mitgliederzahl, welche die Förderung des Erwerbes oder der Wirtschaft ihrer Mitglieder mittelst gemeinschaftlichen Geschäftsbetriebs bezwecken. Reichsgesetz vom 1. V. 1889 in der Fassung vom 20. V. 1898.

   Die dem Amtsgericht, in dessen Bezirk eine Genossenschaft ihren Sitz hat, übertragene Führung des Genossenschaftsregisters, mit dem als Anlage auch eine Liste der Genossen zu führen, ist durch die Bekanntmachung des Reichskanzlers vom 1. VII. 1899 (Reichsgesetzblatt 347) und die Verfügung des Justizministers vom 8. XI. 1899 (JustizMinBl. 334) geregelt.

2. **Das Vereinsregister:** beurkundet die Rechtsverhältnisse des sog. ideellen Vereins, also eines Vereins, dessen Zweck nicht auf einen wirtschaftlichen Zweck gerichtet ist und der durch die — von der Registerbehörde nicht erzwingbare — Eintragung erst Rechtsfähigkeit erlangt, § 21 BGB.

   Die dem Amtsgericht, in dessen Bezirk der Verein seinen Sitz hat, übertragene Führung des Vereinsregisters wird durch die §§ 55—79 BGB., § 159 d. Reichsges. über d. Angelegenh. d. Freiw. Gerichtsbarkeit, die Bekanntmachung des Reichskanzlers vom 3. XI. 1898 (Reichsges.-Bl. 438), die den Bundesratsbeschluß vom 3. XI. 1898 enthält, und die Verfügung des Justizministers vom 6. XI. 1899 (JustizMinBl. 299) bestimmt.

3. **Das Register für Wassergenossenschaften:** Solche Genossenschaften werden nach § 1 des Gesetzes vom 1. IV. 1879 (dessen Anwendungsgebiet die Gesetze vom 19. V. 1891 und 14. VIII. 1893 erweitern), GesSamml. S. 297, gebildet „zur Benutzung oder Unterhaltung von Gewässern, zur Ent- oder Bewässerung von Grundstücken, zum Schutz der Ufer, zur Anlegung, Benutzung oder Unterhaltung von Wasserläufen oder Sammelbecken, zur Herstellung und Verbesserung von Wasserstraßen (Flößereien) und anderen Schiffahrtsanlagen."

   Die Begründung jener Genossenschaften erfolgt durch Vertrag, diese sind dann „freie Genossenschaften", oder durch Beschluß der staatlichen Behörde, diese sind dann „öffentliche Genossenschaften", § 4 d. Ges.

   Die Führung des Wassergenossenschafts-Registers dient nur zur Eintragung der freien Genossenschaften, § 13, ist dem Amtsgericht übertragen, und erfolgt nach den Verfügungen vom 9. IX. 1879, JustizMinBl. 337, und vom 6. IX. 1900, JustizMinBl. 569.

4. **Das Börsenregister** wird von dem Amtsgericht, in dessen Bezirk der Einzutragende seine gewerbliche Niederlassung oder, falls solche nicht besteht, seinen Wohnsitz hat, auf Grund des Börsengesetzes vom 22. VI. 1896, abgeändert durch die Novelle vom 8. V. 1908, der Bekanntmachung des Reichskanzlers vom 9. V. 1896, und der Verfügung vom 17. X. 1896, JustizMinBl. S. 337, geführt. Es zerfällt in ein Register für Waren und ein Register für Wertpapiere. Die Börsenregister-Eintragungen bewirken für die eingetragenen Kaufleute, zu denen ja auch Handelsgesellschaften gehören, die Rechtswirksamkeit der von ihnen abgeschlossenen Börsentermingeschäfte; die Ansprüche aus diesen Geschäften sind infolge der Eintragung rechtswirksam und einklagbar; ohne die Eintragung könnte den Ansprüchen aus jenen Geschäften, der den Rechtsbestand der letzteren vernichtende Einwand des Spiels entgegengesetzt werden, denn nach § 764 BGB. sind die sog. Differenzgeschäfte „als Spiel anzusehen".

5. **Das Schiffsregister**, das in zwei Teile, das Seeschiffsregister und Binnenschiffsregister, zerfällt, wird vom Amtsgericht geführt, in dessen Bezirk der Heimatshafen der Seeschiffe, der Heimatsort der Binnenschiffe liegen (also die Orte, von denen aus die Fahrt betrieben wird). Das registerliche Verfahren wird bestimmt für das **erste Register:** durch das Reichsgesetz vom 22. VI. 1899 und 29. V. 1901 betreffend das Flaggenrecht der Kauffahrteischiffe, die Bekanntmachung des Reichskanzlers vom 10. XI. 1899 betreffend die Ausführungsbestimmungen zum § 25 des Flaggengesetzes vom 22. VI. 1899, abgedruckt im JustizMinBl. 1899 S. 741; für das **Binnenschiffsregister:** durch das Reichsgesetz betreffend die privatrechtlichen Verhältnisse der Binnenschiffahrt vom 15. VI. 1895 in der Fassung vom 20. V. 1898, ReichsgesBl. S. 868f., Verfügung vom 11. VII. 1899 über die Führung des Schiffsregisters, JustizMinBl. 1899 S. 753; für **beide Register:** durch die Vorschriften in den §§ 100—124 des Reichsgesetzes vom 17. V. 1898 über die Angelegenheiten der freiwilligen Gerichtsbarkeit und die Vorschriften in den §§ 1259—1272 des Bürgerlichen Gesetzbuchs.

Eintragungspflichtig im Seeschiffsregister sind nach §§ 1, 2, 4 d. Ges. vom 22. VI. 1899: die Kauffahrteischiffe; solche sind nach dem § 1 a. a. O. „die zum Erwerbe durch die Seefahrt bestimmten Schiffe mit Einschluß der Lootsen-, Hochseefischerei-, Bergungs- und Schleppfahrzeuge, die im ausschließlichen Eigentum von Reichsangehörigen stehen.

Eintragungspflichtig im Binnenschiffsregister sind nach §§ 1, 119 d. Ges. vom $\frac{15.\ \text{VI}.\ 1895}{17.\ \text{V}.\ 1898}$ die Dampfschiffe, die anderen Schiffe mit eigener Triebkraft, deren Tragfähigkeit mehr als 15000 Kilogramm beträgt, die sonstigen Schiffe mit einer Tragfähigkeit von mehr als 20000 Kilogramm, wenn die Schiffe zur Schiffahrt auf Flüssen oder sonstigen Binnengewässern bestimmt und hierzu von ihren Eigentümern verwendet werden.

Die Eintragung in beide Register bewirkt für die in ihnen eingetragenen Schiffe die Beurkundung der Eigentumsverhältnisse an ihnen; doch werden die Schiffseigentumsrechte an Seeschiffen nach den Vorschriften über den Eigentumserwerb an Mobilien, nach § 474 Handelsgesetzbuch sogar schon durch bloße Willenseinigung erworben; der Erwerb des Schiffseigentumsrechts an Binnenschiffen vollzieht sich ausschließlich nach den Vorschriften über den Eigentumserwerb an beweglichen Sachen.

Die Eintragung in beiden Registern ist aber rechtserzeugend für den Erwerb von Pfandrechten an Kauffahrteischiffen und Binnenschiffen, an denen, sofern sie im Register eingetragen sind, Schiffspfandrechte erst mit der Eintragung der letzteren im Register erworben werden.

Die Eintragung im Seeschiffsregister endlich begründet für die eingetragenen Kauffahrteischiffe erst das sog. Flaggenrecht, also das Recht die Reichsflagge zu führen, § 4 d. Ges. vom 22. VI. 1899.

6. **Das Güterrechtsregister** wird vom Amtsgericht, in dessen Bezirk der Ehemann seinen Wohnsitz hat, nach folgenden Vorschriften geführt: §§ 161, 162 Reichsges. betr. freiwillige Gerichtsbarkeit vom 17. V. 1898, Verfügung vom 6. XI. 1899 betr. Führung des Vereinsregisters und des Güterrechtsregisters, JustizMinBl. 1899 S. 299 (enthaltend die Bekanntmachung des Reichskanzlers vom 12. XI. 1898, den Bundesratsbeschluß vom 3. XI. 1898 betreffend, §§ 1453, 1558—1563 Bürgerl. Gesetzbuch, Art. 59 § 9 preußisches Ausführungsgesetz z. BGB. vom 20. IX. 1899.

Der Zweck und die Rechtswirkung der Güterrechtsregister-Eintragung sind: die Änderungen des gesetzlichen Ehegüterrechts (das insbesondere die sog. Schlüsselgewalt der Ehefrau [§ 1357 BGB.], das Nießbrauchs- und Verwaltungsrecht des Ehemannes an dem in die Ehe einbebrachten Gut umfaßt) zu beurkunden, mit der Wirkung: daß die registerlich beurkundeten Tatsachen jedem Dritten gesetzlich (§ 1435 BGB.) als bekannt angenommen werden, er sie gegen sich somit gelten lassen muß, auch wenn er sie tatsächlich schuldlos nicht gekannt hat; und daß anderseits Güterstands-Änderungen, die vorgenommen, aber nicht eingetragen sind, Dritten gegenüber nur dann entgegengesetzt werden können, wenn er sie gekannt (§ 1435 BGB.).

Jene Änderungen des Ehegüterrechts treten übrigens ein: nicht nur durch Vereinbarung zwischen den Ehegatten, also infolge Abschlusses eines Ehevertrages (§ 1432 BGB.), sondern zum Teil auch infolge einseitiger Willenserklärung, wie die Aufhebung oder Einschränkung der Schlüsselgewalt (§ 1357 BGB.), die Genehmigung des Mannes zum selbständigen Betrieb eines Erwerbsgeschäfts seitens der Frau, sowie der Einspruch oder der Widerruf der Einwilligung rücksichtlich eines Erwerbsgeschäfts-Betriebes (§ 1405 BGB.); endlich infolge gesetzlicher Vorschrift beim Vorliegen gewisser Tatumstände, wie die in den §§ 1364, 1418—1420 BGB. erwähnten.

7. **Das Musterregister** wird vom Amtsgericht, in dessen Bezirk der Anmeldende seine Handelsniederlassung, falls eine solche nicht vorhanden, seinen Wohnort hat, geführt, und zwar: nach den Vorschriften des Reichsgesetzes betreffend das Urheberrecht an Mustern und Modellen vom 11. I. 1876, ergänzt durch das Reichsges. betreffend den Schutz von Erfindungen, Mustern und Warenzeichen auf Ausstellungen vom 18. III. 1904, der Bekanntmachung des Reichskanzlers vom 29. II. 1876 (abgedruckt RCBl. S. 123 und im JustizMinBl. 1876 S. 191), Bekanntmachung vom 23. XII. 1886 (JustizMinBl. 1891 S. 121).

Die Anmeldung kann zu Protokoll des Gerichtsschreibers des Registergerichts erklärt oder durch schriftliche Eingabe erfolgen, deren Unterschrift von jeder zur Führung eines öffentlichen Siegels berechtigten Person (also auch von der Polizeibehörde) beglaubigt sein kann.

Anzumelden sind nur sog. Geschmacksmuster und Geschmacksmodelle, also Muster für Flächenerzeugnisse und Modelle für plastische Erzeugnisse, dazu bestimmt, die Herstellung jener Erzeugnisse in bestimmter Geschmacksausstattung zu veranlassen. Die sog. Gebrauchsmuster, also Vorbilder zur Erzielung von Erzeugnissen zu Arbeits- oder Gebrauchszwecken in neuer Gestalt, sind nach dem Gesetz vom 1. VI. 1891 bei dem Reichspatentamt anzumelden und von diesem in die Gebrauchsmusterrolle einzutragen.

Inhaltlich hat die Anmeldung zum Musterregister die Angaben zu enthalten, ob ein Muster für Flächenerzeugnisse oder ein Modell für plastische Erzeugnisse angemeldet wird, die Dauer der begehrten Schutzfrist, die zwischen 1—3 Jahren liegt — übrigens bis 15 Jahre verlängerbar ist — anzugeben.

Mit der Anmeldung sind die Exemplare der Muster und Modelle niederzulegen, oder eine Photographie derselben zu überreichen; sie können offen oder versiegelt niedergelegt werden, im letzteren Falle darf das einzelne Paket nicht mehr als 10 Kilogramm wiegen und nicht mehr als 50 Muster enthalten.

Die Eintragung in das Musterregister erfolgt seitens des Amtsgerichts ohne Prüfung, ob die Anmeldung materiell rechtlich begründet; die letztere in Verbindung mit der Niederlegung der Muster und Modelle muß aber erfolgen, bevor ein nach diesen „gefertigtes Erzeugnis verbreitet wird", da sonst trotz der Eintragung im Musterregister dem Erfinder ein Schutz gegen Nachbildung nicht entsteht, § 7 d. Ges. vom 11. I. 1876.

Sachregister.

B

C siehe K

D

E

W

Z

GPSR Compliance

The European Union's (EU) General Product Safety Regulation (GPSR) is a set of rules that requires consumer products to be safe and our obligations to ensure this.

If you have any concerns about our products, you can contact us on ProductSafety@springernature.com

In case Publisher is established outside the EU, the EU authorized representative is:

Springer Nature Customer Service Center GmbH
Europaplatz 3
69115 Heidelberg, Germany

Batch number: 10844655

Printed by Printforce, the Netherlands